U0732548

中文水平等级标准语法教程（二级）

总 策 划　郁云峰　于天琪

总 监 制　郝　运　陈维昌

顾　　问　赵金铭

总 主 编　李春玲　屠爱萍

主　　编　钱　多　金学丽

副 主 编　张俏然　王　江　赵陟昕

参编人员　黄禄晶　金学丽　李春玲　李梓尧　刘美静
刘熹倩　那　婉　潘　军　钱　多　屠爱萍
王　江　王　悦　吴雨婷　岳佳鑫　张俏然
赵陟昕　于　群　赵智升

《等级标准》语法点系列教材

顾　问　赵金铭

总主编　李春玲　屠爱萍

中文水平等级标准语法教程

Grammar Course for Chinese Proficiency Grading Standards

主　编　钱　多　金学丽

二级

Level 2

北京语言大学出版社
BEIJING LANGUAGE AND CULTURE UNIVERSITY PRESS

图书在版编目（CIP）数据

中文水平等级标准语法教程. 二级 / 李春玲，屠爱萍总主编 ; 钱多，金学丽主编 ; 张俏然，王江，赵陟昕副主编. -- 北京 : 北京语言大学出版社，2025. 3.
ISBN 978-7-5619-6699-0

Ⅰ. H195.4

中国国家版本馆CIP数据核字第2025FM5283号

中文水平等级标准语法教程（二级）

ZHONGWEN SHUIPING DENGJI BIAOZHUN YUFA JIAOCHENG (ER JI)

排版制作：北京创艺涵文化发展有限公司
责任印制：周　燚

出版发行：北京语言大学出版社
社　　址：北京市海淀区学院路15号，100083
网　　址：www.blcup.com
电子信箱：service@blcup.com
电　　话：编辑部　8610-82303390
国内发行　8610-82303650/3591/3648
海外发行　8610-82303365/3080/3668
北语书店　8610-82303653
网购咨询　8610-82303908
印　　刷：天津鑫丰华印务有限公司

版　　次：2025年3月第1版　印　　次：2025年3月第1次印刷
开　　本：787毫米×1092毫米　1/16　印　　张：21.5
字　　数：386千字
定　　价：79.00元

PRINTED IN CHINA

凡有印装质量问题，本社负责调换。QQ：1367565611，电话：010-82303590

序

国际中文教育目前正在世界各国蓬勃展开。现在，190 多个国家和地区已开展了中文教育项目，有 85 个国家已经将中文纳入国民教育体系，已有 4000 多所大学、3 万多所中小学、4.5 万多所华文学校和培训机构开设了中文课程，学习中文的人数不断增加，特别是在非洲和中东地区。现在世界各国都迫切需要高素质的中文人才。

已往各国学习者学中文主要是为了了解、学习中国的历史和文化，可是现在的情况大不相同了。原因之一，中国这几十年来发生了巨大的变化，提出了一系列新理论、新思想。特别是 2012 年 11 月习近平提出“中国梦”，2013 年先后提出构建人类命运共同体和“一带一路”倡议；2020 年，针对国际新形势，中央提出了“构建以国内大循环为主体、国内国际双循环相互促进的新发展格局”；2022 年，党的二十大进一步提出加快中国式现代化强国的建设与发展，着力推动高质量发展，深入实施科教兴国战略、人才强国战略、创新驱动发展战略；在 2024 年的全国两会上进一步阐释了“新质生产力”这一概念——“新质生产力是创新起主导作用，摆脱传统经济增长方式、生产力发展路径，具有高科技、高效能、高质量特征，符合新发展理念的先进生产力质态”。这些具有时代特性的创新点，不仅将极大推动我国各产业乃至整个经济领域的高质量发展，而且将推动各方面工作的高质量发展。中国这几十年来发生了巨大的变化——成为全球第二大经济体，在经济、科技领域，特别是在绿色能源、高压输电、隧道工程、桥梁工程、环境保护、航空航天等领域已跃居世界前列，其中某些方面已走在最前面。现在，越来越多的国家不断扩大跟中国的贸易合作范围，不断扩大与中国的双向投资，不断扩大双方科技、文化、教育等领域的交流与合作。中国对许多国家的投资涵盖交通、能源、通信、港口等领域，还跟许多国家在高新技术领域，特别是在航空航天、生命科学、可再生能源和环境保护等领域不断加强交流与合作，取得了显著成果。世界各国需要更多懂中文、会中文的专家学者，以便在了解、学习中国历史和文化的同时，深入了解当代中国的发展，学习中国某些先进技术。这就是现在各国迫切需要培养高素质的中文人才的真正原因。国际中文教育也正是随着中国的逐步强盛而不断发展。国际中文教育将会顺应这一时代的呼唤，抓住这发展大趋势，在目前的基础上继续大发展。这要求我们必须进一步加强国际中文教育，特别是要加快国际中文教育的教材建设和资源建设。由中央财经大学李春玲教授领衔编著的《中文水平等级标准语法教程》及其配套教学设计正是当前国际中文教育所需要的教材和教学资源。这也正如作者在本书的“编写说明”中所交代的，他们编写该系列教材，是为了更好地将《国际中文教育中文水平等级标准》（以下简称《等级标准》）“附录 A（规范性）语法等级大纲”

的内容落实到教学实践，帮助学生了解全新的《等级标准》，掌握《等级标准》中的语法核心要素，提升语法学习效率和中文语法运用水平。

《中文水平等级标准语法教程》及其配套教学设计两套教材，每套教材均为9册，每册对应《等级标准》的相应级别。对相应级别的各个语法点，均从结构、语义和语用等多个层面进行解说，并提供该语法点出现的典型语境；均配置足量的与相应级别考试题型相似的练习，题型多样，题量充足；均配有教学设计、教学课件和微课视频。无论是解说还是练习，无论是教学设计、教学课件还是微课视频，都提供极为丰富而多样的正面用例和常见偏误用例，用例典型、生动、实用；全书表述准确、清晰、简洁，深入浅出，通俗易懂。

综观全书，真正做到了讲练结合，随学随练，学以致用，学习者易懂、易查、易记。该系列教材既是一套国际中文教育领域“教师好教、学生好学”的好教材，更是一份国际中文教育的重要资源。

该系列教材在解说语法点时，注意到了用法的说明，这是外国中文学习者所需要的。然而，要说清楚词语或句法格式的用法，特别是要说明其使用的语义背景，是一件很难的事，是要经过认真研究与细致分析才能把握得住的，而目前这方面可供参考的资料极少。希望作者在今后的修订中在这方面能进一步加强，逐步增补。

是为序。

陆俭明

2024年8月18日

于蓝旗营寓所

编写说明

为了更好地将《国际中文教育中文水平等级标准》（以下简称《等级标准》）"附录 A（规范性）语法等级大纲"的内容落实到教学实践，帮助学生了解全新的《等级标准》，掌握《等级标准》中的语法核心要素，提升语法学习效率和中文语法运用水平，我们编写了《中文水平等级标准语法教程》系列教材。本系列教材针对每个语法点进行多层面的解说，并提供了与相应级别考试题型相似的配套练习，力求帮助中文学习者实现"听说读写译"五种语言技能的全面提升，提高语言交际能力。

本系列教材具有"三易""三速"的特点，即易懂、易查、易记，速学、速练、速用，既可作为教材，用于一线中文教师的课堂教学和中文水平考试辅导，也可作为参考用书，用于相应水平的中文学习者自学中文语法，备战中文水平考试。

本系列教材共 9 册，1—6 册对应《等级标准》的一至六级，其中 1—3 册（一至三级）提供语法点释义的英文译文；7—9 册对应《等级标准》的七至九级，分上、中、下三册，分别为"词类篇""句类和固定格式篇"和"复句和句群篇"。对标相应级别的各语法点，从结构、语义和语用等多层面进行解说。结构层面，对于无形式标记的语法点，以抽象的语法符号进行形式化的标记；对于含有形式标记的语法点，关注其形式标记的句法位置、句法功能，以及与各种语法单位的搭配，并基于语料库总结高频形式结构。语义层面，侧重说明每个语法点的语法意义，以及与相似语法点的辨析。语用层面，重点讲解每个语法点的具体使用条件，通过语料库的真实语料或者编写仿真语料，提供该语法点出现的典型语境，并以例句的形式呈现常见偏误。

本系列教材的每个语法点均包括讲解和综合练习两部分内容。讲解包括释义、常见搭配、形式结构、相关说明、比较五个部分。其中，释义主要基于对相关权威文献的梳理、集成，并借鉴最新的教学研究成果，力求做到准确、清晰、简洁；常见搭配主要基于对语料库中该语法点的使用频率、结构类型及典型语境的统计进行选择与提取，力求做到全面、常用、丰富；形式结构尽可能覆盖该语法点出现的常见结构，一般先列举《等级标准》中例句的形式结构，然后根据使用频率列举其他形式结构，所对应的例句典型、生动、实用；相关说明主要基于语法点的自身特性和学习者的习得特点，说明该语法点的具体使用条件、典型语境等，并结合常见偏误和易混淆语法点，进行有针对性的说明，力求精准呈现学习重点和难点；比较是对相似语法点进行对比，并对异同点进行举例说明。同时，我们还对同一语法点不同用法所出现的不同级别进行了标注，以便学习者全面了解掌握该语法点。综合练习严格匹配语法点的讲解部分，基于语法点的结构、语义和语用说明，力求做到讲练结合，随学随练。练习题型的设置以及语料内容、难易程度的选择紧紧围绕 HSK 的测试特点和要求，力求满足各级中文学习者的应试需求。在编写配套练习时，我们一直关注练习题是否合理呈现了语法点、题型是否合适、题量是否充足、形式是否多样，经过团队成员多次讨论、反复修改，并在教学实践中多次验证后，我们对练习题进行了修订、完善。

本系列教材中语法点的排列顺序基本以《等级标准》"附录 A（规范性）语法等级大纲"为依据，便于学习者进行有针对性的参考、借鉴和学习；同时，我们根据语法点的实际运用情况，对《等级标准》572 个语法点进行了拆分、合并。例如，五级的第 8 个语法点是"语气副词：毕竟、不免、差（一）点儿、倒是、干脆、就^{4}、居然、可^{2}、明明、总算"，需要拆分成 10 个语法点，但是五级的第 58 个语法点"用副词'可'表示强调"中的"可"就是语气副词"可^{2}"，可以合二为一。

本系列教材由国际中文教育领域权威专家北京语言大学赵金铭教授担任顾问，教材主编、副主编均为在国际中文教学一线深耕多年的资深教师，也是中文水平考试方面的研究者，出版过多部国际中文教育领域的专著、教材、工具书、考试用书等。参编者均为有着丰富国际中文教学经验的海内外一线中文教师和具有国际中文教育专业背景的硕博研究生，他们了解国际中文教学的特点和学习者的学习难点。我们在编写前对《等级标准》和 HSK 题型进行了认真细致的研究和解读，对相关图书市场需求和前景进行了深入的调查和分析；在编写后听取了有关专家的意见和建议，并招募任课教师和相应水平的中文学习者进行了试用，最大限度地保证了本系列教材的科学性、准确性、实用性和创新性。衷心希望有更多的使用者受益于本系列教材。

本系列教材系中央财经大学李春玲教授主持的教育部中外语言交流合作中心 2021 年重点教学资源项目，该项目从论证、编写到出版一直得到了北京语言大学出版社的关心与支持。

北京语言大学赵金铭教授不辞辛劳地为本系列教材的编撰提供定期指导，北京大学陆俭明教授拨冗为本系列教材赐序，匿名评审专家们对本系列教材提出了宝贵的修改建议。本系列教材语料主要来源于 BCC 语料库，另有部分语料来源于其他刊物，个别语料没有联系上权利人。在此一并表示诚挚的谢意！同时，我们也恳请使用本系列教材的同人不吝赐教，提出宝贵意见，一起为国际中文教育事业添砖加瓦！

编者

2024 年 8 月

语法术语缩略形式表

中文名称	英文名称	缩略形式
名词	Noun	N
时间名词	Time Noun	$N_{时间}$
方位名词	Location Noun	$N_{方位}$
动词	Verb	V
心理动词	Psychological Verb	$V_{心理}$
能愿动词	Optative Verb	$V_{能愿}$
形容词	Adjective	Adj
代词	Pronoun	Pron
数词	Numeral	Num
量词	Classifier	Cl
副词	Adverb	Adv
介词	Preposition	Prep
处所词语	Word of Location	L
名词性成分	Noun Phrase	NP
动词性成分	Verb Phrase	VP
形容词性成分	Adjective Phrase	AP
数量结构	Quantity Phrase	QP
介词结构	Preposition Phrase	PP
小句	Clause	C
主语	Subject	S
谓语	Predicate	P
宾语	Object	O
补语	Complement	Comp

目　　录

（三）复句

六、动作的态

七、特殊表示法

八、强调的方法

九、提问的方法

十、口语格式

一

词 类

（一）动词

1【二 01】能愿动词：可能、可以

【可能】 kěnéng 表示估计和猜测，不很确定。（It indicates estimation and conjecture, not being very sure.）

◎ **常见搭配**

可能不会 | 可能不行 | 可能是 | 可能没有 | 可能去过 | 可能知道

◎ **形式结构**

1. S + 可能 + VP

（1）他可能出去了。

（2）别等了，他可能不来了。

2. 可能 + S + VP

（3）如果你不说，可能我永远都不会知道。

（4）可能问题已经解决了吧？

【可以】 kěyǐ ①表示可能或能够（It indicates the possibility or ability.）；②表示许可（It indicates the permission.）；③表示值得（It indicates the worthiness.）。

◎ **常见搭配**

可以说 | 可以去 | 可以停车 | 可以试试 | 可以说一说 | 可以参观参观 | 可以进来 | 可以出去 | 可（以）不可以

◎ **形式结构**

S + 可以 + VP

（1）这车可以坐五个人。（表可能或能够）

（2）老师，我可以进来吗？（表许可）

（3）这儿不可以停车。（表许可）

（4）你们可以走了。（表许可）

（5）这个画家的画儿还不错，可以看看。（表值得）

◎ 相关说明

1.“可以”在表示“可能、能够、许可”时，可以单独回答问题。例如：

When “可以” is used to indicate the “possibility”, “ability” or “permission”, it can be independently used to answer a question. For example:

（1）A：你明天可以来学校吗？

B：可以。

（2）A：我可以回家了吗？

B：可以。

2.“可以”在表示“可能、能够”时，否定形式一般用“不能”，不用“不可以”。例如：

When “可以” is used to indicate the “possibility” or “ability”, its negative form is usually “不能”, not “不可以”. For example:

（3）我明天不能去你家了。（不用“不可以”）

3.“可以”在表示“许可”时，否定形式用“不可以”。单独回答问题时，常说“不行”。例如：

When “可以” is used to indicate the “permission”, its negative form is “不可以”. When answering a question independently, “不行” is often used. For example:

（4）A：这儿可以停车吗？

B：这儿不可以停车。/ 不行。

（5）A：我现在可以去教室吗？

B：不行。

4.“可以”在表示“值得”时，否定形式用“不值得（zhídé，deserve）”，不用“不可以”。例如：

When “可以” is used to indicate the worthiness, its negative form is “不值得”, not “不可以”. For example:

（6）A：听说现在出国旅游挺便宜的，我们可以去玩儿一玩儿。

B：出国旅游太累了，语言也不方便，我觉得不值得去。

比较

1. 可以、会

二者都有“可能、能够”的意思，但“可以”强调具备了某方面的条件，而“会”强调根据事物的发展趋势做出的判断。例如：

Both mean “possibility” or “ability”, but “可以” emphasizes having certain conditions in some aspects, while “会” emphasizes making judgments based on the development trend of something. For example:

（1）这个房间可以住四个人。（不用“会”）

（2）你觉得今天会下雨吗？（不用“可以”）

2. 可以、能

二者都可以表示“可能、能够、允许”，一般可以互换。例如：

Both can indicate the possibility, ability, and permission, and are usually interchangeable. For example:

（1）这间教室可以/能坐30人。

（2）水果可以/能当饭吃吗？

（3）这本词典可以/能借给我吗？

但是，“可以”可以放在主语前，“能”不行。例如：

“可以” can be used before the subject, but “能” cannot. For example:

（4）可以你一个人过来，也可以和朋友一起过来。（不用“能”）

主谓短语或动词性短语作主语时，“可以”可作谓语，“能”不行。例如：

When a subject-predicate phrase or verb phrase is used as the subject, “可以” can be used as the predicate, but “能” cannot. For example:

（5）你先去洗澡或先去吃饭都可以。（不用“能”）

表示有困难需要克服时，用“能”，不用“可以”。例如：

“能” instead of “可以” is used to indicate the need to overcome a difficulty. For example:

（6）下这么大的雪，她还能来吗？（不用“可以”）

“能”后可接“愿意”，“可以”不行。例如：

“能” can be followed by “愿意”, but “可以” cannot. For example:

（7）让他走这么远的路，他能愿意吗？（不用“可以”）

综合练习

1. 听力：判断对错。

（1）

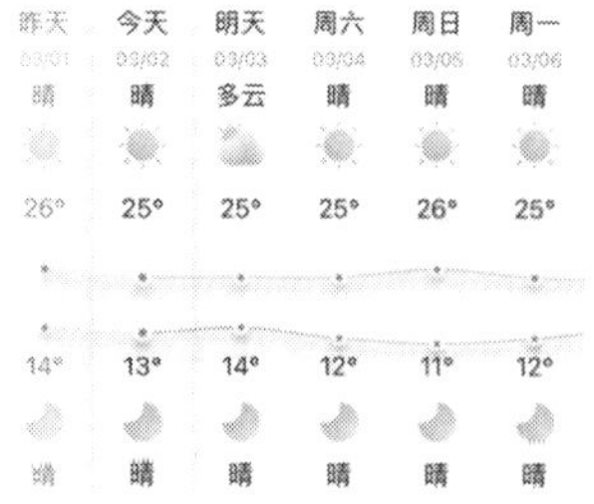

答案【　】

（2）

答案【　】

（3）★ 经理现在不在。 答案【　】

（4）★ 他们要去打篮球。 答案【　】

（5）★ 他们在看电影。 答案【　】

2. 听力：选出正确答案。

（1）A 商店　B 医院　C 饭店　D 学校　答案【　】

（2）A 考试　B 走路　C 睡觉　D 看电影　答案【　】

（3）A 学写书　B 学画画儿　C 买画儿　D 买他的书　答案【　】

（4）A 他们在打电话　B 女的手机没电了

C 他们在吃饭　D 男的想给朋友打电话　答案【　】

（5）A 游泳　B 看书　C 吃饭　D 看海　答案【　】

（6）A 照相　B 唱歌　C 上课　D 跑步　答案【　】

（7）A 可以打电话　B 可以发信息

C 可以照相　D 不能上网　答案【　】

3. 阅读：选择合适的词语填空。

（1）A 春节　B 不但　C 可能　D 帮助　E 可以　F 非常

他去旅游了，（　　）要下个星期才能回来。 答案【　】

（2）A 而且　B 但是　C 可以　D 只要　E 办法　F 比如

你们明天去爬山或者去游泳都（　　）。 答案【　】

（3）A 办法　B 打算　C 多么　D 放心　E 合适　F 可能

男：一起去跑步吗？

女：不了，外面阴天，（　　）会下雨。 答案【　】

4. 阅读：根据句子选择上下文。

（1）A 照片中间这个人是谁？真可爱！

B 我们周末想去爬山，你去吗？

C 你觉得这家饭店的菜怎么样？

D 外面特别冷，你多穿点儿衣服。

E 你觉得哪儿不舒服？

我还要准备下个星期的考试，可能不去了。　　答案【　】

（2）A 你喜欢春天吗？

B 我们应该坐地铁去。

C 我能借用一下儿你的手机吗？

D 你新买的这件衣服真漂亮！

E 谢谢你送我的生日礼物，我很喜欢。

可以，不过电不多了。　　答案【　】

5. 阅读：判断对错。

（1）大卫已经来中国学习三年了，他可能是我们班中文最好的一位。

★ 大卫不会说中文。　　答案【　】

（2）如果不努力，我们可能永远都不能成为那个最好的自己。

★ 如果想成为最好的自己，不努力也可以。　　答案【　】

（3）我周一到周五都要上班，所以没有时间去商场，不过明天就周末了，可以去买衣服了。

★她明天要去商场买衣服。　　答案【　】

6. 阅读：选出正确答案。

（1）今天在图书馆看书的时候，我把手机放在了桌子上，离开时我忘了拿，等回去的时候图书馆已经关门了。

★ 他的手机最有可能在哪儿？

A 图书馆　B 教室　C 书上　D 家里　　答案【　】

（2）你上一次看报纸是什么时候呢？因为手机的出现，现在越来越多的人喜欢在网上看新闻。有了手机，人们不但可以看新闻，还可以看电影、看小说、听歌、买东西。如果你喜欢学习，还可以在网上听课呢。

★ 根据这段话，可以知道：

A 现在没有报纸了　B 网上不能看新闻

C 可以在网上学习　D 现在手机很便宜　　答案【　】

7. 书写：完成句子。

（1）借　可以　多长　我　时间

____

（2）来过　他　可能　这里　不

____

（3）可能　会　吗　她　喜欢

____

（4）我明天可（ yǐ ）早点儿下班。

（5）经理（ kě ）能正在办公室开会。

（6）我最近觉得很累，可（ néng ）是没休息好。

2【二02】能愿动词：该、应该

【该】gāi ①表示根据情理或经验必须这样（It indicates that it is necessary to do so based on reason or experience.）；②表示根据条件推测或估计应当这样（It indicates that it is inferred or estimated that this should be the case based on the conditions.）。

◎ 常见搭配

该做什么 | 该不会 | 该不是 | 不该 | 该不该

◎ 形式结构

1. S + 该 + VP/AP + 了

（1）你该吃药了。（表示根据情理或经验必须这样）

（2）半个小时了，饭该熟了。（表示根据条件推测或估计应当这样）

（3）如果你还不来，他该难过了。（表示根据条件推测或估计应当这样）

2. S + 该 + 不 + 该 + VP

（4）这件事该不该告诉他？

（5）我现在该不该吃药？

（6）我该不该去看这场电影呢？

3. S + 该 + VP + 吗

（7）这件事该告诉他吗？

（8）我现在该吃药吗？

（9）我该去看这场电影吗？

◎ 相关说明

1.“该”可以用在感叹句中，表示说话人期待出现某种结果，多用于积极的方面。例如：

“应该”can be used in an exclamatory sentence to indicate that the speaker expects a certain result. It is often used in a positive way. For example:

（1）如果他能来，该多好啊！

（2）等春天到来，这里该有多漂亮啊！

2.“该不是、该不会”表示估计和推测，一般用于不如意的事。例如：

“该不是”and“该不会”indicate estimation and speculation. They are usually used for unpleasant things. For example:

（3）他今天没来考试，该不是生病了吧？

（4）你作业没交，该不会忘了吧！

【应该】 yīnggāi ①表示按道理必须这样（It indicates that it is logically necessary to do so.）；②表示根据估计和判断，情况一定这样（It indicates that the situation must be like this based on the estimation and judgment.）。

◎ 常见搭配

应该这样 | 应该怎样 | 应该可以 | 应该不行 | 不应该这样 | 很不应该 | 应（该）不应该

◎ 形式结构

1. S + 应该 + VP/AP

（1）你们应该去检查一下儿身体。

（2）他们应该不会去学校。

（3）你不应该这样做的。

（4）学习就应该认真。

（5）你应该很高兴吧？

（6）病人应该已经好了。

2. S + 应该 + 不 + 应该 + VP/AP

（7）我应该不应该帮他？

（8）我应该不应该难过？

3. S + 应该 + VP + 吗

（9）我应该听他的吗？

（10）我应该去吗？

◎ 相关说明

1. 在口语中，“应该”可以单独用来回答问题。例如：

In spoken Chinese, “应该” can be used independently to answer questions. For example:

（1）A：他这样做应该不应该？

B：应该。

（2）A：八点上课，你们九点才来，这样应该吗？

B：不应该！

2. 不能用程度副词“很”来修饰“应该”，但“不应该”前常常可以带“真”“很”等程度副词。例如：

The adverb of degree “很” cannot be used to modify “应该”, but “不应该” can often be preceded by “真”, “很”, and other adverbs of degree. For example:

（3）这些题我全做错了，真不应该！

（4）我把事情忘了，很不应该！

综合练习

1. 听力：判断对错。

（1）

答案【　】

（2）★他们还没回家。　答案【　】

（3）★他们在医院看病。　答案【　】

2. 听力：选出正确答案。

（1）A 他没告诉小明　B 小明还不知道

C 他不关心小明　D 不用告诉小明　答案【　】

（2）A 洗衣机坏了　B 现在停电了

C 衣服还在洗　D 衣服洗完了　答案【　】

（3）A 题太难　B 没好好复习

C 题太多　　D 他们不喜欢考试　　答案【　】

（4）A 多爬山　　B 多休息　　C 多锻炼　　D 多花时间　　答案【　】

（5）① A 睡觉　　B 洗澡　　C 听轻音乐　　D 跑步　　答案【　】

② A 怎样改变心情　　B 运动很重要

C 要关心朋友　　D 要多吃东西　　答案【　】

3. 阅读：选出正确图片。

A 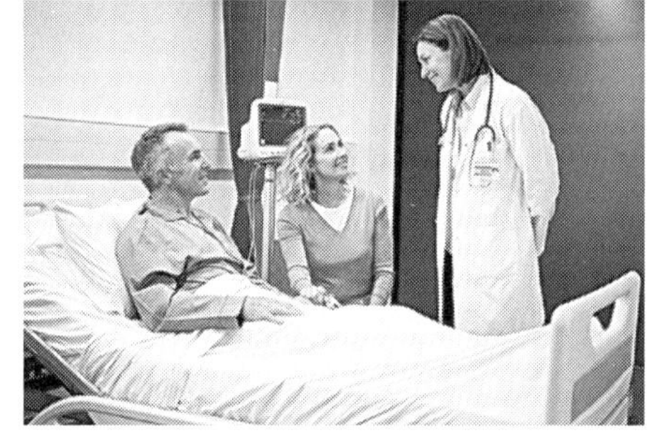

B 

病人已经好多了，下个星期应该就可以出院了。　　答案【　】

4. 阅读：选择合适的词语填空。

（1）A 长　B 草　C 饱　D 才　E 该　F 遍

如果你还不给她打电话，她（　　）生气了。　　答案【　】

（2）A 她们　B 应该　C 照顾　D 办法　E 安静　F 参加

我哥哥的女儿今年 7 岁，（　　）上一年级了。　　答案【　】

5. 阅读：根据句子选择上下文。

A 银行关门了，你明天再来吧。

B 周末一起去游泳怎么样？

C 这里的空气真好！

D 上次会上说的事情都做好了吗？

E 你的中文越来越好了。

这周应该可以完成。　　答案【　】

6. 阅读：判断对错。

我们在城市里生活久了，真应该多出去走走，看看山里的花草树木，听听鸟儿自由的歌声。

★我们应该在山里生活。　　答案【　】

7. 阅读：选出正确答案。

“笑一笑，十年少。”这是中国人经常说的一句话，意思是笑有非常大的好处，笑一笑可以让你年轻十岁。我们在生活和工作中会经常碰到一些不开心的事情，很多时候我们不能改变事情的结果，但我们可以改变自己的心情。我们应该经常笑，这样才不容易变老。

★ 根据这段话，可以知道：

A 笑能改变结果　　B 人应该学会快乐

C 爱笑的人不会生病　　D 爱笑的人不容易变老　　答案【　】

8. 书写：完成句子。

（1）这样　真的　不　做　很　应该

____

（2）该　他　不是　吧　了　生病

____

（3）我们等了这么久，他早（ gāi ）来了。

（4）你最近身体不太好，（ yīng ）该多休息。

3【二 03】能愿动词：愿意

【愿意】yuànyì 表示因符合心意而同意或希望做某事。（It indicates agreeing or hoping to do something because it meets one's wishes.）

◎ 常见搭配

愿意去 | 愿意看书 | 愿意和大家一起玩儿 | 愿意不愿意

◎ 形式结构

S + 愿意 + VP/AP

（1）她很愿意帮助同学。

（2）双方愿意进一步合作。

（3）我不愿意去外地工作。

（4）他不愿意出国。

（5）为了我，你愿意慢一点儿吗？

◎ 相关说明

1. 不能直接带名词宾语，不能用“没”否定。例如：

It cannot be directly followed by a noun object or be negated by “没”. For example:

（1）他愿意去医院。——* 他愿意医院。

（2）他不愿意写作业。——* 他没愿意写作业。

2. 可以受程度副词修饰。例如：

It can be modified by an adverb of degree. For example:

（3）我很愿意和大家一起吃晚餐。

3. 前面可用能愿动词“会、可能、能”修饰。例如：

It can be preceded by “会”, “可能”, “能”, or other optative verbs. For example：

（4）老师会愿意帮助你的。

（5）我觉得小明可能愿意参加这次比赛。

综合练习

1. 听力：判断对错。

（1）

答案【　】

（2）★ 男的愿意去北京工作。　答案【　】

2. 听力：选出正确答案。

（1）A 不会　B 不一定　C 会　D 有点儿不愿意　答案【　】

（2）A 下个周末　B 这个周末
C 她上个周末去过了　D 她不打算去　答案【　】

（3）A 可以乘坐公交车　B 只能骑自行车
C 可以乘坐地铁　D 可以骑自行车　答案【　】

（4）A 不想找工作　B 很想去女的公司工作
C 在学校工作　D 可能去女的公司工作　答案【　】

3. 阅读：选出正确图片。

A  B 

一个人的时候，她更愿意在图书馆看书。 答案【 】

4. 阅读：选择合适的词语填空。

A 实在　B 当然　C 愿意　D 如果　E 计划　F 可能

那个地方那么远，他能（　　）去吗？ 答案【 】

5. 阅读：根据句子选择上下文。

A 你的电脑找到了吗？

B 他最近工作比以前忙多了。

C 他能愿意送给你？

D 我一下儿就喜欢上了这件衣服。

E 你是要绿色的还是红色的？

这么贵的手机， 答案【 】

6. 阅读：选出正确答案。

（1）这里是一个生活很方便、让人很舒服的地方。要是你愿意，我们可以每天骑着自行车去慢慢发现这儿的美。在这儿你不仅能吃到很多好吃的中国菜、买到你喜欢的东西，而且还有音乐会可以听。

★关于“这里”，哪项正确？

A 只能吃到中国菜　　B 能买到喜欢的东西

C 没有音乐会可以听　　D 这个地方不太舒服　　答案【 】

（2）和以前不一样的是，现在很多年轻人都更愿意在离市中心远一点儿的地方买房子，一是因为这些地方的空气比市中心好很多，二是因为现在中国到处都有公共汽车站，住在这些地方跟住在市中心一样方便，还安静。

★关于现在的年轻人买房子，哪项正确？

A 他们都不想买房子　　B 他们都愿意在市中心买

C 他们都不愿意远离市中心　　D 他们都愿意离市中心远一点儿　　答案【 】

（3）人的一生中，会认识很多人，发生很多事。有的人对我们很好，有的人对我们一般，也有的人对我们很坏。有时候，我更愿意记住那些对我好的人，忘记那些对我坏的人。这样，我就会得到更多的快乐。

★这段话告诉我们：

A 他喜欢忘记所有的事　　B 他喜欢忘记对他不好的人

C 他喜欢记住对他不好的人　　D 他喜欢记住那些对他一般的人　　答案【　】

7. 书写：完成句子。

（1）愿意　参加　活动　新年　小明　不

____

yuànyì

（2）她（　　）参加学校举行的这次活动。

4【二 04】动词重叠：AA、A 一 A、A 了 A、ABAB

【AA、A 一 A】一般用来表示随意地、尝试性地做某事，动作的量比较小，即动作持续的时间短或进行的次数少，一般用于口语。单音节动词的重叠形式为"AA"，也可以在"AA"中间加"一"，变成"A 一 A"。（They are usually used in spoken Chinese to indicate doing something casually and tentatively, with a relatively small amount of action, namely the action lasts for a short time or is done only a few times. The reduplicated form of a monosyllabic verb is "AA" or "A 一 A".）

◎ 常见搭配

走（一）走 | 玩儿（一）玩儿 | 听（一）听音乐 | 看（一）看书 | 试（一）试味道

◎ 形式结构

S + A（一）A + O

（1）我能用（一）用你的手机吗？

（2）你想（一）想这个字的意思。

（3）大家可以写（一）写自己的想法。

◎ 相关说明

单音节动词重叠形式"AA"和"A 一 A"的功能相当于"A + 一下儿"。例如：

The function of the reduplicated forms of monosyllabic verbs, "AA" and "A 一 A", is similar to that of "A + 一下儿". For example:

（1）a. 我想听（一）听他怎么说。

b. 我想听一下儿他怎么说。

（2）a. 大家可以写（一）写自己的意见。

b. 大家可以写一下儿自己的意见。

【A了A】表示随意地、尝试性地做了某事，动作的持续时间短或次数少。（It indicates doing something casually or tentatively. The action lasts for a short time or is done only a few times.）

◎ 常见搭配

听了听 | 看了看 | 想了想 | 试了试 | 说了说他的想法 | 对我笑了笑 | 找人问了问

◎ 形式结构

1. S + A 了 A + O

（1）他看了看我，没说话。

（2）他数了数钱包里的钱，太少了。

（3）她看了看车上的人，笑了。

2. S + A 了 A（+ O）+ 就 + VP + 了

（4）他去公园跑了跑（步）就回来看书了。

（5）他只是吹了吹空调就生病了。

【ABAB】双音节动词的重叠形式为“ABAB”。（The reduplicated form of a disyllabic verb is “ABAB”.）

◎ 常见搭配

学习学习 | 运动运动 | 照顾照顾 | 关心关心我们的朋友 | 商量商量怎么办

◎ 形式结构

ABAB（+ O）

（1）请介绍介绍你的朋友。

（2）请大家复习复习今天学的汉字。

（3）我们可以进去参观参观吗？

◎ 相关说明

1. 双音节动词重叠也可以说成“动词 + 一下儿”。例如：

Disyllabic verbs can also be reduplicated in the form of “verb + 一下儿”. For example:

（1）我们应该商量商量怎么办。= 我们应该商量一下儿怎么办。

（2）给我介绍介绍你的朋友吧。= 给我介绍一下儿你的朋友吧。

2. 和单音节动词重叠不同的是，双音节动词重叠中间不能加“一”。例如：

In contrast to the reduplication of a monosyllabic verb, the reduplication of a disyllabic verb doesn't have “一” inserted in between. For example:

（3）晚上我想复习复习。——* 晚上我想复习一复习。

（4）你要多关心关心自己的身体。——* 你要多关心一关心自己的身体。

3. 双音节动词重叠一般用于未发生的动作，中间不能加“了”；如果用于已经发生的动作，可以用“动词 + 了 + 一下儿”来表示。例如：

The reduplication of a disyllabic verb is generally used for an action that has not occurred, and “了” is usually not used in between. If it is used for an action already taken, “verb + 了 + 一下儿” is used. For example:

（5）我们计划去以前的学校参观参观。——* 我们计划去以前的学校参观了参观。

（6）我们去以前的学校参观了一下儿。

（7）我昨天去医院检查了一下儿身体。——* 我昨天去医院检查检查身体。

综合练习

1. 听力：判断对错。

（1）

答案【　】

（2）

答案【　】

（3）

答案【　】

（4）★ 我们都认识小明的朋友。 答案【　】

（5）★ 他想知道大家的想法。 答案【　】

（6）★ 爬山和骑马太累了。 答案【　】

（7）★ 她晚上一直在听音乐。 答案【　】

（8）★ 小明觉得外卖特别好吃。 答案【　】

2. 听力：选出正确答案。

（1）A 他知道怎么去火车站　B 他不知道怎么去火车站
C 他也要去火车站　D 他经常来这边　答案【　】

（2）A 出去旅行　B 在家听音乐
C 学英语　D 出去看电影　答案【　】

（3）A 晚上有中文考试　B 他们不用复习
C 男的想一个人复习　D 女的还没准备好　答案【　】

（4）A 多听多说　B 多读多写
C 多听多写　D 多写多说　答案【　】

（5）A 女的一开始就记得男的　B 他们不认识
C 他们一起打过网球　D 他们经常见面　答案【　】

（6）A 大家不喜欢他做的菜　B 他经常做这个菜
C 他想请大家试吃他做的菜　D 这个菜他做了很多　答案【　】

（7）A 他只能在家里休息　B 他不想和朋友见面
C 他可以一直学习　D 他希望这样的日子长一点儿　答案【　】

（8）A 没有生病　B 觉得空调温度太高了
C 吹了空调　D 去医院了　答案【　】

（9）A 参加考试　B 准备考试
C 问考试结果　D 问考试时间　答案【　】

（10）A 男的认识她　　B 对女的笑了笑
　　C 对男的笑了笑　　D 这个月刚进公司　　答案【　】

（11）A 昨天答应了要去海边　　B 不想去海边
　　C 要自己去海边　　D 已经过来了　　答案【　】

（12）A 不喜欢运动　　B 周末很少运动
　　C 今天去公园走了走　　D 晚上还要工作　　答案【　】

（13）A 人口很多　　B 游客不喜欢那里的食物
　　C 非常漂亮　　D 每年有三百多万人去那里旅游　　答案【　】

（14）A 他们去花园跑步了　　B 他们经常见面
　　C 他已经回来了　　D 花园在学校旁边　　答案【　】

3. 阅读：选出正确图片。

（1）

A 

B 

世界那么大，我想去看看。　　答案【　】

（2）

A 

B 

我们一起来讨论讨论下周的工作计划吧。　　答案【　】

（3）

A 

B 

她等了一会儿，看朋友没来，就去公园坐了坐。 答案【　】

4. 阅读：选择合适的词语填空。

（1）A 在　B 很　C 真　D 多　E 一　F 点儿

你这个真有意思，可以借我玩儿（　）玩儿吗？ 答案【　】

（2）A 一　B 了　C 不　D 的　E 在　F 很

他看（　）看我，好像有事情要跟我说，但最后什么也没说。 答案【　】

5. 阅读：根据句子选择上下文。

（1）A 这个电影真不错，我还想看一遍。

B 你刚才说得太好了，我要向你学习。

C 你的中文说得真好，是在中国学的吗？

D 班长，同学们都到了吗？

E 我早上给你发短信了，你没收到吗？

我刚才数了数，还有三个没来。 答案【　】

（2）A 最近天气太热了，你要多喝点儿水。

B 太贵了，可以便宜一点儿吗？

C 你再想想，这是今天刚学的。

D 您好，请问地铁站怎么走？

E 还要等很久，我们去楼上坐坐吧。

老师，这道题我不会做。 答案【　】

（3）A 老师，这些题我都做完了。

B 我想出去运动一下儿，一起去吗？

C 大卫，你去哪儿？

D 这是送给你的生日礼物，希望你会喜欢。

E 这里太好玩儿了，我下次还要来。

考试还有十分钟，不检查检查吗？ 答案【　】

6. 阅读：判断对错。

（1）今天是我第一次学习开车，老师教得很好，我学得很快。不过我开得还不太好，还要多练习练习。再学一段时间，我就可以去参加考试了。

★“我”现在已经通过考试了。　答案【　】

（2）我们不要随随便便说别人不好，很多时候，我们只看到事情的一部分。这个时候，也许你只是随便说说，但很有可能会给别人带来很不好的影响。

★我们可以随便说别人不好。　答案【　】

（3）今天早上起来，我觉得头特别疼，身体不舒服，后来去医院让医生看了看，医生说我是吃错东西了，吃点儿药，睡一觉就好了。

★“我”今天去医院看病了。　答案【　】

7. 阅读：选出正确答案。

（1）小美今天生病了，没有去学校。她爸爸妈妈要上班，没人在家里照顾她，她一个人在家里写了写作业，听了听音乐，看了看电视，中午还睡了一觉。到了下午，身体就好了，还给爸爸妈妈做了晚餐。

★关于小美，可以知道：

A 她今天去医院了　B 有人在家照顾她

C 她在家写了作业　D 她中午没睡觉　答案【　】

（2）绿湖公园是我们市最大、最漂亮的公园，这里不但有大片的草地，而且还有我们市最大的花园。春天时，公园里到处鸟语花香。到了夏天，这里又特别凉快，是大家周末时最常来的地方。如果有时间，欢迎你们来绿湖公园走一走，相信你们一定会喜欢这里。

★关于绿湖公园，可以知道：

A 有全市最大的草地　B 不适合走路

C 大家周末经常来这里　D 春天时很凉快　答案【　】

（3）我今年读大四了，在中国学习的这几年我过得很开心。很多人都问我，明年是回国工作还是留在中国。说真的，我还没想好。我很想我的家人，但我也很喜欢中国。我想跟爸爸妈妈商量商量，如果他们愿意跟我一起在中国生活，那就太好了。

★关于这段话，可以知道：

A 他今年要回国　B 他爸爸妈妈不想来中国

C 他正在中国工作　D 他想听一听爸爸妈妈的意见　答案【　】

8. 书写：完成句子。

（1）复习　大家　复习　课文　的　请　今天

____

（2）点　了　头　向　他　点　我

____

（3）的　大家　说说　想法　自己　可以

____

（二）代词

5【二 05】疑问代词：多久、为什么、怎么样、怎样

【多久】 duōjiǔ 多长时间。（how long）

◎ 常见搭配

等多久｜写了多久｜睡了多久｜用不了（liǎo）多久｜住不了多久｜没多久又回来了

◎ 形式结构

1. S + V（+ 了）+ 多久

（1）昨天的作业，你写了多久？

（2）他们谈了多久？

（3）我们要等多久？

（4）你还要玩儿多久？

2. S + 多久 + VP

（5）你多久没洗澡了？

（6）你多久没看电影了？

（7）你多久打一次篮球？

（8）你多久去一次公园？

3.（S +）V + 不了 + 多久

（9）快开学了，你玩儿不了多久了。

（10）用不了多久，他就自己回来了。

4. S + VP_1 + 没 + 多久 + 就 / 又 + VP_2 + 了

（11）小明出去没多久就回来了。

（12）这台电脑我用了没多久又打不开了。

◎ 相关说明

"（S +）V + 不（了 liǎo）+ 多久"中，动词多是单音节动词，并带有持续性。例如：

In "（S +）V + 不（了）+ 多久", the verb is mostly a monosyllabic verb with continuity.

For example:

（1）他睡了，但也睡不（了）多久，因为马上他又要起来去上课了。

（2）用不（了）多久，我一定会成为这里最有名的画家。

【为什么】wèi shénme 询问原因或目的。（It inquires about the reason or purpose.）

◎ 常见搭配

为什么哭 | 为什么学中文 | 为什么不去 | 为什么没吃饭 | 为什么这么热 | 不为什么

◎ 形式结构

1. 为什么 + VP/AP

（1）你为什么不去上课？

（2）小美为什么不想当班长呢？

（3）为什么没写作业？

（4）为什么不去散散步？

（5）小明高兴是因为拿了第一名，你为什么高兴？

（6）小美的脸为什么这么红？

2. 为什么 + C

（7）为什么她送你一张电影票？

（8）为什么你一上英语课就睡觉？

3. C（+ 是）+ 为什么

（9）你这样做是为什么？

（10）她这么伤心是为什么？

◎ 相关说明

“为什么”可以放在句首，也可以放在主语的后边。例如：

“为什么”can be used at the beginning of a sentence or after the subject. For example:

（1）为什么你要出国上学？ / 你为什么要出国上学？

（2）为什么你不喜欢吃包子？ / 你为什么不喜欢吃包子？

【怎么样】zěnmeyàng ①询问状况（To inquire about the situation.）；②询问感觉（To inquire about the feeling.）；③询问结果或评价（To inquire about the result or evaluation.）；④询问听话人的意见（To ask the listener for his/her opinion.）；⑤询问方式（To inquire about the mode.）。

◎ 常见搭配

吃得怎么样 | 不知道怎么样 | 感觉怎么样 | 北京怎么样 | 味道怎么样 | 唱歌怎么样 |

怎么样才行

◎ 形式结构

1. S + 怎么样

（1）爸爸的身体怎么样？

（2）电影怎么样？你觉得有意思吗？

（3）小美怎么样？她应该能当好班长。

2. S + V + 怎么样

（4）你感觉怎么样？好点儿了吗？

（5）小美当班长，你认为怎么样？

（6）我们等一会儿再回去，你说怎么样？

3. S + V + 得 + 怎么样

（7）昨天晚上你睡得怎么样？

（8）大家新年过得怎么样？

（9）大家今天参观得怎么样？

4. 怎么样 + VP

（10）我想去图书馆，怎么样走最近？

（11）你要怎么样实现你的想法？

5. C（，）怎么样

（12）咱们明天去图书馆，怎么样？

（13）我们晚上去看电影怎么样？

6. 怎么样，C

（14）怎么样，我做的饭好不好吃？

（15）怎么样，这件衣服好不好看？

【怎样】 zěnyàng ①询问方式、方法（To inquire about the mode or method.）；②询问性质、状况（To inquire about the nature or situation.）。

◎ 常见搭配

怎样做 | 怎样写 | 怎样才能 | 味道怎样 | 感觉怎样 | 怎样的影响 | 怎样（的）一个人

◎ 形式结构

1. S + 怎样

（1）你的身体怎样？

（2）孩子的成绩怎样？

2. S + 怎样 + VP

（3）这个字怎样写？

（4）你是怎样通过考试的？

3. S + V + 怎样

（5）我都答应你了，你还想怎样？

（6）这个人你感觉怎样？

4. 怎样（+ 的）+ NP

（7）这是一个怎样的晚会？

（8）你哥哥是怎样（的）一个人？

5. S + V + 得 + 怎样

（9）她唱得怎样？

（10）明天就考试了，你复习得怎样？

◎ 相关说明

1. “怎样”用在名词前作定语时，后面要加“的”。例如：

When “怎样” is used as an attributive before a noun, it must be followed by “的”. For example:

（1）她是怎样的老师？——* 她是怎样老师？

2. 如果名词前有数量短语，“怎样”可以放在数量短语前，此时“的”可以省略；也可以放在数量短语后，但要加上“的”。例如：

If a quantifier phrase is used before a noun, “怎样” can be used before the quantifier phrase, in which case “的” can be omitted; it can also be used after the quantifier phrase, but “的” must be used. For example:

（2）这个电影讲了怎样（的）一个故事？——* 这个电影讲了一个怎样故事？

比较

怎么样、怎样、怎么

1. “怎么样”“怎样”和“怎么”都可以询问方式、方法，常常可以互换。例如：

“怎么样”, “怎样”, and “怎么” can all be used to inquire about the mode or method and are often interchangeable. For example:

（1）到电影院怎么样 / 怎样 / 怎么走？

（2）这个汉字怎么样 / 怎样 / 怎么读？

2. “怎么样”和“怎样”可以用在名词性成分前，“怎么”很少这样用，只用在“事”前组成“怎么回事”“怎么一回事”。例如：

“怎么样” and “怎样” can be used before nominal elements, while “怎么” is seldom used in this way. It is only used before “事” to form a phrase such as “怎么回事” or “怎么一回事”. For example:

（3）那是一种怎么样/怎样的环境？（不用“怎么”）

3. “怎么”可以用来询问原因，“怎么样”和“怎样”没有这种用法。例如：

“怎么” can be used to inquire about the reason, while “怎样” and “怎么样” are not used in this way. For example:

（4）他今天怎么来晚了？（不用“怎么样/怎样”）

（5）你怎么又生气了？（不用“怎么样/怎样”）

综合练习

1. 听力：判断对错。

（1）

元旦 2025年 1月

一	二	三	四	五
30	31	1 休 元旦	2	3
6	7	8	9	10
13	14	15	16	17
20	21	22	23	24

答案【　】

（2）

答案【　】

（3）★女的知道男的出国的原因。　答案【　】

（4）★他非常想回国。　答案【　】

（5）★大家很关心小明。　答案【　】

（6）★老师知道小明上课睡觉的原因。　答案【　】

2. 听力：选出正确答案。

（1）A 能　　B 不能

C 上午不能，下午可以　　D 上午可以，下午不能　　答案【　】

（2）A 很贵　　B 卖得特别好

C 大小不合适　　D 颜色不太好　　答案【　】

（3）A 女的上课不认真　　B 男的觉得这次考试很简单

C 女的认为自己考得很好　　D 小明考试前复习了　　答案【　】

（4）A 他明天要去上班　　B 今天是星期六

C 他要准备早饭　　D 他以为今天周一，要去上班　　答案【　】

（5）A 女的玩儿得不开心　　B 他们要坐六点的火车

C 女的想回家　　D 他们要坐五点的火车　　答案【　】

（6）A 这家店的排球有问题　　B 男的不是在这家店买的球

C 排球是在这家店买的　　D 这家店的排球不能用　　答案【　】

（7）A 一天　　B 从小就开始练习　　C 七天　　D 两周　　答案【　】

（8）A 要去国外上学　　B 不想出国

C 不会回国了　　D 照顾不好自己　　答案【　】

（9）A 面包卖完了　　B 他们没等多久

C 他们买到了面包　　D 排队的人很少　　答案【　】

3. 阅读：选出正确图片。

（1）

A 

B 

我刚才问小明今天天气怎样，他说今天不会下雨，是个晴天。　　答案【　】

（2）

A 

B 

今天是假期的第一天，小美给妹妹准备了早餐，有面包、水果等。她开心地问妹妹："怎么样，我做的早餐还不错吧？" 答案【 】

4. 阅读：选择合适的词语填空。

（1）A 为什么 B 那么 C 多么 D 如果 E 场 F 再

他（ ）这么努力地工作？ 答案【 】

（2）A 怎么样 B 多久 C 封 D 如果 E 刚 F 不一定

咱们要准备晚会的节目了，小明你唱个歌（ ）？ 答案【 】

（3）A 份 B 而且 C 什么样 D 那么 E 怎么样 F 那

我们送大卫一个礼物吧，大家觉得（ ）？ 答案【 】

（4）A 多么 B 多久 C 不久 D 层 E 不一会儿 F 怎样

你（ ）没去体育馆打篮球了？ 答案【 】

（5）A 怎么办 B 怎么 C 才 D 多久 E 好久 F 什么样

男：你每天坐公交车上学要（ ）？

女：一般半个小时就到了。 答案【 】

5. 阅读：根据句子选择上下文。

（1）A 我问你一个问题，为什么月亮不如太阳亮？

B 快考试了，小美想问老师一些英语问题。

C 小明从小就爱问一些很难回答的问题。

D 小明学习一直很努力，因为他想成为一名科学家。

E 地球上有很多花草树木，它们都有不同的特点。

比如：地球是怎样出现的？ 答案【 】

（2）A 你还是别参加这次考试了吧。

B 如果这次不参加就要等明年了。

C 小明的分数比小美的更高。

D 计算机可以帮我们做很多事情。

E 我一定要努力成为第一名。

你为什么不参加这次的大学生计算机考试？ 答案【 】

（3）A 我想买两个杯子。

B 我要打车去火车站。

C 从这儿到火车站用不了多久，七点前能到。

D 也许我会去中国学习中文。

E 坐火车不如坐飞机快。

不好意思，您能开快点儿吗？我七点必须到火车站。　答案【　】

6. 阅读：选出正确答案。

（1）小美每次都是快开学了才想起写假期作业，一边说假期过得太快了，一边哭着写作业。她为什么不早点儿写呢？那样现在就不用这么急了。

★ 关于这段话，哪项正确？

A“我”的作业没写完　B“我”知道小美为什么不写作业

C 小美没写完作业　D 小美现在完全不急　答案【　】

（2）有很多运动方法能让身体变得更健康，但是这些方法一般只适合年轻人。怎样运动才能让老年人的身体也变得更健康呢？第一，最好选一些慢一点儿的运动，比如说散步、慢跑等。第二，运动时间最好不要超过半个小时。

★ 关于这段话，哪项错误？

A 要用对的方法运动　B 老年人应该运动五十分钟

C 老年人可以散步　D 老年人可以慢跑　答案【　】

（3）最近“云种树”活动非常受欢迎，大家可以通过手机养一棵树，等到树长大了，就会有人帮大家种一棵真正的树。这些树会长在怎样的地方呢？这些树会种在空气不太好或者风大的地方，它们可以让空气变得更好。更有意思的是，这些树都有自己的数字号，大家可以通过这些数字号找到自己的树。

★ 关于“云种树”，哪项正确？

A 大家可以找到自己种的树　B 对空气没有影响

C 会种在空气好的地方　D 没有人参加这个活动　答案【　】

（4）今天是小明上班的第一天，新公司离小明家不太远，坐公交车十分钟就到了。公司的办公室又大又干净，小明和另一个同事共用一间办公室。同事们都很热情，有了他们的帮助，小明很快就习惯了新环境。妈妈晚上问小明新公司怎么样，小明觉得还不错。

★ 关于这段话，哪项错误？

A 新公司的办公室不太好　B 小明不是自己用一间办公室

C 小明习惯了新环境　D 新公司离小明家挺近的　答案【　】

（5）小美马上要过生日了，她的家人们给她准备了很多生日礼物，但是不想让她知道。所以大家要找一个放礼物的好地方。妈妈说：“放花园里怎么样？”但是明天会下雨，东西不能放在外边。爸爸觉得放桌子下边就行，但大家都说小美一定会发现。最后哥哥说：“放我的床下边怎么样？小美很少来我的房间。”这次大家都觉得不错。

★ 关于这段话，哪项正确？

A 小美经常去哥哥的房间　B 生日礼物放在花园里了

C 大家同意了哥哥的想法　　　D 大家没商量好礼物放在哪儿　　　答案【　】

（6）最近年轻人都在讨论一个问题：“你多久没换手机了？”很多年轻人表示自己已经很长时间没换过手机了，这是为什么呢？有的人说：“现在手机越来越贵，怎么能老换呢？”也有人觉得自己的手机没坏，不用换。还有人认为今年新出的手机跟去年的差不多，换不换新手机都一样。

★ 关于这段话，哪项正确？

A 年轻人都经常换手机　　　B 手机越来越贵

C 手机一换就会坏　　　D 新手机比旧手机差　　　答案【　】

（7）很多人认为每天睡 8 小时才是健康的生活习惯。如果没有睡够 8 小时，有些人还会觉得这是个大问题，怎么样也要努力睡够 8 小时。但这种想法是错的，不是所有人都应该睡这么长时间。那应该睡多久呢？科学家发现：五六岁以下的孩子要睡够 12 个小时；大人每天睡 6 ～ 7 个小时就够了，最好不要超过 8 小时，如果每天睡超过 10 小时，还会对健康有不好的影响；老人睡的时间可以少一点儿，睡 5 ～ 6 个小时也是正常的。所以说，不是睡得越久越好。

① ★关于健康的睡觉时间，哪项正确？

A 大人每天要睡 8 小时以上　　　B 老人每天要睡够 10 小时

C 四岁的孩子要睡够 10 小时　　　D 大人最好睡 6 ～ 7 个小时　　　答案【　】

② ★小丽今年 22 岁，她每天应该睡多久？

A 5 个小时　　　B 7 个小时

C 12 个小时　　　D 2 个小时　　　答案【　】

（8）小孩子每天都有“十万个为什么”，比如：“为什么天是蓝的？”“为什么晚上太阳就不见了？”“为什么冬天会下雪？”当他们提出这些问题的时候，就表示孩子们想认识大自然了，这时爸爸妈妈们要认真地听孩子的问题，同时可以多带孩子们去海边、山里旅行，这样孩子不但能更多地认识大自然，还能得到不一样的快乐。

★ 关于这段话，哪项错误？

A 孩子们应该多认识大自然　　　B 爸爸妈妈们要认真听孩子的问题

C 孩子们不想知道冬天下雪的原因　　　D 孩子们每天有很多问题　　　答案【　】

（9）最近大家都在讨论一张图片，图片上有一个人在地铁上看报纸，其他人都在低着头看手机。现在大家都在手机上看新闻，看报纸的人越来越少了。为什么会这样呢？年轻人觉得看报纸的都是老人，老人觉得报纸上的字太小了，看不清楚。这样年轻人和老人都不爱看报纸了。还有的人觉得用手机看新闻这么方便，为什么还要看报纸呢？但也有一些人认为网上的新闻有真的也有假的，还是报纸上的新闻准确一点儿，所以他们还是更喜欢看报纸。

★ 关于不看报纸的原因，哪项正确？

A 用手机看新闻很方便　　B 报纸上的字很大

C 报纸很贵　　D 报纸上的新闻不准确　　答案【　】

7. 书写：完成句子。

（1）你　怎么样　中文　得　学　了

____

（2）小明　接　为什么　呢　电话　不

____

（3）成为　怎样　医生　你　的　是

____

（4）公园　了　你　在　多久　玩儿

____

（5）快起床，要迟到了！你还要睡（ duō ）久？

（6）你（ wèi ）什么跑得那么快？

6【二06】人称代词：别人、大家、它、它们、咱、咱们、自己

【别人】 biérén 第三人称代词，泛指除说话人、听话人或前面说到的某人、某些人以外的人。（It is a third-person pronoun that generally refers to people other than the speaker, the listener, or those previously mentioned.）

◎ **常见搭配**

别人（的）家 | 别人的东西 | 别人过生日 | 告诉别人 | 给别人打电话 | 给别人做事

◎ **形式结构**

1. 别人（+ 的）+ NP

（1）我想听听别人的意见。

（2）别人家里的东西，不能随便动。

2. 别人 + VP/AP

（3）你以为你不会，别人也不会吗？

（4）只有小明收到了短信，别人都没收到。

（5）别人高兴不高兴，跟我没关系。

3. S + V + 别人

（6）你帮助别人，别人也会帮助你。

（7）你别老是说别人，人家会不高兴的。

4. S + Prep + 别人 + VP

（8）中国人给别人打电话常常会说："喂，您好！"

（9）你就买自己的票，不用给别人买。

【大家】dàjiā ①指一定范围内的所有人（It refers to all the people within a certain scope.）；②放在"我们""你们""他们""咱们"等复数人称代词后边作复指成分（It is used after plural personal pronouns such as "我们", "你们", "他们", "咱们", etc. as a resumptive element.）。

◎ 常见搭配

大家好 | 欢迎大家 | 感谢大家 | 大家的事情 | 为大家服务 | 对大家说 | 我们大家都很想你

◎ 形式结构

1. 大家 + 的 + NP

（1）大家的护照交给您了。

（2）大家的不同意见，我们都记好了。

2. 大家 + VP/AP

（3）大家一起唱歌吧。

（4）大家都累了。

3. S + V + 大家

（5）她经常帮助大家。

（6）今天真的谢谢大家。

（7）我今天要告诉大家一件重要的事情。

4. S + Prep + 大家 + VP

（8）感谢你为大家准备了午餐。

（9）他现在去给大家买门票。

【它】tā 第三人称代词，指人以外的事物，用于单数。（It is a third-person pronoun that refers to things other than people. It is used in the singular form.）

◎ 常见搭配

它的名字 | 它吃饭的样子 | 它吃饱了 | 它非常便宜 | 买它

◎ 形式结构

1. 它 + 的 + NP

（1）那个书包很好看，我喜欢它的颜色。

2. 它 + VP/AP

（2）它吃东西呢。

（3）这个方法挺好的，它对你没有什么坏处。

（4）它才两个月大。

（5）虽然我特别喜欢这件衣服，但是它真的太贵了。

3.（S +）V + 它

（6）这个电脑又便宜又好看，我想买它。

4. S + 它 + VP/AP

（7）这件事它不是你的错。

（8）这猫它太老了，已经不爱动了。

◎ 相关说明

1.“它”所指的事物一般是前面提到的；如果是前面没有提到的东西，一般用“这、那”或由“这、那”组成的短语指代。例如：

“它” generally refers to something mentioned before. If it is something not mentioned before, “这”, “那”, or phrases composed of “这” or “那”, are usually used. For example:

（1）你说的问题是小事，它不会对我们的计划有影响。（“它”指的是“你说的问题”）

（2）这不是大卫真正的想法。（前面没有提到任何事物，所以用“这”而不用“它”）

2.“它”指代的是前面提到的事物时，常可省略。例如：

When “它” refers to something mentioned before, it is often omitted. For example:

（3）这件衣服很漂亮，而且它也不贵。（常说“这件衣服很漂亮，而且也不贵”）

（4）这个礼物是一个朋友送给我的，我很喜欢。（一般不说“我很喜欢它”）

3.“它”可以指代前文提到的具体事物，也可以指代抽象的事物；“它们”通常指代一群动物。例如：

“它” can refer to something specific previously mentioned or something abstract. “它们” usually refers to a group of animals. For example:

（5）这本书是我昨天买的，它花了五十块钱呢。（“它”指具体的事物“书”）

（6）这问题不用你说，我也知道它的影响有多大。（“它”指抽象的事物“问题”）

（7）你看动物园里的动物多好啊，它们每天不用上班也有吃的。（“它们”指“动物园里的动物”）

【它们】tāmen 第三人称代词，指前面提到的人以外的事物，用于复数。（It is a third-person pronoun referring to things other than people previously mentioned. It is used in the plural form.）

◎ 常见搭配

它们吃的东西 | 它们身上的颜色 | 它们跑得很快 | 它们老是在叫 | 喜欢它们 | 它们的样子

◎ 形式结构

1. 它们 + 的 + NP

（1）这些菜看着很好看，但是它们的味道真的不太好。

（2）那些衣服颜色都不错，但是它们的大小不太合适。

2. 它们 + VP/AP

（3）我家有猫有狗，它们都是我的朋友。

（4）我家院子里有很多树，它们在冬天也是绿的。

（5）这些花都是你养的吗？它们太漂亮了！

3.（S +）V + 它们

（6）这些小动物太可爱了，我真想带它们回家。

（7）看着这些小狗开心地跑来跑去，我真想变成它们。

【咱】zán 包括说话人和听话人在内的双方，多用于口语。（It includes both the speaker and the listener and it is mostly used in spoken Chinese.）

◎ 常见搭配

咱俩 | 咱班 | 咱家 | 咱爸 | 咱妈

◎ 形式结构

1. 咱 + NP

（1）咱爸妈这几年身体越来越不好了。

（2）咱班今天来了新同学。

2. 咱 + 的 + NP

（3）咱的事，还是自己办吧。

（4）快来看看咱的新办公室。

3. 咱 + VP/AP

（5）咱一起去吧。

（6）咱安静一点儿。

4.（S+）V+咱

（7）王老师教咱中文。

（8）下飞机以后，司机会来接咱的。

【咱们】zánmen 包括说话人和听话人在内的双方，多用于口语。（It includes both the speaker and the listener and it is mostly used in spoken Chinese.）

◎ 常见搭配

咱们一起去 | 咱们明天走 | 咱们是一家人 | 咱们家 | 咱们公司 | 咱们这些老同学 | 咱们的东西 | 咱们的学校 | 咱们的钱 | 有人在叫咱们 | 他教咱们中文

◎ 形式结构

1. 咱们 + NP

（1）咱们这些老同学都好几年没见了。

（2）咱们公司这几年发展得还不错。

2. 咱们 + 的 + NP

（3）他是咱们的朋友，咱们一定要帮他。

（4）这就是咱们的学校，虽然不大，但很漂亮。

3. 咱们 + VP/AP

（5）明天咱们去动物园，怎么样？

（6）咱们都太累了，需要休息休息。

4.（S+）V+咱们

（7）经理给了咱们这个机会，咱们就要做好。

（8）这些东西都是送咱们的吗？

比较

咱们、我们

“咱们”和“我们”都表示第一人称复数，不同的是：“咱们”包括听话人和说话人在内；“我们”根据语境，可以包括听话人，也可以不包括听话人。例如：

Both “咱们” and “我们” indicate the first-person plural, but they differ in that “咱们” includes the listener and the speaker, while “我们” can either include the listener or not include the listener, depending on the context. For example:

（1）小明，张东不能来了，咱们出发吧。（包括听话人“小明”）

（2）小明，你等张东吧，我们先走了。（不包括听话人“小明”）

【自己】zìjǐ ①复指前面提到的人或者事物（To refer to somebody or something aforementioned.）；②用来泛指某个人本身，而不是他人（It is generally used to refer to somebody, rather than to someone else.）；③指说话者本人这方面，用在名词前，表示关系密切（It refers to the speaker himself or herself. It is used before a noun to indicate a close relationship.）。

◎ 常见搭配

我自己 | 你们自己 | 张老师自己 | 这个电视自己坏了 | 自己的事 | 自己都不明白 | 自己人

◎ 形式结构

1. 自己 + 的 + NP

（1）自己的事情自己做。

（2）您应该多关心关心自己的身体。

（3）自己的东西要自己放好。

2. 自己 + NP

（4）大家都是自己人。

（5）自己哥哥的事情，他一定会帮忙的。

（6）这是自己学校举行的活动，我们都要参加。

3. 自己 + VP

（7）自己的事情自己做。

（8）今天弟弟一个人在家，只能自己做早餐。

（9）这张画儿怎么自己掉下来了？

4. S + 自己 + VP

（10）他自己还不知道这个消息吧？

（11）如果没有人碰它，这个杯子自己是不会掉在地上的。

5.（S +）V + 自己

（12）你一定要相信自己。

（13）如果想爱别人，就要先学会爱自己。

6. S + Prep + 自己 + VP

（14）昨天是小明生日，他给自己买了一个礼物。

综合练习

1. 听力：判断对错。

（1）

答案【 】

（2）★ 这些食物是他一个人的。 答案【 】

（3）★ 爷爷告诉他有问题的时候要多找人帮忙。 答案【 】

（4）★ 大卫的电影票在桌子上。 答案【 】

（5）★ 有问题是一件可怕的事情。 答案【 】

（6）★ 大卫因为喜欢小孩子，所以以后想当一名教师。 答案【 】

（7）★ 人们常常会随便送别人好东西。 答案【 】

（8）★ 大卫比别人更喜欢旅游。 答案【 】

2. 听力：选出正确答案。

（1）A 大家为经理唱歌　B 说话的人是经理
　　C 大家不喜欢经理　D 经理马上要唱歌　答案【 】

（2）A 男的太忙　B 他们可以明天一起吃饭
　　C 跟自己没有关系　D 她自己的工作很重要　答案【 】

（3）A 夫妻　B 同事
　　C 同学　D 师生　答案【 】

（4）A 女的想给男的讲故事　B 男的不想给女的讲故事
　　C 女的看明白了这本书　D 男的还没看明白这本书　答案【 】

（5）A 男的自己去北京旅游　B 女的自己去北京旅游
　　C 女的想在网上买烤鸭　D 男的想在网上买烤鸭　答案【 】

（6）A 他们要请客　B 小明要请客
　　C 小明收到很多水果　D 他们一起吃水果　答案【 】

（7）A 男的很怕女的　　B 大家很怕男的
C 男的做完了自己的工作　　D 大家会一起帮助男的　　答案【　】

（8）A 男的觉得考试很难　　B 别人觉得考试很难
C 男的通过了考试　　D 女的通过了考试　　答案【　】

（9）A 女的很爱男的　　B 男的很爱女的
C 女的很爱别人　　D 男的认为女的说得对　　答案【　】

（10）A 女的不喜欢养花　　B 女的觉得花不需要“喝水”
C 男的不喜欢养花　　D 男的请女的帮忙照顾一下儿花　　答案【　】

（11）A 小猫不喜欢喝水　　B 小猫很健康
C 女的在开车　　D 男的要带小猫去看医生　　答案【　】

（12）A 换个洗衣机　　B 洗衣机很好用
C 洗衣机很便宜　　D 可以在网上买洗衣机　　答案【　】

（13）A 男的想休息休息　　B 女的今天走路来上班
C 男的家离这儿很远　　D 女的昨天看见男的骑自行车了　　答案【　】

（14）A 别人的错让我们很生气
B 每个人都会因为别人的错影响心情
C 别人的错让我们很满意
D 能不因为别人的错影响自己心情的人很少　　答案【　】

（15）A 他人的帮助对学习非常重要　　B 自己努力对学习非常重要
C 好的老师对学习非常重要　　D 好的学校对学习非常重要　　答案【　】

（16）A 介绍车的是老人　　B 这种车适合学生开
C 这种车很贵　　D 要买车的是年轻人　　答案【　】

（17）A 爸爸经常看新闻　　B 不要相信新闻
C 没看到的事情不是真的　　D 看新闻没什么意思　　答案【　】

3. 阅读：选出正确图片

（1）

A

B

弟弟很喜欢看书，经常自己一个人去图书馆看书。　答案【　】

（2）

A 　B 

它们在公园里开心地玩儿着。　答案【　】

（3）

A 　B

大家都在图书馆安静地看书。　答案【　】

（4）

A 　B 

我昨天下午一个人在家里看书，没有和别人在一起。　答案【　】

4. 阅读：选择合适的词语填空。

（1）A 别动　B 别的　C 别做　D 别说　E 别人　F 别看

他这样做是因为真的关心你。我和他是好多年的老朋友了，从来没有发现他对（　　）说过这么多话。　答案【　】

（2）A 它们　B 什么　C 有的　D 这些　E 别的　F 别人

很多年轻人和（　　）一起吃饭的时候都喜欢自己玩儿手机，我觉得这样很不好。

答案【　】

（3）A 我　B 谁　C 它　D 别的　E 哪些　F 什么

大家都很重视这个问题，因为（　　）影响着我们每一天的生活。　答案【　】

（4）A 这么　B 怎样　C 那样　D 自己　E 咱们　F 别人

再等他一会儿，要是他还不来，（　　）就去找他。　答案【　】

（5）A 别人　B 有的　C 咱们　D 那样　E 多久　F 怎么

男：听说学校附近新开了一家中国饭店，晚上（　　）一起去吃，怎么样？

女：好啊，我早就想吃中国菜了！　答案【　】

（6）A 那样　B 谁　C 自己　D 那么　E 什么　F 别的

我们做事情的时候不能只想到对（　　）好，还要想到这件事会不会影响别人。

答案【　】

（7）A 它们　B 自己　C 这么　D 怎样　E 什么　F 那儿

女：跟老同学们见面，好像又回到了做学生的时候，真是太开心了！

男：来，大家倒满酒，为咱们（　　）的过去干杯！　答案【　】

（8）A 你们　B 这些　C 有的　D 别人　E 哪儿　F 多少

女：这件事情特别重要，我只跟你一个人说，你一定不能告诉（　　）！

男：放心吧，你还不相信我吗？　答案【　】

5. 阅读：根据句子选择上下文。

（1）A 看到这个新闻，她的心情变得很差。

B 你怎么能不告诉妈妈呢？

C 我以前不喜欢，但是现在觉得它挺可爱的，越来越喜欢。

D 听说明天会下雪，你多带点儿衣服吧。

E 他是一个喜欢开玩笑的人，经常给大家带来快乐。

你不是说你很不喜欢这只猫吗？它怎么还在你家里？　答案【　】

（2）A 你怎么这么晚还在工作？

B 请问，他这么回答有什么问题吗？

C 因为公司的司机今天生病了，没来上班。

D 很不错，我们大家都觉得她又漂亮又热情。

E 碰到问题不要急。

你们公司新来的那个同事怎么样？　答案【　】

（3）A 碰到问题，不要急着找人帮忙，先自己想一想。

B 如果需要帮忙，请一定给我打电话。

C 你是因为不想见他，才故意说没有时间的吧？

D 听了他们的对话，我才知道自己以前的想法有多么简单。

E 你们每天那么忙，为什么不请一个人照顾孩子呢？

请别人照顾哪有自己照顾放心啊。 答案【　】

（4）A 他怎么能这么做呢？

B 我能够帮助你的，只有这些了。

C 因为我现在喜欢别人了。

D 碰到不会的问题，先自己想一想，不要马上问别人。

E 医生会帮助你的。

以前你那么喜欢我，现在为什么又要离开我？ 答案【　】

6. 阅读：判断对错。

（1）明天就是中国的春节了，早上我和妈妈一起床就去超市买东西，为大家准备礼物。超市里的人真多啊，老人、小孩儿……感觉全北京的人都来到了这儿。

★“我”和妈妈春节那天在超市为大家准备礼物。 答案【　】

（2）妈妈早上在超市买菜的时候为家里的小猫买了两条鱼，小猫从妈妈回来就一直对着它们叫，好像早就已经知道了这是给它的食物。

★ 家里的小猫因为妈妈没给它买食物，所以一直在叫。 答案【　】

（3）给别人送礼物以前，知道他喜欢什么、不喜欢什么是非常重要的。因为如果你送的礼物是他不喜欢的东西，那还不如不送。

★ 给别人送礼物以前最好知道他喜欢什么、不喜欢什么。 答案【　】

7. 阅读：选出正确答案。

（1）书是我们的好朋友，它不仅能教会我们很多知识，还能告诉我们做人的道理。通过读书，我们还可以和不同时间、不同地方的人进行对话。

★ 根据这段话，哪项错误？

A 书可以教会我们很多知识

B 书能告诉我们做人的道理

C 通过读书可以和不同的人对话

D 读太多书没有用 答案【　】

（2）大卫马上就要离开中国了，今天是他在中国的最后一天，大家为他举行了一个晚会。在晚会上，大卫说他感谢这里所有的人，感谢大家这几年一直像家人一样照顾他，帮助他。虽然有时候他和我们会因为一些小问题生气，但是很快就没事儿了。他说他离开以后会永远记得中国，永远记得我们。

★ 根据这段话，可以知道大卫：

A 为别人举办了一个晚会　　B 每天都和大家生气

C 现在不在中国　　D 在中国生活了几年　　答案【　】

（3）儿子，爸爸这些年很对不起你。每一次过节日的时候，别人的爸爸都在陪着孩子过节日，我却不能在你的身边。但是，儿子，我的工作真的和他们不一样，我的工作就是要让人们过得安全，特别是节日的时候，为了让人们放心地过好节日，爸爸和同事们只能为了“大家”，离开“小家”。爸爸答应你，等忙过这一段时间，一定会好好陪陪你，咱们一起去你最想去的海边玩儿。儿子，不要生气了，好吗？

★“咱们”是指：

A 母亲和孩子　　B 他和同事们

C 父亲和儿子　　D 丈夫和妻子　　答案【　】

（4）前一段时间，妹妹一直在说她班里同学 18 岁的生日晚会有多么好，人家的生日礼物有多么好。下个星期六就是她的 18 岁生日了，她说自己终于快等到这一天了，一定要好好计划一下儿怎么过这个生日。

★ 根据这段话，可以知道妹妹：

A 不喜欢讨论别人的生日　　B 不想要别人送生日礼物

C 下个周六过 18 岁生日　　D 前一段时间过了 18 岁生日　　答案【　】

8. 书写：完成句子。

（1）生日晚会　大家　他　参加　请　明天的

____

（2）不会　自己　倒　瓶子　下来

____

（3）好久　别人　他　说话了　和　没有

____

7【二 07】指示代词：那么、那样、这么、这样

【那么】 nàme 用在形容词或动词之前，指示性质、状态、程度等，有时带夸张义。（It is used before adjectives or verbs to indicate the nature, state, or degree of something, sometimes with exaggeration.）

◎ 常见搭配

那么大 | 那么难 | 那么安静 | 那么爱 | 那么懂 | 那么会 | 那么像 | 那么愿意 | 那么相信

◎ 形式结构

1. S + 那么 + AP

（1）你女朋友有她那么漂亮吗？

（2）南方的冬天没有那么冷。

（3）你那么饿，怎么不买点儿东西吃呢？

2. S + 那么 + VP

（4）小美那么爱她的男朋友。

（5）大卫第一次那么关心一个人。

【那样】nàyàng ①指示某种情况或者行为（It refers to a certain situation or behavior.）；②指示事物的性质、状态、方式、程度等（It refers to the nature, state, manner, degree, and other aspects of things.）。

◎ 常见搭配

那样叫 | 那样离开 | 那样懂 | 那样会 | 那样像 | 那样慢 | 那样（的）一个人

◎ 形式结构

1. S + 那样 + VP

（1）筷子不能那样拿。

（2）你那样做不对。

（3）你那样帮助他是为了什么？

2. S + 那样 + AP

（4）他那样努力，成绩怎么会差。

（5）她那样难受，但是我也没有别的办法。

3. 那样 + 的 + NP

（6）我有很多那样的瓶子。

（7）那样的方便面不好吃，这样的才好吃。

4. S + Adv + 那样

（8）她老是那样，真没办法！

（9）这件事就那样吧，不用再讨论了。

◎ 相关说明

1.“那样”指示程度、方式，可在形容词或动词前作状语，也可在形容词或动词后作补语。例如：

“那样” indicates degree and manner. It can either be used as an adverbial before an adjective or a verb, or as a complement after an adjective or a verb. For example:

（1）一想到那个人，他就那样难过。

（2）时间过得真快，他就那样长大了。

（3）妹妹高兴得那样，都忘了回家了。

（4）他忙得那样，不会有时间帮我们的。

2.“那样”后面加“的”可以作定语修饰名词或名词性短语，如果名词性短语中有数量词，“的”可以省略。例如：

“那样” is followed by “的”, which can be used as an attributive to modify a noun or nominal phrase. If there is a quantifier in the nominal phrase, “的” can be omitted. For example:

（5）那样的水果在这里有很多。（“的”不能省略）

（6）就那样（的）一个房间，也要五千块一个月吗？（“的”可以省略）

3.“那样”可以作句子的主语，指代上文已提到的或正在发生的某种行为或情况。例如：

“那样” can serve as the subject of a sentence, referring to some behavior or situation mentioned earlier or currently happening. For example:

（7）那样很不舒服，你换个房间吧。

（8）那样对我们的身体非常不好。

比较

那么、那样

相同点：Similarities:

“那么”“那样”都是指示代词，都可用在形容词或动词前指示事物的性质、状态、方式和程度等，都可以在数量名短语前作定语，二者常常可以互换。例如：

Both “那么” and “那样” are demonstrative pronouns and can be used before an adjective or a verb to refer to the nature, state, manner, and degree of something. Both can serve as attributives before numeral-noun phrases, and they are often interchangeable. For example:

（1）他们都是那样努力、那样认真、那样热情的人。（可以换成“那么”）

（2）不是所有的护士都像她那样关心病人。（可以换成“那么”）

（3）像你那样复习，能通过考试吗？（可以换成“那么”）

（4）在中国有那样一个地方，春夏秋冬的气温都差不多。（可以换成“那么”）

不同点：Differences:

1.“那样”可以指代某种情况或方式；相同情况下，“那么”后面要加“着 zhāo”。例如：

“那样” can refer to a certain situation or manner. In the same situation, “那么” must be followed by “着”. For example:

（5）这件事咱们就那样吧。（可以换成“那么着”）

（6）你不应该那样，那样是不对的。（可以换成“那么着”）

（7）你那么着当然不行，换个方法吧。（可以换成“那样”）

2.“那样”后面加“的”，可以作定语修饰名词，“那么”不能这样用。例如：

“那样” followed by “的” can be used as an attributive to modify a noun, but “那么” cannot be used in this way. For example:

（8）我没见过那样的面包。（不能用“那么”）

（9）那样的花在中国没有。（不能用“那么”）

3.“那样”可以作补语，“那么”不行。例如：

“那样” can be used as a complement, but “那么” cannot be used in this way. For example:

（10）你看他在外面冷得那样，快让他进来吧。（不能用“那么”）

（11）你忙得那样就别再参加这个活动了。（不能用“那么”）

【这么】 zhème ①用在形容词或动词之前，指示事物的程度，或者表示夸张、感叹（It is used before an adjective or a verb to indicate the degree of something, or to indicate exaggeration or exclamation.）；②用在动词之前，指示动作的方式（It is used before a verb to indicate the manner of an action.）。

◎ 常见搭配

这么好 | 这么容易 | 这么喜欢 | 这么放心 | 这么爱笑 | 这么做 | 这么干 | 这么买 | 这么学 | 这么洗

◎ 形式结构

1.S + 这么 + Adj

（1）他哥哥有这么高！

（2）这个公园这么漂亮啊！

（3）你们学校有这么多留学生啊！

2. S + 这么 + V

（4）脏衣服要这么洗才能洗干净。

（5）你这么做，妈妈会不高兴的。

3. 这么 + Adj/V$_{心理}$（+ 的）+ N

（6）还有这么多（的）作业，你要写到什么时候？

（7）这么喜欢的东西，当然要多买一点儿。

【这样】 zhèyàng ①用在动词之前，指示动作的方式（It is used before a verb to indicate the manner of an action.）；②用在名词或形容词之前，指示事物的性质、状态、程度等（It is used before a noun or an adjective to refer to the nature, state, degree, and other aspects of something.）；③指代某种情况或某种动作（It refers to a certain situation or action.）。

◎ 常见搭配

这样写 | 这样做 | 这样回答 | 这样红 | 这样冷 | 这样便宜 | 这样漂亮 | 这样干净 | 这样的结果 | 这样的事情 | 这样的条件 | 这样的身体 | 这样不好 | 这样也行 | 这样行吗 | 应该这样 | 经常这样 | 不要这样 | 就这样吧 | 哭得这样 | 弄成这样

◎ 形式结构

1.S + 这样 + VP

（1）这个汉字这样写。

（2）你不能这样看书。

（3）他问的问题应该这样回答。

2. S + 这样 + AP

（4）这个公司这样好。

（5）今天的作业这样难。

（6）她每天的工作都这样累。

3. S + Pron + 这样

（7）他怎么这样呢？

4. S + Adv + 这样

（8）你不要这样。

（9）你再这样，我们就不能做朋友了！

5. S + V/Adj + 得 / 成 + 这样

（10）她哭成这样，我也不好再说什么了。

（11）看你的衣服，脏得这样！

6. 这样 + 的 + NP

（12）我一直都不知道他是这样的人。

（13）这样的结果谁也没想到。

（14）这样的好事，你怎么不早说？

◎ 相关说明

1.“这样”可以在句子中起承上启下的作用。例如：

“这样” can play a role in connecting the previous and the following in a sentence. For example:

（1）我又问了老师几次，这样，才明白了那个问题。

（2）如果你不知道怎么做，这样，你去问一下儿大卫就知道了。

2.“这样”和“那样”并列使用时，可以表示虚指，常在句子中作定语或状语。例如：

When “这样” and “那样” are used in parallel, they can indicate a vague reference and often serve as attributives or adverbials in sentences. For example:

（3）你为什么老是会出现这样那样的问题。

（4）我实在不知道他为什么会这样那样地想事情。

比较

这么、这样

相同点：Similarities:

“这么”“这样”都可以修饰动词、形容词，表示程度和方式。例如：这么做、这样做，这么用力、这样用力，这么安静、这样安静。

Both “这么” and “这样” can modify verbs and adjectives to indicate degree and manner, such as “这么做”, “这样做”, “这么用力”, “这样用力”, “这么安静” and “这样安静”。

不同点：Differences:

1.“这样”可以作定语修饰名词，表示事物的性质、状态；“这么”不能修饰名词。例如：

“这样” can be used as an attributive to modify a noun and to indicate the nature or state of something. “这么” cannot be used to modify a noun. For example:

（1）这样的结果（不能用“这么”）

2. 二者后面都可接数量名短语，但“这么”强调数量，“这样”强调性质。例如：

Both can be followed by numeral-noun phrases, but “这么” emphasizes the quantity, and “这样” emphasizes the nature. For example:

（2）我们办公室就这么几个人，特别忙。（强调数量少）

（3）他就是这样的一种人，不那么关心身边的人。（强调性质）

3.“这样”可以单独作谓语、补语，“这么”不行。例如：

“这样” can be used independently as a predicate or complement, but “这么” cannot. For example:

（4）你不能这样。（“这样”作谓语，不能用“这么”）

（5）妹妹怎么哭成这样？（“这样”作补语，不能用“这么”）

综合练习

1. 听力：判断对错。

（1）★ 重要的事情要告诉经理。　　答案【　　】

（2）★ 院长那样的做法不好，会让大家不想好好工作。　　答案【　　】

（3）★ 借了别人的东西可以不还。　　答案【　　】

2. 听力：选出正确图片

（1）

A 

B

答案【　　】

（2）

A 

B

答案【　　】

3. 听力：选出正确答案。

（1）A 今天天气很好　　B 今天天气很不好

C 早上下雨了　　D 现在是晴天　　答案【　　】

（2）A 男的喜欢女的　　B 女的不漂亮

C 他们以前认识　　D 他们第一次见面　　答案【　　】

（3）A 女的觉得自己的“图书馆”很差

B 女的不想让男的去她的“图书馆”

C 男的认为这里的书太乱了

D 男的觉得这个“图书馆”很好，书很多　　答案【　】

（4）A 女的周五要去公园玩儿　　B 男的太忙，不能去公园玩儿

C 男的要和女的一起去玩儿　　D 他们现在在公园玩儿得很开心　　答案【　】

（5）A 看这个电影的人很多　　B 看这个电影的人很少

C 男的周末很忙　　D 女的周末很忙　　答案【　】

（6）A 电影里的生活不是特别幸福

B 通过努力可以换来幸福

C 努力对幸福不重要

D 有的人不想努力，也不想幸福　　答案【　】

（7）A 他们现在在北京　　B 他们要在北京住很久

C 他们要带很多东西　　D 他们坐火车去北京　　答案【　】

4. 阅读：选择合适的词语填空。

（1）A 这些　B 这个　C 那样　D 那个　E 怎样　F 那么

我也想买几本（　　）的书，没事儿的时候可以看看。　　答案【　】

（2）A 那里　B 那个　C 这里　D 这个　E 怎么　F 这么

早睡早起原来对身体有（　　）多的好处，我一直都不知道，以后我一定要早睡早起。

答案【　】

（3）A 这么　B 怎么　C 这里　D 哪里　E 哪个　F 怎样

男：（　　）漂亮的衣服，一定很贵吧？

女：不贵，我知道一家商店，那里的衣服又好看又便宜。　　答案【　】

（4）A 那儿　B 这儿　C 这些　D 那么　E 哪儿　F 那个

小美不像他说的（　　）漂亮，但是也不难看。　　答案【　】

（5）A 那个　B 那些　C 哪个　D 哪些　E 怎样　F 这样

男：你为什么会有（　　）的想法？

女：可能是因为我最近心情不太好吧。　　答案【　】

（6）A 别的　B 什么　C 那么　D 怎么　E 怎样　F 哪些

女：（　　）难听的音乐会，我听一次就够了，一定不会再去听第二次。

男：我也是。　　答案【　】

5. 阅读：根据句子选择上下文。

（1）A 今天天气不好，你多穿点儿衣服。

B 你买了这么多东西，怎么不坐出租车回来呢？

C 去动物园在哪儿下车？

D 刚到北京的时候，我不会说中文。

E 他已经长大了，知道该怎么做。

坐公交车便宜，而且商场离家不远。 答案【 】

（2）A 经理知道这件事以后不知道会有多开心。

B 现在我们做的所有工作，都是为明年回国做准备。

C 你为什么要那样做？

D 她笑成那样，一定是碰到好事情了。

E 世界上有那么多好玩儿的地方，你不可能都去。

因为我实在太爱她了，只要对她有好处的事情，我都愿意做。 答案【 】

6. 阅读：判断对错。

（1）我们所有的活动大卫都不参加，想找他帮一下儿忙，也永远不知道他在哪里。他只在碰到问题时，才会想起我们。我觉得没有人愿意帮助他这样的人。

★ 大卫很喜欢帮助别人，也喜欢交朋友。 答案【 】

（2）我有一个同学，他老是那么“关心”别人的事情，比如别人今天买了什么东西、吃了什么菜、周末和谁在一起、参加了什么活动等，他都特别想知道。大家都因为他的“关心”感到很不舒服，后来时间长了他就没有朋友了。

★ 因为那个同学很关心别人，所以大家都很喜欢他。 答案【 】

7. 阅读：选出正确答案。

（1）刚开始学习中文的时候，我以为中国人说话都一样，后来才知道不是这样的。因为中国实在太大了，人口也多，不同地方的人受到这样那样的影响，说话并不完全相同。

★ 根据这段话，可以知道：

A 在中国，人们说话完全相同　　B 中国不同地方的人说话不完全一样

C 中国人不是很多　　D 中文很容易学 答案【 】

（2）小明 10 岁时是那么爱好音乐，所以他妈妈花了很多钱送他到音乐学院去学习。没想到才过了一年，他就不想学音乐，想学画画儿了。大家都觉得小明这样一会儿学这个、一会儿学那个不太好。可是他妈妈说爱好才是最好的老师，如果小明已经不喜欢音乐了，再让他继续学习也没有意义，还不如去学习画画儿呢。

★ 根据这段话，可以知道：

A 小明现在很喜欢音乐　　B 小明现在想学习画画儿

C 妈妈不想让小明学习音乐　　D 妈妈不想让小明学习画画儿 答案【 】

8. 书写：完成句子。

（1）地方　那样　他　没　远　去过　的

____

（2）远　那么　银行　离　没有　我家

____

（3）他（　nà　）么喜欢你，你怎么可以对他说假话？

（三）形容词

8【二 08】形容词重叠：AA、AABB

【AA】单音节形容词重叠形式为“AA”，重叠后可以作状语、补语，表示程度深。作定语时，具有较强的描写性。（The reduplicated form of a monosyllabic adjective is “AA”, which can be used as an adverbial or a complement to indicate a high degree. When used as an attributive, it is highly descriptive.）

◎ 常见搭配

早早起床 | 快快说 | 短短一个月 | 高高的个子 | 静静地听 | 慢慢地说

◎ 形式结构

1. S + AA + 的

（1）牛奶热热的。

（2）妹妹的头发黑黑的。

2. AA + 的 + NP

（3）那个女孩儿高高的个子，大大的眼睛，非常漂亮。

（4）她留着一头长长的头发。

（5）你看她那红红的小脸，太可爱了。

3. S + AA（+ 地）+ VP

（6）他早早地回家了。

（7）不急，你可以慢慢地说。

（8）请大家快快上车。

4. S + V + 得 + AA + 的

（9）弟弟的个子长得高高的。

（10）黑板上的字写得大大的。

（11）你放心，我会走得远远的。

◎ 相关说明

1. 单音节形容词重叠表示程度深，前面不能再使用程度副词。例如：

The reduplication of a monosyllabic adjective indicates a high degree, and cannot be preceded by an adverb of degree. For example:

（1）孩子的脸红红的。——* 孩子的脸很红红的。

（2）她早早地就出发了。——* 她很早早地就出发了。

2. 单音节形容词重叠不能单独作谓语和补语，后面须加“的”。例如：

The reduplication of a monosyllabic adjective cannot be used independently as a predicate and a complement. It must be followed by “的”. For example:

（3）她的眼睛红红的。——* 她的眼睛红红。

（4）他的个子长得高高的。——* 他的个子长得高高。

3. 单音节形容词重叠可以单独作状语，后面可以加“地”。例如：

The reduplication of a monosyllabic adjective can be used independently as an adverbial and be followed by “地”. For example:

（5）不急，你可以慢慢（地）说。

（6）她静静（地）听着这个故事。

4. 有的单音节形容词在重叠后，第二个音节读作一声，后面常常带儿化音。例如：

After some monosyllabic adjectives are reduplicated, the second syllable is pronounced in the first tone and it is often followed by an *r*-ending retroflection. For example:

（7）他远远儿（yuǎnyuānr）看了一会儿就走了。

（8）你还是早早儿（zǎozāor）去吧。

（9）快快儿（kuàikuāir）走！

【AABB】双音节形容词重叠形式为“AABB”，重叠后通常表示程度深或用于对事物的性状进行描写。（The reduplicated form of a disyllabic adjective is “AABB”. After reduplication, it usually indicates a deep degree or a description of something.）

◎ 常见搭配

平平常常的一天 | 身体健健康康 | 认认真真工作 | 舒舒服服地睡觉 | 听得清清楚楚

◎ 形式结构

1. S + AABB（+ 的）

（1）这个房间干干净净的。

（2）奶奶健健康康的，身体一点儿问题也没有。

（3）全家人平平安安，这就是幸福。

2. AABB + 的 + NP

（4）我只是一个普普通通的中学生。

（5）大家都想要一个健健康康的身体。

3. S + AABB（+ 地）+ VP

（6）他们都高高兴兴地回家了。

（7）我现在只想在家里舒舒服服地睡觉。

（8）你去了新公司一定要认认真真工作。

4. S + V + 得 + AABB

（9）他就是这么说的，我听得清清楚楚。

（10）放心，这些衣服我一定洗得干干净净。

（11）他说得明明白白，你怎么还不懂？

◎ **相关说明**

1. 双音节形容词重叠表示程度深，前面不能再使用程度副词。例如：

The reduplication of a disyllabic adjective indicates a high degree, and cannot be preceded by an adverb of degree. For example:

（1）这个房间干干净净的。——* 这个房间非常干干净净的。

（2）一家人健健康康是最重要的。——* 一家人特别健健康康是最重要的。

2. 当双音节形容词重叠位于句子末尾时，后边可以加上“的”来加强肯定。例如：

When a reduplicated disyllabic adjective is used at the end of a sentence, it can be followed by “的” to strengthen the affirmation. For example:

（3）她穿得漂漂亮亮的。

（4）图书馆安安静静的。

3. 双音节形容词重叠可以单独作状语，后面可以加“地”。例如：

The reduplication of a disyllabic adjective can be independently used as an adverbial and be followed by “地”. For example:

（5）他们已经高高兴兴（地）上学去了。

（6）我要你们平平安安（地）回来。

4. 有些双音节形容词有“ABAB”的重叠形式，但此时词性往往已经变为动词。例如：

Some disyllabic adjectives take the reduplicated form of “ABAB”, but in this case, their part of speech often changes to a verb. For example:

（7）他们高高兴兴地回家了。（形容词）

（8）这么好的事情一定要告诉他，让他也高兴高兴。（动词）

综合练习

1. 听力：判断对错。

（1）

答案【　】

（2）

答案【　】

（3）★ 银行马上就要关门了。　答案【　】

（4）★ 他想要大家在新的一年平安健康。　答案【　】

2. 听力：选出正确答案。

（1）A 大卫是一个中国人　B 大卫中文学得很快
C 大卫没有中国朋友　D 大卫很少练习中文　答案【　】

（2）A 明天是周五　B 他们今天要去爬山
C 他们爬山回来了　D 他们明天要早点儿出门　答案【　】

（3）A 大卫很不好意思　B 他要给大卫洗碗
C 大卫不会做菜　D 他洗碗洗不干净　答案【　】

（4）A 她今天又点了外卖　B 她的家人很爱她
C 她这个周末回家了　D 她觉得外卖更好吃　答案【　】

3. 阅读：选出正确图片。

A 

B 

她重重地倒在了地上。 答案【 】

4. 阅读：选择合适的词语填空。

（1）A 地 B 的 C 了 D 不 E 很 F 次

这湖水凉凉（ ），你还是别下去游泳了。 答案【 】

（2）A 了 B 还 C 的 D 地 E 得 F 很

为了实现理想，我一定会认认真真（ ）学习。 答案【 】

（3）A 挺 B 是 C 的 D 地 E 很 F 在

请跟着音乐轻轻（ ）唱，自己能听见就行。 答案【 】

5. 阅读：根据句子选择上下文。

（1）A 你知道吗？玛丽上次考了 100 分。

B 你们都到了吗？

C 外面气温很低，你记得加件衣服。

D 这杯牛奶凉凉的，可以热一下儿吗？

E 你这个太贵了，不能便宜一点儿吗？

我们早早就来了，就等你一个人了。 答案【 】

（2）A 请您等一下儿，经理还在开会。

B 家里没有牛奶了，我去买点儿吧。

C 医生说这个药一天吃三次，每次吃三片。

D 你好像很累，昨晚没睡好吗？

E 你觉得人这一生什么最重要？

认认真真工作，开开心心生活。 答案【 】

6. 阅读：判断对错。

这是我们全家的照片，左边这位是我爸爸，右边这位是我妈妈，中间这位个子高高的是我弟弟，但很多人都以为他是我哥哥，因为他长得比我高多了。前面这个眼睛大大的小女孩儿就是我，大家都说我很可爱，你觉得呢？

★照片中间那位是她的哥哥。 答案【 】

7. 阅读：选出正确答案。

（1）我出来工作已经三个多月了，每个星期天晚上，妈妈都会给我打电话。她最关心的就是我的身体健康，怕我在外面睡不好，吃不饱。她总说，出门在外，吃饭不能随随便便，要少吃外卖，最好可以自己做点儿好吃的。

★关于这段话，可以知道：

A 他还没找到工作 B 妈妈很关心他

C 他不喜欢打电话 D 妈妈吃饭很随便 答案【 】

（2）小明是我们公司上个月新来的同事，他是我见过的工作最认真的人，他有多认真呢？我给大家举个例子吧：第一次开会时，我就看到他的本子上满满的都是笔记，所有的工作重点他都记下了，还写了很多自己的想法和计划。在后来的工作中，他也是认真做好每一件事情，也正是因为这份认真，小明取得了非常好的工作成绩。

★关于小明，可以知道：

A 他不喜欢开会 B 他工作很认真

C 他很满意自己的本子 D 他工作成绩不好 答案【 】

8. 书写：完成句子。

高高兴兴 了 他 地 回家 下班

____

（四）数词

9【二09】千、万、亿

【千】qiān 十个一百。（thousand）

【万】wàn 十个一千。（ten thousand）

【亿】yì 一万个万。（hundred million）

◎ 常见搭配

两千 | 三千零一 | 一万 | 八万五（千）| 几万 | 多少万 | 二十万人 | 四十亿年 | 一亿 | 几个亿 | 多少个亿

◎ 形式结构

Num + 千 / 万 / 亿 + Cl

（1）我们学校一共有一千个人。

（2）我去银行取了十万块钱。

（3）一亿年前地球上还没有人。

◎ 相关说明

1. 计数单位按“亿、万、千、百、十”从大到小排列。读数字时，从左向右依次读作“×亿×万×千×百×十×”。中间一个数位空缺或多个数位连续空缺，都只读一个“零”，数位空缺出现在末尾，不用读“零”。例如：

The counting units are arranged in descending order of “亿”, “万”, “千”, “百”, and “十”. When reading numbers, read them from left to right as “×亿×万×千×百×十×”. If there is a vacancy in a digit or multiple consecutive missing digits, only one “零” is read. If the digit vacancy appears at the end, “零” is not read. For example:

（1）今天来了十万零三百人。（100 300）

（2）这个手表三千零八十块。（3080）

2. 在口语中，如果数词后边没有量词，而且数字中出现的计数单位是连续的，那么最后一个计数单位可以省略。例如：

In spoken Chinese, if there is not a measure word after a numeral and the counting units in the number appear consecutively, the last counting unit can be omitted. For example:

（3）这台电脑一万三（千）。

（4）这画儿长一千二（百），宽五十一。

3. 口语中说上亿的数时，可以用“数字＋个＋亿”。例如：

When speaking of a number more than a hundred million, one can use “number＋个＋亿”. For example:

（5）他用五个亿建了一个商场。

（6）这个电影花了三点六个亿。

当“亿”后面出现量词时，“个”要去掉。例如：

When a measure word appears after “亿”, “个” is omitted. For example:

（7）天上有几亿颗星星。（不能说“几个亿颗”）

（8）这个公司今年的收入是一亿元。（不能说“一个亿元”）

综合练习

1. 听力：判断对错。

（1）

答案【　】

（2）★ 最少有一亿人看过这个电影。　答案【　】

2. 听力：选出正确答案。

（1）A 三十元　B 两千一百元　C 六百元　D 四万三千两百元　答案【　】

（2）A 七百万本　B 二十万本　C 七百二十本　D 七百二十万本　答案【　】

（3）A 一千米　B 一公里　C 三千米　D 五千米　答案【　】

3. 阅读：选出正确图片。

A 

B 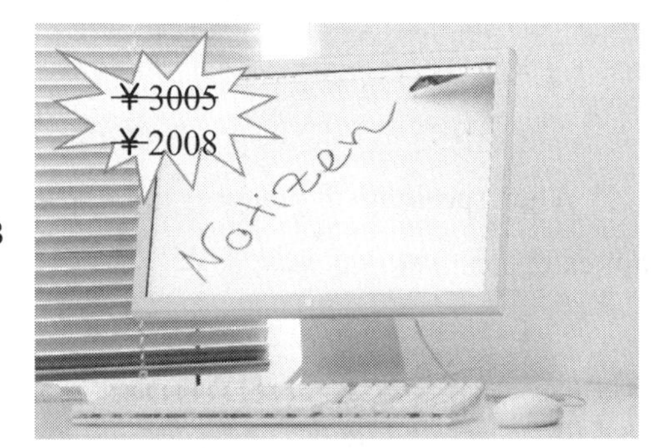

今天商场有活动，这个电脑原来三千五，现在只要两千八。　答案【　】

4. 阅读：选择合适的词语填空。

（1）A 日子　B 亿　C 个　D 几　E 照相　F 一点儿

四（　　）年前的地球上有很多现在没有的动物。　答案【　】

（2）A 万　B 好多　C 大部分　D 身边　E 千　F 外边

差不多有一（　　）六百名中学生参加了这次考试。　答案【　】

5. 阅读：根据句子选择上下文。

A 你喜欢打球吗？咱们周末去体育场打篮球吧！

B 北京的国家体育场里有八万个座位。

C 这是北京最大的商场，里面有几百家店呢。

D 学校原来的体育馆太小了，只能坐几百人。

E 你知道吗？这个体育馆是全市最大的体育馆。

现在的新体育馆里有好几千个座位。 答案【 】

6. 阅读：判断对错。

昨晚的音乐会进行得非常顺利，有六千人是在体育馆看的，还有十六万四千人是在网上看的。

★一共有十六万人看了音乐会。 答案【 】

7. 阅读：选出正确答案。

（1）长江是中国最长的河，长 6300 千米。它从西向东流，经过多个省市，最后流进东海。长江形成于约 300 万年前，是中华民族的母亲河。

★关于这段话，哪项正确？

A 长江形成于约 300 万年前　　B 长江是世界最长的河

C 长江长 6300 米　　D 长江从东向西流 答案【 】

（2）有的人发现自己洗一次头发就掉了好几十根头发，就开始担心头发要掉没了。真的不用这样担心。一般人的头发有十万多根，正常的话，一个人一天会掉 70 ～ 100 根头发。同时人一天还会长出 50 ～ 100 根新头发，所以不用担心自己的头发会全掉完。但是如果掉得特别多，最好还是去医院看看。

★关于这段话，哪项正确？

A 人一天掉几千根头发　　B 掉头发是不正常的

C 人一天能长几千根新头发　　D 人有十万多根头发 答案【 】

（3）太阳已经出现约 46 亿年了，平常天上的太阳看起来很小，但实际上太阳的体积是地球的 130 万倍。太阳的温度非常高，表面温度差不多有 6000 ℃。太阳对地球非常重要，如果没有太阳，地球上的人、动物、花、草等都没办法生存。

★关于太阳，哪项正确？

A 没有地球大　　B 温度特别高

C 已经出现 45 亿年了　　D 和地球一样大 答案【 】

8. 书写：完成句子。

（1）本　万　字　一共　十五　这　小说

____

（2）有十（ yì ）人看了今年的春节晚会。

（五）量词

10【二10】名量词：层、封、件、条、位

【层】céng ①用于计量重叠或者积累的事物（It is used for reduplicated or cumulative things.）；②用于计量具有多重含义或内容且可以分步、分项的东西（It is used for things with multiple meanings or contents that can be broken down or itemized step by step.）；③用于计量覆盖在物件表面上的东西（It is used for things that cover the surface of something.）。

【封】fēng 用于计量信件、电报、电邮等的数量。（It is used for measuring the number of letters, telegrams, e-mails, etc.）

【件】jiàn 用于计量穿在上身的衣服、个体物品、事情、公文等的数量。（It is used for measuring clothes, personal belongings, things, documents, etc.）

【条】tiáo ①用于计量形状细长的东西（动物）[It is used for measuring things (animals) with a slender shape.]；②用于计量分项的事物（It is used for measuring sub-items.）。

【位】wèi 用于计量人的数量，表示尊敬。（It is used for measuring the number of people and show respect.）

◎ 常见搭配

两层楼 | 一封信 | 一件衣服 | 一条河 | 一位老师

◎ 形式结构

Num + 层 / 封 / 件 / 条 / 位（+ NP）

（1）教学楼有六层。

（2）我给老师写了一封信。

（3）我买了三件衣服。

（4）我哥哥养了一条鱼。

（5）三位老师已经来了。

◎ 相关说明

1. 用“位”计量的表人名词，通常是受人尊敬的，或在语境中表示说话人的尊敬之意。例如：

Nouns that are counted using “位” are usually for people who are respected, or in the language context, it shows the speaker’s respect. For example:

（1）你带这几位老师去房间休息一下儿吧。

（2）这两位先生是我们请来的客人。

2. 当“位”前边的数字是“2”时，单纯地描述数量要说“两位＋N”；当面称呼要说“二位＋N”。例如：

When the number before “位” is 2, “两位＋N” is used to simply describe the quantity and “二位＋N” is used to address them face-to-face. For example:

（3）有两位游客还没下山。（不能说“二位游客”）

（4）A：您二位怎么这么晚才下山？（不能说“您两位”）

B：我们走错了路。

综合练习

1. 听力：判断对错。

（1）

答案【　】

（2）★ 今天商场的衣服每件 100 元。　答案【　】

2. 听力：选出正确答案。

（1）A 她穿了三件衣服　B 她穿得很少　C 她穿了六件衣服　D 她穿得很多　答案【　】

（2）A 院子里　B 马路上　C 地上一层　D 地下一层　答案【　】

（3）A 图书馆最近有几场重要考试　B 图书馆里的座位都坐满了　C 楼上楼下多走几趟就有座位　D 在图书馆里看书让人头疼　答案【　】

（4）A 找男的说事　B 去办公室写信　C 来拿她的信　D 给校长一封信　答案【　】

（5）A 四层　B 三层　C 二层　D 一层　答案【　】

（6）A 九十件　B 十二件　C 十九件　D 二十件　答案【　】

（7）A 女的想租房子　B 男的是女的的朋友

C 女的有几层楼　　D 市中心的房子不贵　　答案【　】

（8）A 客人要住一楼　　B 酒店来了两位客人

C 酒店的房间都很方便　　D 这家酒店没有早餐　　答案【　】

3. 阅读：选出正确图片。

A

B

昨天晚上睡觉的时候感觉很冷，今天早上我出门一看，地上一层雪。　答案【　】

4. 阅读：选择合适的词语填空。

（1）A 辆　B 排　C 篇　D 遍　E 层　F 条

新年快乐，祝你新的一年学习成绩和中文水平都能更上一（　　）楼。答案【　】

（2）A 位　B 度　C 队　D 角　E 瓶　F 封

在爷爷奶奶年轻的时候，一（　　）书信就是他们之间最好的礼物。　答案【　】

（3）A 队　B 块　C 道　D 页　E 位　F 条

我同事家里有两（　　）大狗。　答案【　】

（4）A 次　B 条　C 排　D 随便　E 特点　F 一定

这（　　）街两边全是饭馆，晚上来吃饭的人很多。　答案【　】

（5）A 遍　B 节　C 条　D 件　E 座　F 份

我下午要穿那（　　）前边有蓝色小花的大衣，你知道它放在哪儿了吗？

答案【　】

（6）A 位　B 条　C 回　D 封　E 套　F 趟

23 号床的那（　　）女病人今天就可以出院了。　答案【　】

（7）A 忽然　B 后来　C 件　D 封　E 然后　F 安全

这真是一（　　）大好事啊！有了这条河，地里就有水了，树可以长得更好，人们生活用水也更方便了。　答案【　】

5. 阅读：根据句子选择上下文。

（1）A 请帮我拿一条毛巾，桌子上有很多水。

B 太可怕了，刚才在那条路上看见了一条蛇。

C 我家的小狗叫球球，它有一条长长的尾巴。

D 给了车钱以后，我爸爸还送了司机一盒烟。

E 我回答完问题后，老师在我的名字下画了一条线。

我在家的时候，它总喜欢跟我一起玩儿。 答案【 】

（2）A 妈妈生日的时候，爸爸送了妈妈一条项链。

B 这条路线不合适，我们再找找其他的路线吧。

C 你的围巾已经旧了，我给你买了一条新的。

D 天气太热了，我想变成一条鱼，生活在水里。

E 我家门口就是一条大马路，出门打车非常方便。

但因为常常有车经过，所以晚上睡觉会受影响。 答案【 】

（3）A 想问题的时候多想想别人，对你也有好处。

B 可能是外边太冷了，今天来食堂的人不多。

C 昨天下了雨，现在这里不太干净。

D 这层楼都是留学生，上面那层住着老师。

E 早点儿睡吧，明天还有一个重要的会。

我们在地上放两层报纸再坐吧。 答案【 】

6. 阅读：判断对错。

这是第一医院，一层交钱和买药，二到六层是看病的地方。你看，这里写着，看眼睛要去三层，我们走吧。

★他们要去一层看病。 答案【 】

7. 阅读：选出正确答案。

（1）我的书包已经装好了。书包左边放水杯，右边放牛奶，前边这层放词典和作业本，后边这两层放课本和电脑，找东西的时候很方便。

★关于他和他的书包，哪项正确？

A 他不可能是学生　　B 书包左右不能放东西

C 书包前后有三层　　D 词典和课本放在一层　　答案【 】

（2）1990 年，22 岁的小明离开家乡，坐火车去北京找工作。那时候他家里还没有电话，只能写信。在北京工作的两年里，他给家里写了三封信。第一封是说自己在北京找到了合适的工作，让家人放心；第二封是说北京的好学校很多，工作机会也多，让弟弟妹妹也来这里上学和工作；第三封是说自己找到了喜欢的人，准备带女朋友回家见见爸妈。

★关于这段话，哪项正确？

A 他不太喜欢在北京工作　　B 他想让弟弟妹妹也来北京

C 三封信都是写给女朋友的　　D 他想见一见女朋友的爸妈　　答案【 】

（3）中国最有名的两条河，一条叫长江，是中国最长的河；一条叫黄河，因为河水是黄色的。但是为什么一个叫“江”、一个叫“河”呢？这里有很多原因：第一，江水一般流向大海，春夏秋冬水都很多；河水一般流向湖或者内海，春天和冬天水少，夏天和秋天水多。第二，江水两岸有的地方高，有的地方低；河水两岸一般比较平。第三，也有人们说话习惯的原因，这两条河一条在南方，一条在北方，南方人喜欢叫“江”，北方人喜欢叫“河”，古代大家就这样叫了，现在也没有变。

★关于这段话，哪项正确？

A 长江的水是黄色的　　B 黄河在中国的北方

C 中国最长的河是黄河　　D 长江在中国的北方　　答案【　】

（4）欢迎你们来我家玩儿，请进，大家可以随便参观。这个是我的房间，房间不大，但是很舒服。看这里，上层是床，下层是桌子，我平时在桌子这里学习和工作，累了就去床上休息，特别方便。现在我们去楼上吃饭吧，我准备了好吃的晚餐。

★关于这段话，哪项正确？

A 他带了人去他家吃饭　　B 他喜欢在床上学习和工作

C 他的房间又大又舒服　　D 他学习和睡觉在两个房间　　答案【　】

8. 书写：完成句子。

（1）洗手间　层　这　我们　没有

____

（2）帮　我　件　可以　一　事情　办　吗

____

11【二11】动量词：遍、次、场、回、下

【遍】biàn 用于计量一个动作或行为从开始到结束的全过程。（It is used for measuring the whole process of an action or behavior from the beginning to the end.）

【次】cì 用于计量重复出现或可能重复出现的事情或动作。（It is used for measuring things or actions that repeatedly occur or are likely to recur.）

【场】chǎng 用于计量有场次或场地的文娱或体育活动。（It is used for measuring the recreational or sports activities with venues.）

【回】huí 用于计量动作、事情的次数。（It is used for measuring the number of actions, or things.）

【下】xià 用于计量动作的次数。（It is used to for measuring the number of actions.）

◎ 常见搭配

看两遍 | 去过一次 | 一场比赛 | 去一回 | 打两下儿

◎ 形式结构

（S＋）V＋Num＋遍 / 次 / 场 / 回 / 下（＋O）

（1）这本书我看过三遍。

（2）我去过两次体育馆。

（3）我明天下午有一场比赛。

（4）我去过两回上海。

（5）请等一下儿。

◎ 相关说明

“下”在口语中常带儿化音，说成“下儿”，写的时候可以不写“儿”。

“下” mostly uses an *r*-ending retroflection as “下儿” in spoken Chinese. “儿” can be omitted in written Chinese.

比较

遍、次

“遍”和“次”都能作动量词，但是“遍”强调动作或行为从开始到结束的整个过程。例如：

Both “遍” and “次” can be used as verbal classifiers, but “遍” emphasizes the entire process of an action or behavior from the beginning to the end. For example:

（1）这份报纸我看了四遍。

（2）你再从头到尾听一遍这首歌。

“次”只表示动作发生的次数。例如：

“次” only indicates the number and frequency of an action taken. For example:

（3）这本小说我看了三次，都没看完。

（4）我昨天给你打了四次电话，你都没接。

综合练习

1. 听力：判断对错。

（1）★ 小明只帮小美借过一回书。　　答案【　】

（2）★ 经理没有通知几点开会。　　答案【　】

2. 听力：选出正确答案。

（1）A 一下儿　B 两下儿　C 三下儿　D 五下儿　答案【　】

（2）A 一遍　B 四遍　C 三遍　D 十遍　答案【　】

（3）A 记得带手机　B 马上出发　C 再检查检查　D 装东西　答案【　】

（4）A 一回　B 两回　C 三回　D 没考过　答案【　】

（5）A 三片　B 一片　C 五片　D 十五片　答案【　】

（6）A 没去过　B 一回　C 两回　D 很多回　答案【　】

（7）A 一次　B 没听过　C 三次　D 两次　答案【　】

（8）A 半场　B 一场　C 两场　D 三场　答案【　】

（9）A 他们要去爬山　B 怕自己忘了带相机
C 爬山很重要　D 怕女的忘了带相机　答案【　】

3. 阅读：选出正确图片。

A

B

这辆车她洗了很多遍，跟新的一样。　答案【　】

4. 阅读：选择合适的词语填空。

（1）A 场　B 位　C 下　D 份　E 句　F 条
你能帮我关一（　　）门吗？有点儿冷。　答案【　】

（2）A 遍　B 万　C 名　D 队　E 度　F 下
这是你的小狗吗？真可爱，我可以抱一（　　）吗？　答案【　】

（3）A 趟　B 收到　C 假期　D 碰到　E 遍　F 能够
这些课文小明看一（　　）就能记住。　答案【　】

（4）A 参加　B 重复　C 重新　D 到处　E 方便　F 答应
这件事我已经说过很多遍了，不想再（　　）了。　答案【　】

（5）A 场　B 个　C 长　D 遍　E 层　F 下
这（　　）篮球赛真没意思，我不看了。　答案【　】

5. 阅读：根据句子选择上下文。

A 最近太忙了，都没能和家人一起去旅行。

B 很久没去旅行了，这个假期咱们去北京玩儿吧。

C 我们先去北京玩儿两天，再坐飞机去上海。

D 这个假期我只想在家里休息，不想出门。

E 听说北京有很多好吃的，我真想都吃一遍。

我再和大家说一遍这次旅行的计划。　　答案【　】

6. 阅读：判断对错。

（1）小明是个特别认真的人，他会先在电脑上检查一遍所有的工作内容，然后打印出来再检查一遍。

★小明只检查了一遍。　　答案【　】

（2）小美的这件衣服改了很多回，第一回长短不太行，第二回说大小不合适，这回改完才满意。

★小美的衣服一共改了三回。　　答案【　】

（3）这个灯只要轻轻按一下儿就能打开，再按一下儿就可以变亮一点儿，但是有一点不方便，就是只能在打开灯以后连着按两下儿才能关灯。

★这个灯按第一下儿是开灯，第二下儿是关灯。　　答案【　】

（4）这几天小美在网上学习做饭，家里的早饭、午饭和晚饭都是她做的，而且味道一次比一次好，妈妈说她现在做的饭跟大饭店做的一样好吃。

★小美做饭的水平越来越高。　　答案【　】

（5）小美和小明昨天都去看了电影，小明看的是十点半的那场，小美看的是半小时后的那场。

★小美和小明看了同一场电影。　　答案【　】

7. 阅读：选出正确答案。

（1）这是今天最后一场活动，如果还是没有您想买的东西，没关系，我们商场明天还有两场活动，上午一场，下午一场，您可以明天再来看看。

★ 关于这段话，哪项正确？

A 今天还有一场活动　　B 明天就没有活动了

C 明天上午有两场活动　　D 明天一共有两场活动　　答案【　】

（2）秋天的天气不像夏天那么热，不像冬天那么冷，秋天的景色还特别好看，大家不如放下手机和工作，来一场走进大自然的旅行！不过人们都说，秋天每下一次雨，天气就会变得更冷一些，所以大家要记得多穿点儿衣服，不要生病了。

★ 关于秋天，哪项正确？

A 天气比夏天热　　B 天气比冬天冷

C 下雨后会变冷　　D 下雨后会变热　　答案【　】

（3）从 1998 年到 2024 年，北京国际音乐节已经举行了二十七回，很多有名的音乐家都参加过这个音乐节，有国内的，也有国外的。和其他的音乐节不同，北京国际音乐节不仅有大人喜欢的活动，还有特别为孩子们举行的音乐会，让孩子们也能感受音乐带来的快乐。

★ 关于北京国际音乐节，哪项正确？

A 孩子不可以参加　　B 一年举行一回

C 只有国内的音乐家参加　　D 有名的音乐家不太多　　答案【　】

（4）一本好书是可以看很多遍的，就像《家》这本书，我一共看了三遍。第一遍只觉得它是个很有意思的故事，第二遍觉得作家写的句子很不错，第三遍能明白作家的观点。等今年春节，我想再看一遍，应该还会有新的感受。

★ 关于《家》这本书，哪项错误？

A 他已经看了四遍　　B 这是一本好书

C 他很喜欢看　　D 他想看第四遍　　答案【　】

（5）说起过春节，看春节晚会也是中国人非常重要的活动。在春节前一天晚上八点，一家人会一起一边吃饺子，一边看春晚。第一次春节晚会是在 1983 年举行的，到 2024 年已经进行了四十二次。春节晚会对人们的生活影响也很大，一些节目里说过的话会成为接下来一年的流行语，比如说第二十七次春节晚会中的一段对话："这个可以有。""这个真没有。"就成了 2009 年的"春晚流行语"，一直到现在大家还会经常用这两句话开玩笑。

★ 关于春节晚会，哪项正确？

A 一年举行一次　　B 会在白天进行

C 在春节那一天举行　　D 不会影响大家的生活　　答案【　】

8. 书写：完成句子。

（1）小说　两　读了　这本　遍　我

____

（2）这些　读　请　一下儿　词　你

____

（3）下（　huí　）再给你带好吃的。

（4）我能再看一（　biàn　）昨天的电影吗？

12【二12】时量词：分钟、年、天、周

【分钟】fēnzhōng 表示时段的计时单位，一分钟等于六十秒。（minute）
【年】nián 用于计算年数。（year）
【天】tiān 用于计算天数。（day）
【周】zhōu 用于计算周数。（week）

◎ 常见搭配

十分钟 | 两年 | 第一年 | 两天 | 第二天 | 几周 | 下一周

◎ 形式结构

Num + 分钟 / 年 / 天 / 周

（1）他找了十分钟才找到洗手间。
（2）这辆自行车我已经骑了三年了。
（3）他想了三天，也没想好。
（4）她两周前离开了北京。

比较

分钟、分

1. 表示时段时，用“分钟”，不用“分”。例如：

When indicating a period of time, “分钟” instead of “分” is used. For example:

（1）一场音乐会四十分钟。（不能换成“分”）
（2）大家现在休息五分钟。（不能换成“分”）

2. 表示时间点时，用“分”，不用“分钟”。例如：

When indicating a point in time, “分” instead of “分钟” is used. For example:

（3）现在是北京时间四点十七分。（不能换成“分钟”）
（4）小明今天五点二十分放学。（不能换成“分钟”）

3. 在与“小时、秒”连用表示时段时，可以用“分钟”，也可以用“分”。例如：

When “小时” and “秒” are consecutively used to indicate a period of time, both “分钟” and “分” can be used. For example:

（5）坐高铁去北京要两个小时十五分钟 / 分。
（6）这场电影一共一小时四十分钟 / 分。

综合练习

1. 听力：判断对错。

（1）

5月9号 周一	5月10号 周二	5月11号 周三	5月12号 周四 （今天）	5月13号 周五	5月14号 周六	5月15号 周日

答案【　】

（2）

答案【　】

（3）★ 大家应该在十一点半回到小广场。 答案【　】

（4）★ 他们现在是大学生。 答案【　】

2. 听力：选出正确答案。

（1）A 三分钟　B 五分钟　C 八分钟　D 三十分钟　答案【　】

（2）A 今年　B 明年　C 前年　D 后年　答案【　】

（3）A 六月六号　B 六月七号　C 六月八号　D 六月九号　答案【　】

（4）A 两年　B 三年　C 四年　D 五年　答案【　】

3. 阅读：选出正确图片。

A 

B 

现在差五分钟七点，马上就可以看新闻了。 答案【　】

4. 阅读：选择合适的词语填空。

（1）A 下　B 月　C 回　D 个　E 天　F 条

小美学了十多（　　）才学会骑自行车。　　答案【　】

（2）A 斤　B 分钟　C 小时　D 年　E 分　F 岁

你再等我三（　　），马上就好。　　答案【　】

（3）A 场　B 分钟　C 月　D 年　E 次　F 天

我们是认识十多（　　）的老朋友了，就像家人一样。　　答案【　】

5. 阅读：根据句子选择上下文。

A 只要八分钟就能从我家走到商场，特别方便。

B 接下来，我想给大家介绍一个关于爱的影片。

C 周六学校有一场读书讨论会，我们一起去吧。

D 她一分钟能写四十个字，而且写得还很漂亮。

E 今天下午我有两节课，一节课四十五分钟。

这个影片虽然只有一分钟，但是看完以后会很感动。　　答案【　】

6. 阅读：判断对错。

（1）为了能和爸爸妈妈一起去旅行，小明说他有信心在一周内写完所有的假期作业。

★ 小明认为他可以在一个星期内写完作业。　　答案【　】

（2）接下来进行的是查词典活动。请看，黑板上有很多词，大家要在词典中准确地找到它们，看看谁在一分钟内找到得最多。

★ 大家必须在一分钟内找到所有的词。　　答案【　】

7. 阅读：选出正确答案。

（1）阳光音乐节会在 7 月 1 日正式开始，活动一直进行到 7 月 7 号。音乐节上会有很多明星来表演，其中一位会为大家带来他的新歌。请大家在 6 月 30 日前到网站上买音乐节的门票，一个人 320 元。

★ 关于阳光音乐节，哪项错误？

A 会进行一周　　B 可以听到新歌

C 很多明星来　　D 不用花钱买票　　答案【　】

（2）小明在 2000 年的时候就离开北京去国外生活了。20 年后，他回到北京，发现这座城市和以前有很多不同：交通越来越方便，人们的生活也一年比一年好。所以他打算留在北京生活。

★ 关于这段话，哪项错误？

A 小明 2020 年回了北京　　B 人们的生活越来越好

C 北京的交通很方便　　　　D 小明现在还在国外　　　　答案【　】

（3）我已经想好了这个假期的计划：前三天我要在家里休息、看电影、打游戏，饿了就点个外卖；第四天和朋友们去爬山；第五天我要带小狗去洗澡，然后一起去公园散步；最后两天呢，我要在家里洗洗衣服、看看书什么的。

★ 关于这段话，哪项正确？

A 他要先在家休息两天　　　　B 第三天他会去散步

C 第四天他自己去爬山　　　　D 这次假期一共七天　　　　答案【　】

（4）旅客朋友们，飞机会在九点五十分起飞，请旅客朋友们关上手机，在座位上安静地等飞机起飞。飞机刚起飞时，请不要离开座位。如果您想使用洗手间，请在起飞十分钟后再去。

★ 关于这段话，哪项错误？

A 旅客已经在飞机上了　　　　B 旅客的手机需要关机

C 起飞时不能去洗手间　　　　D 洗手间一直可以使用　　　　答案【　】

（5）咱们公司环境特别好，交通也很方便，往东走三分钟是公交站，往西走五分钟就是地铁站。如果你开车上班，公司旁边还有停车场，可以停在那里，上午八点半到晚上七点停车是不用花钱的，七点以后停车的话十五分钟一块钱。

★ 关于这段话，哪项正确？

A 公司往西走三分钟是地铁站　　B 公司旁边没有停车场

C 公司往东走五分钟是公交站　　D 中午停车不用花钱　　　　答案【　】

8. 书写：完成句子。

（1）分钟　了　他　等　十　我

____

（2）老师说这（zhōu　）要写两篇作文。

（3）这个电影一共一百二十分（zhōng　）。

（六）副词

13【二13】程度副词：多、多么、好、更、十分、特别、挺、有（一）点儿

【多、多么】 duō、duōme ①用在感叹句中，表示程度很高，常带有强烈的感情色彩和夸张语气（It is used in an exclamatory sentence to indicate a high degree. It often expresses a strong feeling in an exaggerative tone.)；②"多么"跟"多"意思、用法相同，"多"主要用于口语，"多么"在口语、书面语中都可以用（"多么"and"多"have the same meaning and usage."多"is mostly used in spoken Chinese and"多么"can be used in both spoken and written Chinese.）。

◎ 常见搭配

多忙啊 | 多大啊 | 多不好 | 多好看 | 多便宜 | 多不愿意 | 多么漂亮 | 多么不容易 | 多么难过 | 多么认真

◎ 形式结构

1. S + 多 / 多么 + AP/VP（+ 啊）

（1）这孩子多可爱啊！

（2）你这么做，父母多不放心啊！

（3）那些花多么漂亮啊！

（4）他对你多么关心！

2. S + V + 得 + 多 / 多么 + Adj（+ 啊）

（5）她唱得多好听啊！

（6）那些花开得多么漂亮啊！

【好】hǎo ①用在形容词、数量词或时间词前面，表示程度高、数量多、距离长或时间久（It is used before an adjective, a quantifier, or a time word to indicate a high degree, a large quantity, a long distance, or a long period of time.）；②用在形容词或心理动词前，表示程度深，多带有感叹语气，结尾常用感叹词"啊"和感叹号（It is used before an adjective or a psychological verb to indicate a high degree, often with an exclamatory tone, and commonly ends with the exclamation word"啊"and an exclamation mark.）。

◎ 常见搭配

好热 | 好冷 | 好几个 | 好几年 | 好一会儿 | 好半天 | 好长时间 | 好难过 | 好开心 | 好漂亮 | 好感动 | 好难受 | 好可爱 | 好认真 | 好难看 | 好喜欢 | 好想

◎ 形式结构

1. S + 好 + Adj/VP（+ 啊）

（1）这个教室好大啊！

（2）你家离学校好远！

（3）看到你的信，我好感动啊。

（4）我好喜欢画中国画。

2. S + V + 得 + 好 + Adj（+ 啊）

（5）这孩子长得好高啊。

（6）她笑得好开心！

3. 好 + QP

（7）她听了好一会儿才明白。

（8）他都好几年没回国了。

比较

好、真

相同点：Similarities:

"好"和"真"都可以用在形容词或心理动词前，表示程度很高。例如：

Both "好" and "真" can be used before an adjective or a psychological verb to indicate a high degree. For example:

（1）衣服好 / 真干净！

（2）六年没回国了，我好 / 真想家人和朋友。

不同点：Differences:

"好 + Adj"能作修饰语，"真 + Adj"不能作修饰语。例如：

"好 + Adj" can act as an modifier, but "真 + Adj" cannot be used as a modifier. For example:

（3）好干净的衣服——* 真干净的衣服

【更】 gèng 用于两个事物或者同一事物不同方面、阶段的比较，表示程度或情况又进一层，多数情况下还含有"原来已经具备了一定程度或情况"的意思。（It is used for comparing two things or different aspects or stages of the same thing. It indicates a further degree or the progress of a situation, and in most cases, it also implies that "a certain degree or situation has already existed".）

◎ 常见搭配

更大 | 更好 | 更有名 | 更不容易 | 更有意思 | 更重视 | 更喜欢 | 更相信 | 更听不懂 | 更写不完

◎ 形式结构

S + 更 + AP/VP

（1）他很高，他弟弟更高。

（2）骂人不对，打人就更不对了。

（3）弟弟比哥哥更不爱说话。

【十分】shífēn 表示程度高，很。(very, extremely)

◎ 常见搭配

十分早 | 十分可爱 | 十分高兴 | 十分喜欢 | 十分满意 | 十分感谢 | 十分有用 | 十分有意思

◎ 形式结构

1. S + 十分 + Adj/VP

（1）这包子十分好吃。

（2）他十分喜欢这件大衣。

2. S + 十分 + Adj（+ 地）+ VP

（3）他们十分认真地写着作业。

（4）玛丽十分开心地收下了礼物。

3. S + V + 得 + 十分 + Adj

（5）她笑得十分开心。

（6）这个孩子长得十分可爱。

比较

很、十分、非常

相同点：Similarities:

“很”“十分”和“非常”都可以表示程度高，常常可以互换。例如：

“很”, “十分”, and “非常” can all indicate a high degree and are often interchangeable. For example:

（1）她来得很 / 十分 / 非常早。

（2）这位旅客很 / 十分 / 非常重要。

不同点：Differences:

1. “很”和“非常”修饰的形容词可以是单音节的，也可以是多音节的；但“十分”很少用来修饰单音节的形容词。

“很” and “非常” can modify both monosyllabic and multi-syllabic adjectives; however, “十分” is rarely used to modify monosyllabic adjectives.

2. “很”和“十分”前可加“不（是）”，表示程度不高，“非常”没有这种用法。例如：

“很” and “十分” can be preceded by “不（是）” to indicate a not very high degree, whereas “非常” does not have this usage. For example:

（3）妹妹不是很喜欢这本书。

（4）大卫不十分关心别人的成绩。

（5）病人非常不愿意吃药。——* 病人不非常愿意吃药。

（6）经理非常不高兴。——* 经理不非常高兴。

3.“非常”可以叠用，“十分”不能叠用，“很”只能跟后面修饰的词一起叠用。例如：

“非常” can be used in a reduplicated form, “十分” cannot be used in a reduplicated form, and “很” can only be reduplicated together with the word it modifies. For example:

（7）拿这些碗的时候一定要非常非常小心。

（8）很久很久以前，地球上还没有人。

4. 可以说“V/Adj 得很”，但不能说“V/Adj 得十分 / 非常”。例如：

One can say “V/Adj 得很”, but not “V/Adj 得十分 / 非常”. For examplc:

（9）喜欢得很——* 喜欢得十分 / 非常

（10）好得很——* 好得十分 / 非常

【特别】 tèbié 非常，格外，与一般不同。（extremely）

◎ **常见搭配**

特别大 | 特别远 | 特别好 | 特别疼 | 特别便宜 | 特别生气 | 特别感谢 | 特别喜欢 | 特别好玩儿

◎ **形式结构**

1. S + 特别 + AP/VP

（1）王老师的儿子特别可爱。

（2）停车场离电影院特别远。

（3）这件衣服最近特别流行。

（4）老师特别关心同学们的身体健康。

（5）这个孩子特别愿意跟我一起玩儿。

2. S + V + 得 + 特别 + Adj

（6）这种笔卖得特别快。

（7）那天我们来得特别早。

（8）妈妈笑得特别开心。

比较

十分、特别

相同点：Similarities:

“十分”和“特别”都表示程度非常高。例如：

Both “十分” and “特别” indicate a very high degree. For example:

（1）爸爸觉得十分 / 特别满意。

不同点：Differences:

1.“特别”有“特地、尤其”的意思，“十分”没有。例如：

“特别”means “especially” or “in particular”, and “十分” does not carry this meaning. For example:

（2）这是特别为小美准备的礼物。（表示礼物不是为其他人准备的，是特地给小美的）

（3）大家这次考试成绩都很不错，特别是小明，考了一百分。（表示小明的成绩尤其突出）

2. 在表示程度高时，“十分”强调程度极高，几乎没有缺点；“特别”表示程度高到一定程度，与其他事物相比显得非常突出。例如：

When indicating a high degree, “十分” emphasizes an extremely high degree or almost being flawless. “特别” indicates that it is such a high degree that it is very prominent compared with other things. For example:

（4）小美十分漂亮。（强调漂亮的程度高，几乎没有缺点）

（5）小美特别漂亮。（强调因为漂亮的程度高，所以在一群人中很显眼）

3.“特别”有形容词和副词两种用法，可以作谓语，也可以作定语、状语；“十分”是副词，只作状语修饰动词和形容词。例如：

“特别” can be used as an adjective or an adverb. It can be used as a predicate, an attributive, or an adverbial. “十分” is an adverb and can only be used as an adverbial to modify a verb or an adjective. For example:

（6）这只猫的眼睛很特别，一蓝一绿。——* 这只猫的眼睛很十分，一蓝一绿。

（7）生日那天，我收到了一份特别的礼物。——

* 生日那天，我收到了一份十分的礼物。

（8）你告诉我的消息特别 / 十分有用。

【挺】 tǐng 很，表示程度高，多用于口语。（quite, rather）

◎ **常见搭配**

挺好（的）| 挺漂亮（的）| 挺有意思（的）| 挺懂（的）| 挺感谢你（的）| 挺想去（的）

◎ **形式结构**

1. S + 挺 + AP/VP（+ 的）

（1）那儿挺安静的。

（2）我挺喜欢他的。

（3）我挺感谢老师的。

（4）玛丽挺喜欢中国画。

2. S + V + 得 + 挺 + Adj（+ 的）

（5）妈妈笑得挺开心的。

（6）这个公司钱给得挺多的。

3. S + 挺 + AP + 地 + VP

（7）玛丽挺不高兴地看着他。

（8）孩子挺开心地跑来了。

◎ 相关说明

1.“挺”常表示主观评价，句尾常常用“的”，构成“挺……的”结构。一般用于口语，语气显得亲切委婉。“的”也可以省略。例如：

“挺” often indicates a subjective evaluation, and the sentence often ends with “的”, forming a “挺……的” structure. It is usually used in spoken Chinese to make the tone more affectionate and tactful. “的” can also be omitted. For example:

（1）这几天挺冷（的），你多穿点儿衣服。

（2）我挺喜欢这个座位（的），离门口近。

2. 人们在日常交谈中，通常会尽量委婉地提出消极评价，所以“挺”不能用在“不”的后边。例如：

In daily conversations, people tend to make negative evaluations as tactfully as possible, so “挺” cannot be used after “不”. For example:

（3）动物园挺远（的）。——* 动物园不挺远（的）。

3. 因为“挺”有委婉评价的功能，所以表示客观描述的词，只能放在“挺”的后边；表示主观态度的词，可以放在“挺”的后边，也可以放在“挺不”的后边。例如：

Since “挺” is used to make a tactful evaluation, words making an objective description can only be used after “挺”. Words indicating a subjective attitude can be used after either “挺” or “挺不”. For example:

（4）你的房间挺干净（的）。——* 你的房间挺不干净。（“干净”是客观描述）

（5）同学们挺关心你（的）。——* 同学们挺不关心你的。（“关心”是客观描述）

（6）大卫挺会说（的）。——* 大卫挺不会说的。（“会说”是客观描述）

（7）看到我们送的礼物，妈妈挺高兴（的）。/ 你昨天没等她，她挺不高兴（的）。（“高兴”是主观态度）

（8）玛丽挺满意这件大衣（的）。/ 玛丽挺不满意这件大衣（的）。（“满意”是主观态度）

比较

挺、很

相同点：Similarities:

“挺”和“很”都可以在动词、形容词前面作状语。例如：

Both “挺” and “很” can be used as adverbials before verbs and adjectives. For example:

（1）我挺/很想去北京旅游。

（2）大卫的汉字写得挺/很好。

不同点：Differences:

1.“挺”表示的程度比“很”低一点儿。例如：

“挺” indicates that the degree is slightly lower than “很”. For example:

（3）a. 今天超市的水果挺便宜。（程度稍低）

b. 今天超市的水果很便宜。（程度稍高）

2.“挺”和“很”都可以修饰贬义形容词，但是“挺”比“很”的语气委婉。例如：

Both “挺” and “很” can modify derogatory adjectives, but “挺” has a more tactful tone than “很”. For example:

（4）a. 这个人挺坏。（语气更委婉）

b. 这个人很坏。（语气较强烈）

3.“很”还可以用在“得”后作补语，构成“Adj/V 得很”，表示程度高；“挺”不能这样用。例如：

“很” can also be used after “得” as a complement, forming the structure “Adj/V 得很” to indicate a high degree. “挺” cannot be used in this way. For example:

（5）爷爷的身体好得很。——* 爷爷的身体好得挺。

（6）我怕得很，你跟我一起去吧。——* 我怕得挺，你跟我一起去吧。

【有（一）点儿】 yǒu (yì) diǎnr 表示程度不高，稍微。多用于不如意、不适当的事情。（It indicates a low degree, merely a little. It is often used for something unpleasant or inappropriate.）

◎ 常见搭配

有（一）点儿贵 | 有（一）点儿不高兴 | 有（一）点儿不好意思 | 有（一）点儿不愿意

◎ 形式结构

1. S + 有（一）点儿 + AP/VP

（1）今天天气有（一）点儿热。

（2）他们对你的回答有（一）点儿不满意。

（3）这个颜色太亮了，大卫有点儿不喜欢。

2. S + V + 得 + 有（一）点儿 + Adj

（4）这家商店的东西卖得有（一）点儿贵。

（5）今天他来得有（一）点儿晚。

（6）晚饭我吃得有点儿多。

◎ 相关说明

1.“有（一）点儿”后面常加心理动词或形容词，形容词多是消极义或贬义的，例如“难过、难受”等。如果是积极义、褒义的形容词，要在前面加否定副词“不”。例如：

“有（一）点儿” is often followed by a psychological verb or an adjective, with the adjective mostly having negative or derogatory meanings, such as “难过”, “难受”, etc. If the adjective is positive or commendatory, the negative adverb “不” should be added in front. For example:

（1）他现在有（一）点儿难过。

（2）这件衣服有（一）点儿不干净。——* 这件衣服有（一）点儿干净。

2.“有（一）点儿”可以作为答句单独使用。例如：

“有（一）点儿” can be used as a stand-alone response. For example:

（3）A：爸爸生气了吗？

B：有（一）点儿。

（4）A：大卫是不是不太满意？

B：有（一）点儿。

比较

有（一）点儿、一点儿

相同点：Similarities:

“有（一）点儿”和“一点儿”都可以跟形容词或者心理动词连用，表示程度不高。例如：

Both “有（一）点儿” and “一点儿” can be used with an adjective or a psychological verb to indicate a low degree. For example:

（1）我有（一）点儿饿。

（2）经理有（一）点儿生气。

（3）这件衣服贵了一点儿。

（4）孩子回家以后，爸妈才放心一点儿。

不同点：Differences:

1.“有（一）点儿”和“一点儿”在句中的位置不同，“有（一）点儿”要用在形容词或心理动词前作状语，“（一）点儿”用在形容词后作补语。例如：

“有（一）点儿” and “一点儿” have different positions in sentences. “有（一）点儿” is used before an adjective or a psychological verb as an adverbial, while “（一）点儿” is used after an adjective as a complement. For example:

（5）你去得有（一）点儿晚了。——* 你去得晚了有（一）点儿。

（6）我去得晚了（一）点儿。——* 我去得一点儿晚了。

2. 在比较句中，表示程度不高时只能用“一点儿”，不能用“有（一）点儿”。例如：

In comparative sentences indicating a low degree, only “一点儿” can be used, not “有（一）点儿”. For example:

（7）我比你高一点儿。——* 我比你有（一）点儿高。

（8）这本书比那本书便宜一点儿。——* 这本书比那本书有（一）点儿便宜。

3.“有（一）点儿”多用于不如意的事情，一般会和带有消极义或者贬义的内容连用。所以如果没有否定词，“有（一）点儿”后面常跟消极义或者贬义的形容词、动词；如果形容词、动词前有否定词的话，形容词、动词就多为积极义或者褒义的。而“一点儿”没有这种限制。例如：

“有（一）点儿” is mostly used for something unpleasant and usually followed by content with a negative or derogative meaning. If there is not a negative word, “有（一）点儿” is often followed by an adjective or a verb with a negative or derogatory meaning. If there is a negative word before an adjective or a verb, the adjective or verb is mostly positive or commendatory, while “一点儿” doesn’t have such a restriction. For example:

（9）我心里有（一）点儿难受。

（10）这次的考试有（一）点儿难。

（11）他有（一）点儿不舒服。——* 他有（一）点儿舒服。

（12）这件事有（一）点儿不公平。——* 这件事有（一）点儿公平。

（13）你坐在床上吧，那里舒服一点儿。

（14）今天是你的生日，高兴一点儿。

4.“有（一）点儿”是副词，表示“稍微、程度不高”，在句子中作状语，不能修饰限制人或事物。“一点儿”是数量短语，修饰事物，表示“少而不定”，常常在名词前作定语，不能单独作状语。例如：

“有（一）点儿” is an adverb that means “slightly, to a low degree.” It is used as an adverbial in a sentence and cannot modify or restrict people or things. "一点儿" is a quantifier phrase that modifies something, indicating being "a little but indefinite." It often serves as an attributive before a noun and cannot be used independently as an adverbial. For example:

（15）他有（一）点儿不高兴。——* 他一点儿不高兴。

（16）给我一点儿钱，我要买一点儿东西。——

* 给我有（一）点儿钱，我要买有（一）点儿东西。

综合练习

1. 听力：判断对错。

（1）

答案【　】

（2）

答案【　】

（3）

答案【 】

（4）★ 他非常喜欢这本书。 答案【 】

（5）★ 市长不太关心人们的生活。 答案【 】

（6）★ 今天下雨了，很冷。 答案【 】

（7）★ 他妈妈做的饭比饭馆好吃。 答案【 】

（8）★ 他对这件衣服的样子不满意。 答案【 】

（9）★ 他因为去机场接朋友生病了。 答案【 】

（10）★ 男的妹妹的房间特别干净。 答案【 】

2. 听力：选出正确答案。

（1）A 满意 B 高兴 C 生气 D 感动 答案【 】

（2）A 很普通 B 很可怕 C 很准确 D 很难听 答案【 】

（3）A 很不喜欢 B 很感动 C 很不习惯 D 很满意 答案【 】

（4）A 男的买的新电视机是坏的 B 使用说明很小
C 男的的意见不重要 D 电视里有广告 答案【 】

（5）A 他们要回家 B 他们要休息
C 女的想休息 D 他们到家了 答案【 】

（6）A 他们现在在饭馆里 B 男的带的孩子很可爱
C 家长不让孩子喊叫 D 男的没有跟孩子家长说话 答案【 】

（7）A 他们在男的的办公室 B 男的弄坏了瓶子
C 女的很重视这个瓶子 D 他们特别不小心 答案【 】

（8）A 大超市的水果更便宜 B 小商店的水果更全
C 男的喜欢在小商店买水果 D 男的周末要去大超市 答案【 】

（9）A 不太热 B 很冷 C 不冷不热 D 非常热 答案【 】

（10）A 正在打篮球 B 跟男的不太熟

C 跟男的是同学　　D 已经工作了　　答案【　】

（11）A 打车　B 坐公交车　C 坐地铁　D 走路　　答案【　】

（12）A 男的去过云南　　B 女的不想去云南

C 男的想去云南　　D 男的不想去云南　　答案【　】

（13）A 她想买那件红色的　　B 她觉得红色的那件很贵

C 她买了那件黑色的　　D 她觉得红色的那件不舒服　　答案【　】

（14）A 他五岁了　B 他今年上学　C 他很可爱　D 他没上学　　答案【　】

3. 阅读：选出正确图片。

（1）

A 　　B

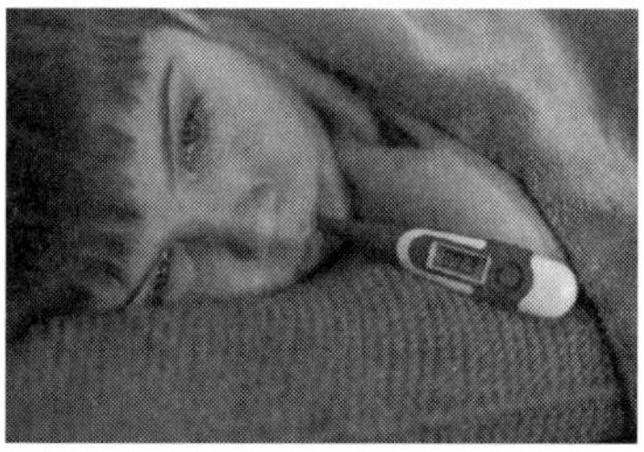

最好的朋友回家了，不跟他玩儿了，他心里有点儿难过。　　答案【　】

（2）

A 　　B

看她玩儿得多么开心啊！　　答案【　】

4. 阅读：选择合适的词语填空。

（1）A 差不多　B 场　C 特别　D 大衣　E 坏处　F 就要

看着孩子们哭喊着要跟妈妈在一起，玛丽的心里（　　）难过。　　答案【　】

（2）A 就　B 多　C 还　D 刚　E 当　F 该

这个问题（　　）难回答啊！　　答案【　】

（3）A 特别　B 大量　C 层　D 休假　E 页　F 重新

他给我打电话的时候孩子们已经睡了，所以我讲话声音（　　）小。　　答案【　】

（4）A 但是　B 不但　C 比如　D 多么　E 的话　F 常常

中国人（　　）友好啊！　　答案【　】

5. 阅读：根据句子选择上下文。

（1）A 工作特别忙的时候大卫就不吃不睡，所以身体越来越差。

B 放心吧，我会照顾好自己的。

C 这么一会儿已经吃了两大碗面条儿了。

D 刚回国的时候挺不习惯的，现在好多了。

E 这几天天气很好，一直是晴天。

没想到，这个孩子个子小小的，还挺能吃。 答案【 】

（2）A 书店离我家特别远，坐车过去要一个小时。

B 好冷啊，我觉得快要下雨了。

C 下课以后我想去找老师问问题。

D 妈妈今天很忙，所以我做饭。

E 你可以买一本回家看看。

你想知道的知识这本书里都有，特别全。 答案【 】

（3）A 那个正在打电话的人是我姐姐，

B 如果你不帮我说明理由，

C 非常欢迎你来我们班上课。

D 你有什么问题？可以问老师。

E 我要想一想你的问题，

这件事就更说不清楚了。 答案【 】

（4）A 但是北方的冬天很冷，

B 这本词典是王老师的。

C 办公室里非常安静。

D 十分钟就到了。

E 要照顾我们五个孩子，

妈妈多么不容易啊！ 答案【 】

（5）A 我弟弟不太高。

B 我特别喜欢你送我的礼物。

C 你今天看见他了吗？

D 妈妈做了我最爱吃的菜。

E 每个人的样子都照得好清楚。

我新买的相机特别好， 答案【 】

6. 阅读：判断对错。

（1）周末我们去了奶奶家，吃完饭，我们就在草地上玩儿，天特别蓝，草特别绿，空气也特别好。晚上，天上的星星和月亮出来了，夜空特别好看。大自然真美啊，这样的生活太舒服了！我愿意每天都住在这里。

★ 他特别不喜欢大自然。 答案【　】

（2）经理十分重视这次检查，要求工人们每天要认真工作，还说这个星期没有特别的事情不能请假。

★ 工人十分重视检查。 答案【　】

（3）你送我的大衣好舒服啊，在哪里买的？我想给我妈妈也买一件。

★ 她妈妈的大衣很舒服。 答案【　】

7. 阅读：选出正确答案。

（1）我们一家人五年没有回国了，现在儿子四岁，女儿两岁。爷爷奶奶十分想见孩子们，但是老人们身体不好，不能坐飞机来我们这里。我和孩子妈妈工作太忙，没有时间，所以我们平时只能打电话。

★ 关于这段话，哪项正确？

A 女儿比儿子大两岁　　B 他们一家人不想回国

C 老人们可以坐飞机　　D 爷爷奶奶很想孩子们　　答案【　】

（2）爸爸妈妈，我收到了你们送我的衣服和食物，我太高兴了，我的同学跟我说“你爸爸妈妈真关心你”。我在中国很好，请你们放心。你们应该知道我有多爱你们，我明年就会回家。

★ 关于这段话，哪项错误？

A 这封信是写给爸妈的　　B 他很爱爸妈

C 爸妈很关心他　　D 他今年回家　　答案【　】

（3）学校五月要举行一个写汉字比赛，老师和同学们都让我去试一试，可是我觉得我写的汉字有点儿难看，就没有报名。我们班的几个同学帮我报了名，知道这件事以后，我有一点儿生气，也有一点儿开心，生气的是他们没有告诉我就帮我报名了，开心的是大家都非常相信我的水平。老师教了我很多写汉字的方法，我努力练习了一个月，没想到最后得了第一名！

★ 关于这段话，哪项错误？

A 他不想参加这个比赛　　B 老师帮他报了名

C 同学们都相信他的水平　　D 他的比赛成绩很好　　答案【　】

（4）面包和爱情哪个更重要？这是大家一直在讨论的问题。有的人觉得面包更重要，因为吃、穿、住……这些都是生活中非常重要的事情，爱情换不来钱能买到的东西。也有的人觉得爱情更重要，因为有爱的两个人在一起会生活得很开心，他们也可以一起努力工作挣钱（zhèngqián，to make money）。但如果没有爱情，两个人在一起生活会觉得很没意思，时间长了也会分开。如果让你来选，你会选哪个呢？

★ 关于这段话，哪项错误？

A 爱情就是吃、穿、住　　　　B 有爱情不一定有面包

C 不同的人看法不同　　　　D 有爱情的生活很开心　　　　答案【　】

（5）大卫在一家大公司工作，每天六点下班。但是今天下班后他没有马上回家，又多工作了三个小时。离开公司的时候已经没有公共汽车了，所以他只能打车回家。他到家的时候已经很晚了，孩子也已经睡了。他还没有吃饭，只找到了一些面包和牛奶。我们告诉他：这样对身体不好，多忙都要好好休息和吃饭。

★ 我们觉得大卫应该：

A 在公司多工作　　　　B 坐公共汽车回家

C 不吃面包和牛奶　　　　D 好好休息和吃饭　　　　答案【　】

8. 书写：完成句子。

（1）他的　有　道理　挺　计划　觉得　我

____

（2）学习　这些　爱　孩子　啊　多么

____

（3）的　门票　啊　晚会　贵　好

____

（4）说　大卫　特别　流利　得　中文

____

（5）难　的　今天　多　考试　啊

____

（6）我觉得家人比工作（ gèng ）重要。

（7）他这个人（ hǎo ）直接啊，想到什么就马上说。

（8）你一定要特（ bié ）注意，这个药水和那个药片不能一起吃。

14【二 14】范围、协同副词：全、一共、只

【全】quán 完全；都。表示所指范围内没有例外，常和“都”连用。（Completely, all. It indicates that there are no exceptions within the specified scope. It is often used in conjunction with “都”.）

◎ 常见搭配

全来了 | 全都不是 | 不全是 | 全对

◎ 形式结构

S + 全（都）+ AP/VP

（1）下雪以后，山上山下全白了。

（2）昨天的作业我全对了。

（3）大儿子和二儿子全都回家了。

（4）同学们全来了。

◎ 相关说明

“全”强调的是事物的全部，它前面必须有一个确定的范围。例如：

“全” emphasizes the entirety of something, and it must be preceded by a specific scope. For example:

（1）他们全是我的朋友。（“他们”是确定的范围）

（2）这些菜我全都吃过。（“这些菜”是确定的范围）

【一共】yígòng 表示合在一起，总计。（It indicates a total sum or aggregation.）

◎ 常见搭配

一共几个 | 一共多少天 | 一共多少钱 | 一共多少人 | 一共三天 | 一共两千块

◎ 形式结构

1. S + 一共 + NP

（1）这些书一共多少钱？

（2）你们一共几个人？

（3）黑板上一共三句话。

2. S + 一共 + VP

（4）我们班一共有二十人。

（5）他们一共买了几本书？

（6）我一共去过三个国家。

【只】zhǐ 表示仅限于某个范围，只有，仅有。（It indicates being only limited to a certain scope, meaning "only", "merely".）

◎ 常见搭配

只有 | 只知道 | 只喜欢 | 只能 | 只会 | 只去过北京 | 只问问 | 只看了看 | 只我一个 | 只因为 | 只看不买

◎ 形式结构

1. S + 只（有）+ NP

（1）卡里只有二百块钱。

（2）这个房间只（有）他一个人。

（3）父母只（有）我一个儿子。

2. S + 只 + VP

（4）今天的晚会只来了三个人。

（5）你只喜欢喝茶吗？

（6）这件事情只能你去做。

◎ 相关说明

"只"可以直接用在名词、代词或数量短语前面，强调人或事物的数量少、范围小，可以换成"只有"。例如：

"只" can be used directly before a noun, a pronoun, or a numerical phrase to emphasize the small quantity or limited scope of people or things. It can be replaced by "只有". For example:

（1）我们班只（有）他一个男生。

（2）他家离学校只（有）五百米。

综合练习

1. 听力：判断对错。

（1）

答案【　】

（2）

答案【　】

（3）★ 他们班都是留学生。 答案【　】

（4）★ 他这次旅行一共花了五万块钱。 答案【　】

（5）★ 他今天一共买了五件衣服。 答案【　】

（6）★ 那里的人习惯说东南西北。 答案【　】

（7）★ 昨天学过的汉字他还记得一些。 答案【　】

2. 听力：选出正确答案。

（1）A 全是　B 不全是　C 全不是　D 都不是　答案【　】

（2）A 还有三位客人没来　B 他们在饭馆
C 客人一共有三位　D 已经来了两位客人　答案【　】

（3）A 20 块　B 30 块　C 40 块　D 50 块　答案【　】

（4）A 出去旅行　B 在家里休息
C 工作　D 还没想好　答案【　】

（5）A 会说也会写　B 会说不会写
C 会写不会说　D 不会说也不会写　答案【　】

（6）A 一个　B 两个　C 三个　D 四个　答案【　】

（7）A 一个月　B 两个月　C 半个月　D 十天　答案【　】

（8）A 100　B 98　C 89　D 90　答案【　】

（9）A 下午四点　B 下午五点　C 下午三点　D 下午两点　答案【　】

（10）① A 今天休息　B 因为洗脸
C 因为昨天睡得太晚　D 因为吃早餐　答案【　】

② A 学习　B 用餐
C 出门　D 开会　答案【　】

3. 阅读：选出正确图片。

A  B 

同学们全都举手了。 答案【 】

4. 阅读：选择合适的词语填空。

（1）A 全 B 没 C 很 D 只 E 最 F 多

这些汉字我（ ）认识，你有不会的可以问我。 答案【 】

（2）A 经常 B 一直 C 可以 D 全 E 更 F 比

这些书我（ ）都看完了，你还有别的吗？ 答案【 】

5. 阅读：根据句子选择上下文。

（1）A 面包卖完了，你明天再来吧。

B 这是送给你的生日礼物，看看喜不喜欢。

C 班长，还有人没到吗？

D 周末一起去爬山怎么样？

E 经理说三点开会，你准备一下儿。

大家全都来了。 答案【 】

（2）A 你们这书多少钱一本？

B 外面下雨了，你怎么回家？

C 中国那么大，我想到处去看看。

D 她不想出去，只愿意一个人在家里。

E 他还是以前那个少年，没有一点儿改变。

我们今天做活动，这书只送不卖。您买那本，我们送这本。 答案【 】

6. 阅读：判断对错。

（1）昨天我参加了一场考试，里面每道题我都会做，因为我周末一直在复习。今天老师告诉我，说我题全做对了，我很开心。

★他昨天考试考得不太好。 答案【 】

（2）小美最近工作太忙了，这个月到现在一共只休息了三天。她打算给自己放一次长假，休息几天。

★小美这个月一直在工作。　　答案【　】

（3）机会是找来的，不是等来的。你要想得到机会，就要随时做好准备，因为机会永远只留给有准备的人。

★机会有时会留给没有准备的人。　　答案【　】

7. 阅读：选出正确答案。

（1）昨天看新闻了吗？我们学校门口很快就要通地铁了。三号线地铁在学校南门有一站，可以直接坐到火车站和机场，以后我们放假回家就方便多了。从学校到火车站只要 20 分钟，到机场也只要半小时，虽然比坐公交车贵一点儿，但是快了差不多一个小时，花的时间跟打车差不多，但是便宜太多了。所以说，以后坐地铁会是最好的选择。

★ 关于这段话，可以知道：

A 地铁已经通了　　B 地铁站在学校北门

C 坐地铁比坐公交车快　　D 以后去机场只能坐地铁　　答案【　】

（2）我上个周末参加了两场重要的考试，考试题不难，但因为没准备好，这两场考试我都没有考好，所以没得到那份我特别喜欢的工作。有句话说得好，机会永远只留给有准备的人。虽然这次没有考好，但我下次一定会认真准备，早日找到自己满意的工作。

★ 根据这段话，可以知道：

A 他一共参加了三场考试　　B 他两场考试都考得很好

C 他下个周末要去找工作　　D 他上周得到了很好的机会　　答案【　】

（3）照片左边这位短头发的是我妈妈，她是一位英语老师。后边这位个子高高的是我爸爸，他是一位医生。坐在我右边的是我哥哥，他和我一样都是大学生。我们虽然都是外国人，但是我们全都会说中文。

★ 关于他们家，可以知道：

A 全是中国人　　B 全是大学生　　C 全会说中文　　D 全在中国　　答案【　】

8. 书写：完成句子。

（1）几个　你　小时　一共　了　睡

____

（2）他　对了　这些　做　题　全

____

（3）这些菜（ quán ）是我喜欢吃的。

15【二15】时间副词：刚、刚刚、还²、忽然、一直、已经

【刚、刚刚】 gāng、gānggāng 表示动作或情况在不久前发生。（It indicates that an action or situation occurred not long ago.）

◎ **常见搭配**

刚 / 刚刚起床 | 刚 / 刚刚毕业 | 刚 / 刚刚学会 | 刚 / 刚刚开始 | 刚 / 刚刚三岁

◎ **形式结构**

1. S + 刚 / 刚刚 + VP

（1）我刚从学校回到家。

（2）那年小明刚大学毕业。

（3）白老师刚刚从国外回来。

（4）病人刚刚清醒。

2. S + 刚 / 刚刚 + AP

（5）三月的小草刚绿。

3. S + 刚 / 刚刚 + QP

（6）这孩子今年刚六岁。

（7）现在刚刚四点。

◎ **相关说明**

"刚"是时间副词，在句子中要用在主语后边、谓语前边，不能用在主语前边。例如：

"刚" is a time adverb used after the subject and before the predicate in a sentence. It cannot be used before the subject. For example:

画家刚画完一幅画儿。——* 刚画家画完一幅画儿。

比较

1. 刚、刚刚

相同点：Similarities:

"刚"和"刚刚"都是时间副词，用在谓语前，常常可以互换。例如：

Both "刚" and "刚刚" are time adverbs used before the predicates. They can often be used interchangeably. For example:

（1）我刚 / 刚刚到地铁站。

（2）小美刚 / 刚刚吃完药。

不同点：Differences:

1.“刚刚”可以作句首状语，“刚”不能作句首状语。例如：

“刚刚” can be used as an adverbial at the beginning of a sentence, and “刚” cannot be used like that. For example:

（3）刚刚妈妈给我打电话了。——* 刚妈妈给我打了电话，你就来了。

2.“刚刚”作句首状语时，为了强调事情发生的时间离现在很近，还可以说“就在刚刚”“就刚刚”；“刚”不能这样用。例如：

When “刚刚” is used as an adverbial at the beginning of a sentence to emphasize that something happened just now, one can also say “就在刚刚” or “就刚刚”. “刚” cannot be used like this. For example:

（4）就在刚刚，他找到了那份重要的文件。——* 就在刚，他找到了那份重要的文件。

（5）就刚刚，经理打电话说他不来了。——* 就刚，经理打电话说他不来了。

2. 刚刚、刚才

相同点：Similarities:

“刚刚”和“刚才”都可以放在句首，强调事情发生的时间离现在很近。例如：

Both “刚刚” and “刚才” can be placed at the beginning of a sentence to emphasize that something happened just now. For example:

（1）刚刚 / 刚才妈妈给我打电话了。

不同点：Differences:

1.“刚才”是时间名词，可以用在句首，也可以用在动词前。例如：

“刚才” is a time noun. It can either be used at the beginning of a sentence or before a verb. For example:

（2）刚才你说什么？/ 你刚才说什么？

2.“刚才”还可以在名词前作定语，“刚刚”不能这样用。例如：

“刚才” can also be used as an attributive before a noun, and “刚刚” cannot be used like this. For example:

（3）刚才的电话是谁打来的？——* 刚刚的电话是谁打来的？

3. 用“刚刚”的句子，动词后可以用表示时量的词语，“刚才”不行。例如：

In a sentence using “刚刚”, a verb can be followed by a word indicating duration. “刚才” cannot be used like this. For example:

（4）他刚刚走了两个小时，你就回来了。——* 他刚才走了两个小时，你就回来了。

4. 此外，“刚才”后可用否定副词，“刚刚”不行。例如：

Besides, "刚才" can be followed by a negative adverb, while "刚刚" cannot. For example:

（5）这件事，你为什么刚才不说？——* 这件事，你为什么刚刚不说？

【还[2]】hái 表示动作或状态没有改变，仍在继续。（It indicates that an action or state remains unchanged and is still going on.）

◎ 常见搭配

还小 | 还疼 | 还不够 | 还去 | 还在睡 | 还在下雨 | 还不来 | 还不去 | 还不懂 | 还没走 | 还不知道 | 还没明白

◎ 形式结构

1. S + 还[2] + VP

（1）外边还在下雨呢。

（2）会议还没结束。

（3）已经晚上十一点了，小明还在学习中文。

（4）老师讲了两遍，我还没听懂。

2. S + 还[2] + AP

（5）二月，中国北方还很冷，小草还没绿。

（6）已经吃了药了，病人还疼。

（7）你现在还小，以后就明白为什么了。

◎ 相关说明

1. "还[2]" 是时间副词，用在主语后边、谓语前边。例如：

"还[2]" is a time adverb used after the subject and before the predicate. For example:

（1）我还不知道这件事。——* 还我不知道这件事。

2. "还[2]" 暗含着说话人对理应发生的新情况、新变化的预设，因为新情况、新变化没有发生，所以用 "还[2]" 强调行为、状态没有变化。例如：

"还[2]" implies the speaker's presupposition of a new situation or change that should have occurred. Since the new situation or change has not happened, "还[2]" is used to emphasize that the action or state has remained unchanged. For example:

（2）他已经 40 岁了，还没结婚。（说话人认为 "40 岁理应结婚了"）

（3）我们等了一个小时，他还没来。（说话人认为 "他应该在一个小时之内来"）

3. 时间副词 "还是" 也表示行为或状态没有发生变化，常常可以跟 "还[2]" 互换。例如：

The time adverb "还是" also indicates that an action or state has not changed. It can often be used interchangeably with "还[2]". For example:

（4）我穿了厚毛衣，还 / 还是冷。

（5）老师讲了两遍，他还 / 还是不懂。

【忽然】hūrán 表示情况发生得很快，让人意想不到。（It indicates that a situation happened quickly and unexpectedly.）

◎ 常见搭配

忽然发现 | 忽然想起 | 忽然明白 | 忽然大叫一声 | 忽然听到一声大喊 | 忽然下雨了 | 忽然变了

◎ 形式结构

1. S + 忽然 + AP/VP

（1）她的脸忽然红了。

（2）街上的灯忽然都亮了。

（3）他忽然离开了。

（4）奶奶忽然想起来，她的手机在床上呢。

2. 忽然（，）S + AP/VP

（5）忽然，她的脸红了。

（6）忽然，街上的灯都亮了。

（7）忽然，奶奶想起来，她的手机在床上呢。

（8）忽然他不说话了。

【一直】yìzhí 表示动作或状态持续不变。（It indicates that an action or state remains unchanged.）

◎ 常见搭配

一直下雨 | 一直开车 | 一直担心 | 一直看着电视 | 一直在等你 | 一直不知道 | 一直听不懂

◎ 形式结构

1. S + 一直 + VP

（1）她一直在说话。

（2）门一直关着呢。

（3）大雨一直下了三天。

2. S + 一直 + AP

（4）玛丽一直非常努力。

（5）爷爷的身体一直都很健康。

（6）她的脸一直都红红的。

◎ 相关说明

"一直"的后边只有单音节动词或形容词时，不能独立成句。例如：

When "一直" is followed by only a monosyllabic verb or an adjective, it cannot form a sentence independently. For example:

（1）* 孩子一直哭。

（2）孩子一直在哭。

（3）孩子一直哭个不停。

（4）孩子一直哭，我们也不知道怎么办。

【已经】yǐjīng 表示动作、变化完成或达到某种程度。（It indicates that an action or change has been completed or has reached a certain degree.）

◎ 常见搭配

已经来了 | 已经走了两千米 | 已经做好了 | 已经学会了 | 已经休息半天了 | 已经六岁了

◎ 形式结构

1. S + 已经 + VP + 了

（1）校长已经下班了。

（2）他已经出国了。

（3）听到这个消息，他已经明白该怎么办了。

2. S + 已经 + AP + 了

（4）树上的苹果已经红了。

（5）玛丽已经好了，不用去医院了。

（6）到了九月，天气已经不热了。

3. S + 已经 + QP/NP + 了

（7）王老师已经 80 岁了，但身体很健康。

（8）现在已经夏天了，越来越热了。

（9）你已经大人了，怎么还哭得跟小孩子一样呢？

4. S + 已经 + V/Adj + Comp

（10）大雨已经下了三天。

（11）我已经说得很清楚了，不要再问了。

（12）因为这件事，小美已经开心一下午了。

◎ 相关说明

"已经"的后边是单音节的动词或形容词时，一定要加上"了"。后边是双音节的动词或形容词时，可以不加“了”。例如：

When “已经” is followed by a monosyllabic verb or an adjective, “了” must be added. When followed by a disyllabic verb or an adjective, “了” can be omitted. For example:

（1）a. * 他已经懂。

b. 他已经懂了。

c. 他已经明白，自己的想法错了。

（2）去年的衣服已经小了。——* 去年的衣服已经小。

“已经 + 快 / 要 / 就要 / 快要 +……+ 了”表示动作或状态即将完成，但是还没有完成。例如：

“已经 + 快 / 要 / 就要 / 快要 +……+ 了” indicates that an action or state is about to be completed but has not yet been completed. For example:

（3）小美已经要回国了。（离回国的时间很近，但还没回国）

（4）孩子已经快要哭了。（马上要哭了，但现在还没哭）

综合练习

1. 听力：判断对错。

（1）

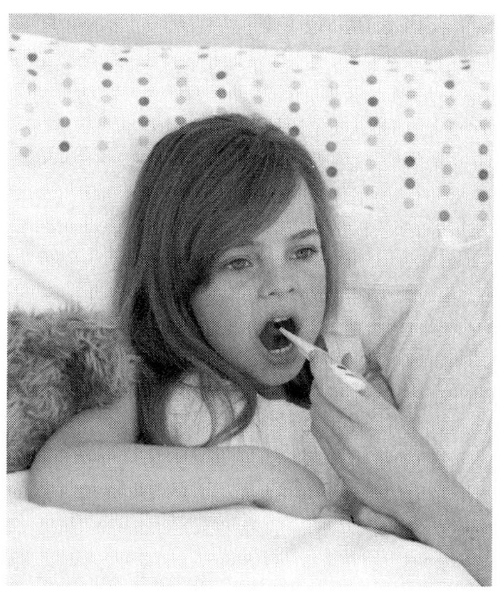

答案【　】

（2）

答案【　】

（3）

答案【　】

（4）

答案【　】

（5）★ 他一直在吃药。　答案【　】

（6）★ 中国女篮忽然回国了。　答案【　】

（7）★ 旅客们还在等飞机起飞。　答案【　】

（8）★ 飞机起飞前，孩子一直哭。　答案【　】

（9）★ 去年夏天比今年热。　答案【　】

（10）★ 这几年来他一直用手机买东西。　答案【　】

（11）★ 小明原来没想去医院看病。　答案【　】

（12）★ 小明的老师忽然生病了。 答案【 】

（13）★ 大卫生日的那天晚上，是坐出租车回家的。 答案【 】

（14）★ 他的中文进步很大。 答案【 】

2. 听力：选出正确答案。

（1）A 女的不喜欢上学　B 假期很短
C 男的明天要去上学　D 现在刚放假 答案【 】

（2）A 不想做早饭　B 刚起床
C 不去学校　D 生病了 答案【 】

（3）A 在路口　B 上楼了
C 下楼了　D 已经到了 答案【 】

（4）A 他身体很好　B 他已经来上课了
C 他已经请假了　D 他上课迟到了 答案【 】

（5）A 她今天来得不晚　B 她总是开车上班
C 她丈夫平时开车　D 她开车太慢了 答案【 】

（6）A 英语考试不太难　B 男的英语一直很好
C 女的成绩不好　D 男的考了八十多分 答案【 】

（7）A 男的太慢了　B 男的在等女的
C 女的很急　D 女的换衣服要半小时 答案【 】

（8）A 要去楼下吃午餐　B 还没写完作文
C 不想吃面条儿　D 要帮女的买面条儿 答案【 】

（9）A 老师不好　B 没有有名的老师
C 学生们都想去那儿读书　D 刚开学就有考试 答案【 】

（10）A 不喜欢买衣服　B 忽然想买衣服
C 不喜欢粉色　D 觉得女的想买衣服 答案【 】

（11）A 忽然坏了　B 又便宜又好用
C 买的时间太长了　D 买得不便宜 答案【 】

（12）A 他的手机找不到了　B 他已经找到手机了
C 他已经去过食堂了　D 他的手机在吃午饭的时候不见了 答案【 】

（13）A 男的没去过国家图书馆　B 男的已经找到外文书了
C 国家图书馆一共有四层　D 男的没去过四层 答案【 】

（14）A 又坏了　B 可以换新的
C 买的时间不长　D 不是新的 答案【 】

（15）A 男的喜欢人少的地方　　B 男的不想休假时关上手机
C 男的在家里常常睡觉　　D 男的休假时要在家里　　答案【　】

（16）A 不觉得冷了　　B 还没吃药
C 还觉得难受　　D 想去医院　　答案【　】

（17）A 还没来上班　　B 还没到家
C 还在打电话　　D 还在喝酒　　答案【　】

（18）A 女的不太饿　　B 他们没吃饭
C 男的吃得少　　D 他们刚吃完饭　　答案【　】

（19）A 球场很远　　B 他的车坏了
C 他找到了手机　　D 他的球队输了　　答案【　】

（20）A 最近几年孩子们不爱运动
B 国家重视孩子们的体育运动
C 学校忽然要求孩子们运动
D 国家一直要求学校要有球队　　答案【　】

（21）A 这家公司不常加班
B 这家公司对经理和工人很好
C 这家公司假期没有别的公司多
D 说话人不太愿意在这儿工作　　答案【　】

（22）A 他的信用卡已经不见了　　B 他已经还了信用卡
C 他的钱包已经不见了　　D 他买了一个钱包　　答案【　】

3. 听力：选出正确图片。

（1）

A 

B 

答案【　】

（2）

A

B

答案【　】

（3）

A

B

答案【　】

（4）

A

B

答案【　】

4. 阅读：选择合适的词语填空。

（1）A 认真　B 接着　C 实在　D 听到　E 影响　F 忽然

酒店的床不太舒服，我怎么也睡不着。晚上十二点的时候，我刚刚有点儿困，（　　）听到旁边的房间有人大声打电话，结果我又睡不着了。　答案【　】

（2）A 认真　B 接着　C 实在　D 听到　E 影响　F 一直

这里的早餐是真正的健康早餐，菜、蛋、鱼、奶、面都有，也挺好吃。但是（　　）吃这个，我很难接受。我还是更喜欢中餐里的包子、饺子什么的。

答案【　】

（3）A 最后　B 一直　C 其中　D 少数　E 完全　F 不用

新机场很大，旅客坐出租车可以（　　）坐到机场里边。如果行李太多，还有工作人员来帮忙，非常方便。　答案【　】

（4）A 最后　B 忽然　C 其中　D 少数　E 完全　F 不用

我的行李又大又重，路上怕碰到别人，我就一边走一边小声说："对不起，请让我过一下儿。"（　　）我听到一声大叫："啊！你怎么不小心一点儿？！"　答案【　】

（5）A 休息　B 排队　C 忽然　D 习惯　E 故意　F 随便

男：请问，今天病人可以住进医院吗？

女：原来有一张床，病人可以住进来。刚才（　　）来了一个电话，有个身体条件更差的病人来了，所以现在就没有床了。　答案【　】

（6）A 必须　B 接着　C 交给　D 听到　E 影响　F 刚刚

早起的好处很多，第一条就是：感觉自己已经忙了很久，但一看表发现（　　）过八点。　答案【　】

（7）A 答应　B 已经　C 其中　D 等于　E 完全　F 或者

小时候，我特别喜欢过年。因为过年就有新衣服和礼物。现在我（　　）长大了，才知道过年要准备的东西太多了，要想着的事情太多了。　答案【　】

（8）A 检查　B 最好　C 一般　D 已经　E 不一定　F 高级

女：你什么时候能写完作业？

男：我的作业（　　）差不多写完了，只有一道题还没想明白。　答案【　】

（9）A 遍　B 睡　C 只　D 刚　E 坐　F 动

女：你怎么（　　）来就要走？多坐一会儿吧！

男：我也想跟你多说一会儿话，可是时间太晚了，再不走就赶不上地铁了。

答案【　】

（10）A 感谢　B 最好　C 正是　D 忽然　E 必须　F 友好

女：你听到这件事情的时候，心里有什么感觉？

男：我没办法相信她就这样走了，我当时（　　）感觉心里什么都没有了，像死了一样。　答案【　】

5. 阅读：根据句子选择上下文。

（1）A 真的没有办法，只能去公司。

B 不能想想办法吗？

C 现在开不了会，经理还没到。

D 因为听不懂法语，生活很不方便。

E 病人没事儿了，放心吧。

两年前，小美刚到法国时， 答案【 】

（2）A 这件事太让人难受了，我真不敢相信。

B 她马上放下东西，往楼上办公室跑。

C 这件事不难，就不用你帮助我了。

D 如果你不告诉她，她真不知道数字不正确。

E 下一个人是小美。

刚走到楼下，小美忽然想起自己的电脑还没关。 答案【 】

（3）A 这件事没有你想的那样重要，不用放在心上。

B 应该学会自己做学习计划，不能等着老师帮你。

C 差不多等了两个多月才买到，真是不容易啊。

D 骑车是一种很好的运动，对身体健康特别有好处。

E 这里的服务已经影响到游客了，他们不会再来了。

从今天起，你已经是高中生了。 答案【 】

（4）A 有空儿的时候，一定要经常回来啊。

B 开车不如打车方便，我们打车去吧。

C 你如果觉得还不舒服，就请假吧。

D 学校刚刚通知下周放假，你知道吗？

E 你的行为已经影响到其他游客了，请离开这里。

放心吧，我还会再回来看你们的。 答案【 】

（5）A 房间里的东西太乱了，到处都是书和本子。

B 她一回到办公室就开始工作，到现在还没吃饭。

C 不用你们来帮忙，我自己一个人可以。

D 下周她要请客吃饭，饭店就在马路对面。

E 她跟朋友们商量好了，明天晚上看电影去。

小美找了很长时间，一直找不到自己的护照放到哪里了。 答案【 】

6. 阅读：选出正确答案。

（1）经过一个学期的努力，大卫的中文水平已经有了很大的提高，说得越来越流利了，汉字也比以前写得准确多了。他还想要学习中国音乐。老师认为，虽然这对他学习中文帮助不大，但是通过跟音乐学院的中国学生交朋友，大卫能认识更多中国人，还能更懂中国人的想法。

★ 这段话告诉我们什么？

A 大卫的中文水平提高跟音乐有关　　B 老师让大卫学习中国音乐

C 大卫的汉字写得不够准确　　D 认识中国学生对大卫有帮助 答案【　】

（2）昨天晚上八九点的时候，我忽然收到一条短信："您的外卖已经到门口了，请出来拿吧。"我感到很奇怪，因为我一直是自己做饭，没点过外卖。一定是谁弄错了吧？

★ 关于这个人，可以知道什么？

A 他的手机收到了短信　　B 他喜欢点外卖

C 他叫了外卖的面条儿　　D 他的手机弄错了　　答案【　】

（3）小美的妈妈前段时间住院了。小美每天下班后要先回家做饭，再去医院照顾妈妈。因为妈妈行动不方便，她还要帮妈妈洗澡、换衣服。听医生说，妈妈还要住两个星期的院，小美觉得要请人来帮忙了，她自己一个人真的太累了。

★ 这段话告诉我们什么？

A 小美的妈妈能照顾自己　　B 小美不上班去照顾妈妈

C 小美的妈妈还不能出院　　D 小美请来帮忙的人太累了　　答案【　】

（4）大学刚毕业找工作时，必须先想好自己想干什么、能干什么。第一份工作特别重要，不要怕工作中的难题，要有信心面对难题，用行动解决难题。刚上班时收入水平不高，但是这不会直接影响到你的一生。只要一直努力工作，就能实现自己想要的生活。

★ 这段话可能是对谁说的？

A 刚工作的大学生　　B 想出国读书的人

C 想换工作的大学生　　D 面对难题的人　　答案【　】

7. 书写：完成句子。

（1）他　一直　觉得　晚餐　酒店　的　不好吃

____

（2）他　刚　来　上班　了　就　病　好

____

（3）他　忽然　了　的　手机　响

____

（4）他　不　清楚　打算　以后　的　还

____

（5）你已经起晚了，（ hái ）不快点儿？

（6）（ yǐjīng ）开学两个月了，他还没去过学校的图书馆。

16【二16】频率、重复副词：重新、经常、老、老是、又

【重新】chóngxīn 再一次或从头开始做某事。（It indicates doing something again or from scratch.）

◎ 常见搭配

重新写 | 重新说 | 重新做 | 重新看一遍 | 重新来一回

◎ 形式结构

S + 重新 + VP

（1）请你重新回答一下儿这个问题。

（2）这篇作文我要重新写一遍。

（3）这件衣服应该重新洗一次。

【经常】jīngcháng 常常；时常。（often）

◎ 常见搭配

经常去 | 经常来 | 经常运动 | 经常打电话 | 经常看书 | 经常上网 | 经常看错 | 经常出错 | 经常买不到

◎ 形式结构

S + 经常 + VP

（1）这个月北京经常下雨。

（2）我经常看见他在图书馆学习。

（3）这个汉字有点儿难，我经常写错。

比较

经常、常常

1. 作为副词，都可作状语，有时可互换。例如：

As adverbs, both can be used as adverbials and sometimes be used interchangeably. For example:

（1）我们经常 / 常常在一起讨论问题。

（2）他经常 / 常常和他的爸爸一起运动。

2. “经常”强调同样的事情反复发生，持续不断，有一贯性；“常常”指动作、行为发生的次数多。例如：

“经常” emphasizes that the same thing happens repeatedly and continuously, showing consistency; “常常” refers to actions or behaviors that occur frequently. For example:

（3）屋子要经常打扫。

（4）我以后会常常给你写信的。

3.“经常”还可作形容词，指“平常的、日常的”，“常常”没有这个用法。例如：

“经常”can also be used as an adjective, referring to“regular”or“daily”; whereas“常常”can not be used like this. For example:

（5）这些事情是图书馆的经常工作。

【老、老是】lǎo、lǎoshì 表示动作、行为发生的次数多、频率高。（It indicates that an action or behavior frequently occurs.）

◎ 常见搭配

老 / 老是下雨 | 老 / 老是在家 | 老 / 老是不好意思 | 老 / 老是不满 | 老 / 老是不行

◎ 形式结构

1. S + 老 / 老是 + VP

（1）这个汉字有点儿难，我老写错。

（2）这个月北京老是下雨。

（3）他老 / 老是待在家里。

2. S + 老 / 老是 + AP

（4）一到冬天，他的脸老 / 老是特别红。

（5）他对人老 / 老是那么亲切。

【又】yòu 表示一个动作重复发生或两个动作先后相继发生。（It indicates that an action repeatedly occurs or that two actions occur successively.）

◎ 形式结构

1. S + 又 + VP/AP

（1）他怎么又来了？

（2）玛丽今天又吃快餐。

（3）这种手机我上个月买的时候就不贵，现在又便宜了两百块。

（4）我的电脑又坏了。

2. S + VP/AP_1 + 了 + 又 + VP/AP_2

（5）她洗了又洗，擦（cā，to wipe）了又擦，还是觉得不干净。

（6）我看了又看，想了又想，还是不明白。

（7）小草绿了又黄，黄了又绿，一年年就这样过去了。

比较

又、再

相同点：Similarities:

“又”和“再”都是副词，在句子中放在谓语前作状语，语义上都表示动作或情况的重复。

Both “又” and “再” are adverbs that are placed before a predicate in a sentence as an adverbial. Semantically, they both indicate the repetition of an action or a situation.

不同点：Differences:

“又”用来表示已经重复的动作或情况，“再”用来表示尚未重复的动作或情况。例如：

“又” is used to indicate an action or situation that has already been repeated, while “再” is used to indicate an action or situation that has not yet been repeated. For example:

（1）我又去看电影了，今天的电影比昨天的更好看。（今天已经看电影了）

（2）昨天的电影我没看完，今天我们再去看一次吧。（今天还没有看电影）

“又”还可以表示类似的动作、性质、情况重复或并列出现，“再”没有这样的意思。例如：

“又” can also indicate the repetition or co-occurrence of similar actions, natures, or situations, whereas “再” does not have such a meaning. For example:

（3）这里的水果又大又甜。——* 这里的水果再大再甜。

“再”表示假设的动作重复，“又”不能这样用。例如：

“再” is used to express the repetition of a hypothetical action, whereas “又” cannot be used like this. For example:

（4）如果你再说，我就打你！

综合练习

1. 听力：判断对错。

（1）★“我”不用打电话。　答案【　】

（2）★ 经常运动对身体没有什么用。　答案【　】

（3）★ 老师重新回答了问题。　答案【　】

（4）★ 经常练习，中文会更好。　答案【　】

（5）★“我”身体常常不舒服。　答案【　】

（6）★ 王老师喜欢穿黑色衣服。　答案【　】

（7）★ 他们两个人是老师。 答案【 】

（8）★ 周末，“我”一般不去公园。 答案【 】

（9）★ 男的经常很晚从家出来。 答案【 】

（10）★ 这个人这两天都来了。 答案【 】

（11）★ 小王还在学校。 答案【 】

（12）★ 这个汉字他写错过一次了。 答案【 】

（13）★ 他们明天去买桌子。 答案【 】

（14）★ 时间会让我们重新认识事物。 答案【 】

（15）★ 他现在在学校工作。 答案【 】

2. 听力：选出正确答案。

A 去图书馆了　B 去办公室了　C 去商场了　D 去医院了 答案【 】

3. 阅读：选出正确图片。

A

B

他重新读了一遍这本书。 答案【 】

4. 阅读：选择合适的词语填空。

（1）A 老是　B 还　C 马上　D 重新　E 别　F 已经

他（　　）一个人看电影。 答案【 】

（2）A 刚刚　B 经常　C 后来　D 老　E 又　F 最后

他总是做错题，所以这次考试的最后他（　　）检查了一遍。 答案【 】

5. 阅读：根据句子选择上下文。

（1）A 他们不常去旅游，

B 他常给我打电话，

C 他不喜欢旅游，

D 他平时工作轻松，不怎么忙，

E 他不想去旅游，

所以经常去国外旅游。 答案【 】

（2）A 昨天下雨了，
B 今天天气很好，
C 这里夏天很热，
D 房间的灯坏了，
E 今天天气怎么样？
还老是下雨。 答案【 】

（3）A 孩子是不是生病了？
B 孩子很安静，
C 孩子去哪儿玩儿了？
D 孩子明天放假，
E 孩子今天玩儿得很开心，
他晚上老是哭。 答案【 】

（4）A 他从家里出来了，
B 他没有自由，
C 他穿上衣服，
D 他刚走，
E 离开家二十年，他很想念过去的朋友，
所以重新回到了那个经常和朋友见面的地方。 答案【 】

6. 阅读：选出正确答案。

（1）男：这道题你又做错了，重新做吧。
女：可是我不会。
男：你可以重新看一遍书。
女：好的，老师。
★ 女的接下来要做什么？
A 再做一次 B 看一遍书 C 问老师 D 不用做其他的事情 答案【 】

（2）男：我经常在下午打篮球，你呢？
女：我不经常打篮球。
★ 关于这段对话，哪项正确？
A 男的不经常打篮球 B 男的经常在晚上打篮球
C 女的不经常打篮球 D 女的经常打篮球 答案【 】

（3）玛丽说："你看，报名的地方老有那么多人排队。"
★ 关于这段话，哪项正确？

A 报名的人很多　　B 报名的地方没有人排队

C 玛丽想报名　　D 玛丽想排队　　答案【　】

（4）女：我的电视老坏，你可以来我家帮我看看吗？正好带你参观一下儿我的家，中午我们一起吃饭，我请客。

男：好啊，不过我今天没有时间，明天吧。

★ 关于这段对话，哪项正确？

A 女的的电视机老坏　　B 女的想去男的家里

C 男的家里不能做饭　　D 女的和男的今晚一起吃饭　　答案【　】

（5）王老师经常说学生应该努力学习。

★ 关于王老师的话，哪项正确？

A 老师应该努力学习　　B 老师不用学习

C 学生应该努力学习　　D 学生不用学习　　答案【　】

（6）他一遍又一遍地叫他弟弟的名字，但是没人回答。

★ 关于这段话，哪项错误？

A 他弟弟可能不在　　B 他不知道弟弟在哪儿

C 他在找他的弟弟　　D 他的弟弟在找他　　答案【　】

（7）外面又下大雪了，但是我们还是要正常上课。

★ 关于这段话，哪项正确？

A 下雪可以不上课　　B 他们没上课

C 下雪也要上课　　D 下雨可以不上课　　答案【　】

（8）中国北方的一些地方夏天很热，经常下雨；冬天比较冷，经常下雪；春秋时风很大。

★ 关于中国北方的一些地方，哪项正确？

A 天气热时经常下雨　　B 天气热时不经常下雨

C 天气冷时经常下雨　　D 天气冷时不经常下雪　　答案【　】

（9）在我家旁边，有一家我很喜欢的饭店，上次经过那儿的时候，发现他们家重新换了菜单。

★ 根据这段话，饭店换菜单了吗？

A 已经换了　B 还没换　C 正准备换　D 换了一部分　　答案【　】

7. 书写：完成句子。

（1）重新　你　应该　写

____

（2）你　读　重新　一遍　再

____

（3）这儿　的　地方　经常　是　我　来

____

（4）房间要经（cháng　）打扫。

17【二17】关联副词：就[1]

【就[1]】 jiù 表示承接上文，得出结论。（It means to continue the meaning of the previous and draw conclusions.）

◎ **常见搭配**

如果……，……就……|……的话，……就……|一……就……

◎ **形式结构**

1.（如果 / 只要 / 要是）……，……就[1]……

（1）如果明天天气好，我就去爬山。

（2）只要你认真学习，就一定能取得好成绩。

（3）要是她还不来，我们就先吃饭吧。

2. ……的话，……就[1]……

（4）你有时间的话，我们就一起出去走走吧。

（5）如果明天天气不好的话，我们就不去公园了。

（6）要是还不好的话，你就马上去医院。

3. 一……就[1]……

（7）大卫一下飞机就给父母打了电话。

（8）他一起床就去洗脸。

（9）我一喝酒就脸红。

◎ **相关说明**

1. "如果……，……就……""……的话，……就……"都是表示假设关系的复句。

"如果……, ……就……" and "……的话 , ……就……" are both complex sentences that indicate a hypothetical relationship.

2. "一……就……"与"只要……，……就……"表示的意思相近，都是表示条件关系的复句。例如：

"一……就……" and "只要……，……就……" indicate similar meanings and are both complex sentences indicating a conditional relationship. For example:

（1）我一喝酒就脸红。

（2）只要你告诉我，我就一定来。

3. "就[1]" 是副词，在复句中，只能放在主语之后。例如：

"就[1]" is an adverb. In complex sentences, it can only be placed after the subject. For example:

（3）如果你不来，我就去找你。——* 如果你不来，就我去找你。

综合练习

1. 听力：判断对错。

（1）

答案【 】

（2）

答案【 】

（3）★ 他只要看到饺子，就会想起小时候过年的事情。 答案【 】

（4）★ 今天他没来。 答案【 】

（5）★ 今天学校放假。 答案【 】

2. 阅读：选出正确图片。

（1）

A 

B

两个人一见面就高兴得不行。　答案【　】

（2）

A 

B 

天一亮，她就起床了。　答案【　】

3. 阅读：选择合适的词语填空。

A 才　B 都　C 就　D 仅仅　E 重新　F 老

孩子在睡觉的话，你（　　）别说话了。　答案【　】

4. 阅读：根据句子选择上下文。

（1）A 今天放学晚，

B 今天放假，

C 今天去学校，

D 今天下雨，

E 今天有考试，

我就知道他一定会来参加的。　答案【　】

（2）A 如果你饿了，

B 如果你有事，

C 如果你没有时间，

D 如果明天下雨，

E 如果你不饿，

我们就出去吃饭吧。　答案【　】

5. 阅读：选出正确答案。

（1）男：如果你有事，我们就以后再说吧。

女：好的，我现在还真是有一些工作。

★ 关于这段对话，哪项正确？

A 男的现在没空儿　　B 女的现在有点儿忙

C 他们现在没事儿　　D 女的现在有空儿　　答案【　】

（2）男：你下课之后做什么？

女：如果下课以后不下雨，我就去图书馆；如果下雨，我就回家。

★ 如果下课以后下雨，女的要做什么？

A 去学校　　B 去图书馆　　C 去教室　　D 回家　　答案【　】

（3）要是明天下雨，我们就不去了。

★ 关于这段话，哪项正确？

A 下雨可以不去　　B 下雨也要去

C 下雨一定要去　　D 下雨没有关系　　答案【　】

（4）如果他在打电话的话，你就等一下儿。

★ 关于这段话，哪项正确？

A 如果他打电话，就等他一下儿　　B 如果他打电话，就不等他

C 如果他不打电话，就等他一下儿　　D 如果他不打电话，就不等他　答案【　】

6. 书写：完成句子。

jiù

只要再等一会儿，公交车（　　）来了。

18【二18】方式副词：故意

【故意】 gùyì 表示有意识地（做）；知道自己不应该这样做而有意这样做。（It indicates doing something intentionally, knowing that one should not do it but deliberately choosing to do so.）

◎ 常见搭配

故意出错 | 我不是故意的

◎ 形式结构

S + 故意 + VP

（1）我看你是故意迟到的。

（2）我不是故意弄坏电脑的。

（3）说话的时候，他故意提高了声音，这样大家都能听见。

◎ 相关说明

"故意 + VP" 常常用在 "是……的" 句中，若上文已提及 VP 相关信息，可用 "……是故意的" 强调动作发出者的主观意图。例如：

"故意 + VP" is often used in the sentence structure "是……的". If the related information about VP has already been mentioned before, "……是故意的" can be used to emphasize the subjective will of the doer. For example:

（1）这件事，我看你是故意（这么做）的。

（2）对不起，我真的不是故意的。

综合练习

1. 听力：判断对错。

（1）

答案【　】

（2）

答案【　】

（3）★ 她就是故意的。　答案【　】

（4）★ 玛丽没看见大卫来。　答案【　】

2. 听力：选出正确答案。

A 女的故意来晚的　　　　B 女的昨天有急事

C 女的今天起晚了　　　　D 女的没有急事　　　　答案【　】

3. 阅读：选出正确图片。

（1）

A 

B 

他们俩故意大声说话，让别人以为他们生气了。　　　　答案【　】

（2）

A 

B 

我不是故意弄坏电脑的。　　　　答案【　】

4. 阅读：选择合适的词语填空。

A 才　B 都　C 就　D 故意　E 重新　F 经常

说话时，（　　）停一会儿，可以让大家知道这是重要的部分。　　　　答案【　】

5. 阅读：根据句子选择上下文。

（1）A 自行车骑了一次就坏了，

B 今天有考试，

C 今天大卫有中文作业，

D 外面下雨了，

E 这道题到了重点的部分，

但是他故意不说，等着学生来回答。　　　　答案【　】

（2）A 因为今天没吃早饭，

B 因为今天吃了早饭，

C 因为昨天他和朋友见面，

D 因为今天外面天气很好，

E 因为对工作不满意，

所以他故意不来开会。 答案【　】

6. 阅读：判断对错。

哥哥说他不是故意打弟弟的。

★ 弟弟是故意打哥哥的。 答案【　】

7. 阅读：选出正确答案。

（1）在图书馆的时候，他故意发出声音影响别人看书。

★ 关于这段话，哪项正确？

A 他发出声音的时候大家都没听见

B 他故意发出声音大家都听不见

C 他发出声音的时候不会影响其他人

D 他故意发出声音影响了其他人 答案【　】

（2）女：你为什么没来考试？你是故意不参加考试的吗？

男：不是，我昨天生病了。

★ 关于这段对话，哪项正确？

A 男的故意不参加考试　　B 男的昨天没生病

C 男的不是故意不参加考试的　　D 男的今天没参加考试 答案【　】

8. 书写：完成句子。

（1）这样　为什么　做　故意　你

____

（2）你一定是故（ yì ）气我的。

19【二 19】情态副词：必须、差不多、好像、一定、也许

【必须】 bìxū 一定要，表示事理上和情理上必要。（It indicates a necessity based on reason and propriety.）

◎ 常见搭配

必须来 | 必须买 | 必须干 | 必须学习 | 必须认真 | 必须帮忙 | 必须睡觉 | 必须吃药

◎ 形式结构

1. S + 必须 + VP

（1）这个活动每个人都参加，你也必须参加。

（2）今天我必须完成作业。

（3）大家必须努力学习。

2. S + 必须 + AP

（4）饭馆必须干净。

（5）工作必须十分认真。

3. S + 必须 + C

（6）这事必须你去办。

◎ 相关说明

1. “必须”后面多为双音节词或多音节短语。例如：

“必须” is often followed by a disyllabic word or multi-syllabic phrase. For example:

（1）必须认真

（2）必须多练习

在表示说话人坚决的态度时，也可用在单音节词前。例如：

When expressing a speaker’s determined attitude, a monosyllabic word can also be used before it. For example:

（3）你必须去！

（4）我必须走。

2. “必须”的否定形式是“不必”，不是“不必须”。例如：

The negative form of “必须” is “不必”, not “不必须”. For example:

（5）你不必回答这个问题。——* 你不必须回答这个问题。

（6）你不必打车，坐公共汽车也可以。——* 你不必须打车，坐公共汽车也可以。

【差不多】 chàbuduō 几乎，表示程度、数量、时间等接近。（It means “almost” and indicates that it is similar in degree, quantity, time, etc.）

◎ 常见搭配

差不多大 | 差不多一样高 | 差不多要两千块钱 | 差不多等了三十分钟 | 差不多一百人

◎ 形式结构

1. S + 差不多 + VP

（1）火车差不多要进站了。

（2）他差不多病了三天。

2. S + 差不多 + AP

（3）他俩差不多高。

（4）头发差不多全白了。

3. S + VP + 差不多 + QP（+ N）

（5）这些药花了差不多两千块钱。

（6）我们走了差不多十五公里。

【好像】hǎoxiàng 似乎，表示主观上不十分确定。（It means "seem" and indicates subjective uncertainty.）

◎ 常见搭配

好像在想什么事 | 好像不错 | 好像挺好玩儿 | 好像他只通知了小王

◎ 形式结构

1. S + 好像 + VP

（1）今天好像要下雨。

（2）下周一好像要放假。

2. S + 好像 + AP

（3）这张床好像很舒服。

（4）这个电影好像挺有意思。

3. 好像 + C

（5）好像他们都不知道这件事。

（6）好像他爸爸妈妈都很生气。

◎ 相关说明

1. 说话人和句子的主语不一致时，"好像"用在主语前或主语后意思不变；说话人和句子的主语一致时，"好像"要用在主语后。例如：

When the speaker and the subject of the sentence are not the same, "好像" can be used before or after the subject without changing the meaning; when the speaker and the subject of the sentence are the same, "好像" should be used after the subject. For example:

（1）他好像只通知了小王。/ 好像他只通知了小王。

（2）我好像病了。——* 好像我病了。

2. "好像"可以和"一样""似的"搭配使用。例如：

"好像" can be used in conjunction with "一样" or "似的". For example:

（3）到这儿就好像到了自己家一样。

（4）她好像不太舒服似的。

3.“好像”也可说成“好像是”。例如：

“好像” can also be said as “好像是”. For example:

（5）这个人我好像（是）在哪儿见过。

【一定】yídìng 表示态度坚决或确定情况如此。（It indicates a firm attitude or the certainty of a situation.）

◎ 常见搭配

一定去 | 一定办 | 一定考得不错 | 一定会来 | 一定要努力工作 | 一定很好 | 一定不错

◎ 形式结构

1. S + 一定 + VP

（1）这件事，我一定办！

（2）你到北京后，一定要去看看王老师。

2. S + 一定 + AP

（3）今晚下雪了，明天一定特别冷。

（4）这个电影一定很有意思。

◎ 相关说明

表示态度坚决时，“一定”的后边常常要加上能愿动词“能、要、得（děi，have to）、会”等。例如：

When indicating a firm attitude, “一定” is often followed by the optative verb such as “能”, “要”, “得”, or “会”. For example:

（1）我一定能办到！

（2）他一定要去，就让他去吧。

（3）你一定得去看看他！

（4）我一定会回来的！

比较

必须、一定

相同点：Similarities:

1.“必须”和“一定”都可以表示说话人主观上要求别人做某事。例如：

Both “必须” and “一定” can be used to indicate the speaker's subjective requirement for someone else to do something. For example:

（1）明天你必须 / 一定要来。

2.“必须”和“一定”都可以表示客观要求，但是后边常常要加上能愿动词“要、得”等。例如：

Both “必须” and “一定” indicate an objective requirement, but they are often followed by an optative verb such as “要” or “得”. For example:

（2）这份文件很重要，必须 / 一定要在明天中午前送到。

不同点：Differences:

1. 表示“保证”时，只能用“一定”，不能用“必须”。例如：

When indicating “making a promise”, only “一定” can be used, not “必须”. For example:

（3）我到北京后，一定给你写信。——* 我到北京后，必须给你写信。

2. 表示“决心”时，只能用“一定”，不能用“必须”。例如：

When indicating “making up one’s mind”, only “一定” can be used, not “必须”. For example:

（4）这件事他不找别人帮忙，一定要靠自己。——

* 这件事他不找别人帮忙，必须要靠自己。

3. 表示“估计”时，只能用“一定”，不能用“必须”。例如：

When indicating “estimation”, only “一定” can be used, not “必须”. For example:

（5）他一定听见我们的话了。——* 他必须听见我们的话了。

【也许】 yěxǔ 表示猜测或不很肯定。（It indicates a guess or uncertainty.）

◎ **常见搭配**

也许是她 | 也许会去中国学习中文 | 也许对吧 | 也许病已经好了

◎ **形式结构**

1. S + 也许 + VP

（1）星期一也许放假，也许不放假。

（2）我今年也许会去学习计算机。

2. S + 也许 + AP

（3）八月份也许更热。

（4）那个电影也许挺有意思。

3. 也许 + C

（5）也许妈妈已经出门了。

（6）也许你还没听明白。

（7）也许天已经亮了。

综合练习

1. 听力：判断对错。

★ 爷爷的头发全没了。 答案【 】

2. 听力：选出正确答案。

（1）A 会　B 不会　C 不一定　D 不知道　答案【 】

（2）A 一般　B 不好　C 非常好　D 不知道　答案【 】

（3）A 会去　B 不会去　C 不一定去　D 一定不去　答案【 】

（4）A 可以　B 不行　C 不一定　D 不知道　答案【 】

（5）A 大卫来了　B 大卫没开车
C 大卫打电话了　D 大卫没来　答案【 】

（6）A 一点儿也不高级　B 不用很多钱
C 吃西餐时用　D 太贵了　答案【 】

（7）A 门上没有字　B 教室很干净
C 进教室必须安静　D 学生不喜欢　答案【 】

（8）A 不到两个小时　B 正好两个小时
C 十分钟　D 三个小时　答案【 】

（9）A 生病了　B 喜欢小明　C 脸非常疼　D 脚非常疼　答案【 】

（10）A 大卫家　B 老师家　C 父母家　D 小美家　答案【 】

（11）①A 她不喜欢中国　B 她在中国工作
C 她在学中文　D 她没有男朋友　答案【 】
②A 玛丽学习中文　B 玛丽是留学生
C 玛丽不喜欢交朋友　D 玛丽可能有男朋友　答案【 】

3. 阅读：选出正确图片。

A 

B 

今天我必须完成作业。 答案【 】

4. 阅读：选择合适的词语填空。

（1）A 一般　B 一边　C 差不多　D 大多数　E 好久　F 一点儿

李老师（　　）六十岁了。　答案【　】

（2）A 必须　B 好像　C 越来越　D 大部分　E 不少　F 快要

他低着头不说话，（　　）在想什么事情。　答案【　】

（3）A 不必　B 必须　C 越来越　D 大部分　E 不一定　F 快要

女：请您谈谈对青少年教育这个问题的看法。

男：这个问题，（　　）同时听听老师和家长的看法。　答案【　】

（4）A 好像　B 必须　C 差不多　D 大多数　E 非常　F 一点儿

女：小明去处理这件事，行吗？

男：不行，这事（　　）你去。　答案【　】

5. 阅读：根据句子选择上下文。

（1）A 我没听清楚，你再说一遍。

B 今天的票没花钱？

C 我等他的电话已经等了一天了。

D 小明考完试很开心。

E 我马上就到。

也许他很忙吧。　答案【　】

（2）A 我没听清楚，你再说一遍。

B 今天的票没花钱？

C 明天的会议很重要吗？

D 小明考完试很开心，

E 我马上就到，

他这次考得一定不错。　答案【　】

（3）A 今天的票没花钱？

B 他没来开会一定有原因。

C 明天的考试很重要。

D 大卫明天过生日。

E 北京是一个大城市。

没错，也许他身体不舒服。　答案【　】

（4）A 朋友们，不要客气。

B 医院里面有很多医生，有西医，也有中医。

C 这家药店卖的药贵吗?

D 体育馆外为什么没有停车场?

E 再见，一路顺风。

到这儿就好像到了自己家。 答案【 】

（5）A 去北京旅游要做好准备。

B 已经晚上十一点了，

C 你喜欢交朋友吗?

D 看完这本小说后，我感觉很难受，

E 我非常爱喝牛奶。

差不多该睡觉了。 答案【 】

6. 阅读：选出正确答案。

（1）同学们，高中三年这么快就过去了，从今天起，我们再也不用写那些写不完的作业，学那些难懂的知识了。我现在忽然心里有点儿难受，我不会忘记你们的。一起学习、生活了三年的同学们，我到了大学，一定会经常联系你们的!

★ 这段话是对谁说的?

A 同事 B 同学 C 老师 D 领导 答案【 】

（2）我们必须在这一站换车去海边，因为海边是我们这次旅行的最后一站，海边也是我最想去的地方。我想跟你们在海边一起聊天儿，想在海边认识新朋友，想在海边安安静静地看月亮。

① ★根据这段话，他想在海边：

A 看电影 B 看月亮 C 打篮球 D 学英语 答案【 】

② ★从这段话，我们知道：

A 他们要在海边换车 B 他很想去海边

C 交朋友必须去海边 D 他最爱的人在海边 答案【 】

7. 书写：完成句子。

（1）学生 差不多 他们班 长城 都 去过 的

____

（2）生病 一定 以后 多 水 喝 要

____

（3）必须 带 旅行 出国 护照

____

（4）好像　这个人　我　见过

____

hǎoxiàng
（5）女朋友（　　　　）生气了。

yěxǔ
（6）今天（　　　　）会下雨。

chàbuduō
（7）你们家的电视和我们家的电视（　　　　）一样大。

bìxū
（8）我（　　　　）在晚上十点以前回到宿舍，过了十点，宿舍就关门了。

20【二20】语气副词：才[1]、都[2]、就[2]、正好

【才[1]】 cái 强调数量少、事情发生得晚或进行得不顺利。（It emphasizes a small amount, or something that happens late or proceeds unfavorably.）

◎ 常见搭配

才一个人 | 才五块钱 | 才六岁 | 才来 | 才知道 | 才发现

◎ 形式结构

1. S + QP（+ N）+ 才[1] + VP

（1）我今天八点才起床。

2. S + 才[1] + VP + QP（+ N）

（2）她才买了两本书。

3. S + 才[1] + AP

（3）过了好久，他才高兴了一点儿。

4. S + 才[1] + QP（+ N）

（4）教室里才一个学生。

◎ 相关说明

1. 强调事情发生得晚或进行得不顺利时，"才[1]"常用在表示时间或数量的词语后面、动词前面。例如：

When emphasizing that an event occurs late or proceeds unfavorably, "才[1]" is often used after a word indicating time or quantity and before a verb. For example:

（1）你怎么现在才来。

（2）我找了好几次才找到他。

2.“才[1]”在表示事情发生得晚时，可以指已经发生的事情，“才[1]”后面一般不用“了”，前面的句子中常常有“都、已经”。例如：

When “才[1]” is used to indicate that something happens late, it can refer to something that has already happened. “才[1]” is usually not followed by “了”, and the preceding sentence often has “都” or “已经”. For example:

（3）他都 40 岁了，才结婚。

（4）你早已经知道这件事了，怎么现在才告诉我？

也可以指还没有发生的事情，后面的句子中常常用“就”。例如：

It can also refer to something that hasn’t happened and “就” is often used in the following sentence. For example:

（5）火车 11 点才开，你怎么 8 点就来了？

【都[2]】dōu 已经。(already)

◎ 常见搭配

都睡着了 | 孩子都这么大了 | 都凉了

◎ 形式结构

1. 都[2] + QP/NP + 了

（1）都十二点了，我们该睡觉了。

（2）都周末了，别工作了。

2. S + 都[2] + AP + 了

（3）饭都凉了，快吃吧。

（4）我都累坏了，跑不动了。

3. S + 都[2] + VP + 了

（5）玛丽结婚很早，现在孩子都上大学了。

（6）这本书我还没看完，小明都读了两遍了。

◎ 相关说明

“都[2]”表示“已经”时，句尾要加“了”。例如：

When “都[2]” indicates “already”, the sentence should end with “了”. For example:

（1）都十二点了，我们该睡觉了。——* 都十二点，我们该睡觉了。

（2）妈妈都八十了，身体还是很健康。——* 妈妈都八十，身体还是很健康。

【就[2]】jiù ①表示事情发生得早或结束得早（It indicates that something happens or ends early.）；②强调某一数目大或小（It emphasizes that a number is large or small.）。

◎ 常见搭配

早就来了 | 七点半就到了 | 早上雨就停了 | 就两个人没来

◎ 形式结构

1. S + QP（+ N）+ 就[2] + VP

（1）班长七点半就到教室了。

（2）他一遍就听懂了这个很长的句子。

2. S + 就[2] + VP + QP（+ N）

（3）这周他就去过一次图书馆。

3. S + 就[2] + AP

（4）在东北，夏天早上四五点钟天就亮了。

（5）还没走多远，她就累了。

4. S + 就[2] + QP（+ N）

（6）教室里就一个学生。

◎ 相关说明

1. 用“就[2]”表示事情发生得早或结束得早时，“就[2]”的前边一定要有表示时间或数量的短语。例如：

When using “就[2]” to indicate that something happens or ends early, “就[2]” must be preceded by a phrase indicating time or quantity. For example:

（1）班长七点半就到教室了。

（2）他一遍就听懂了这个很长的句子。

2. “就[2]”的后边有数量名短语作宾语时，重读“就[2]”，表示强调后边的这个数量小；重读数量名短语，表示强调这个数量大。动词可以省略。例如：

When “就[2]” is followed by a numeral-classifier-noun phrase serving as the object, “就[2]” is stressed, indicating that the quantity followed is small, and the verb can be omitted when the numeral-classifier-noun phrase is stressed and indicates that the quantity is big. For example:

（3）我就（有）一本书。

【正好】zhènghǎo 恰好、刚好，表示某种巧合（多指时间、情况、机会条件等）。（It means “just” or “right” and indicates a coincidence in time, circumstances, opportunities, conditions, etc.）

◎ 常见搭配

正好合适 | 正好是星期天 | 正好掉进水里 | 正好六点整 | 正好他来了

◎ 形式结构

1. S + 正好 + VP

（1）今年我的生日正好是星期天。

2. S + 正好 + AP

（2）这两个人的爱好正好相同。

3. S + 正好 + QP（+ N）

（3）不多不少，钱包里正好五十块钱。

（4）他今年正好二十岁。

4. 正好 + C

（5）我正要去找你，正好你来了。

（6）我要找一个会外语又会开车的人，正好他合适。

（7）正好今天中秋节，我们一起去看看王老师吧。

◎ 相关说明

"正好"可以用在主语前，作句首状语；也可以用在主语后，作句中状语。例如：

"正好" can be used before the subject as a sentence-initial adverbial, or after the subject as a sentence-medial adverbial. For example:

（1）我刚要走，正好小美给我打来了电话。

（2）我刚要走，小美正好给我打来了电话。

综合练习

1. 听力：判断对错。

（1）★ 饭很热。　　答案【　】

（2）★ 玛丽早上 6 点就准备好了。　　答案【　】

（3）★ 小美认识很多汉字。　　答案【　】

2. 听力：选出正确答案。

（1）A 不困　　B 想玩儿手机

C 饿了　　D 不想十二点睡　　答案【　】

（2）A 今天晚上　　B 明天

C 今天下午　　D 后天　　答案【　】

（3）A 大卫需要中文词典　　B 大卫有一本中文词典

C 大卫有三本中文词典　　D 大卫准备向男的借词典　　答案【　】

（4）A 昨天去医院了　　B 今天没来上课
C 生病了　　D 昨天睡得很晚　　答案【　】

（5）A 喜欢学习　　B 晚上十点上学
C 很辛苦　　D 回家不写作业　　答案【　】

（6）A 和小美喜欢的运动相同　　B 喜欢打篮球
C 不喜欢打排球　　D 经常和大卫一起打排球　　答案【　】

（7）A 和三个人一起吃米饭　　B 可以吃两碗米饭
C 不喜欢吃米饭　　D 不怎么能吃　　答案【　】

（8）A 看电影　　B 比谁来得晚
C 一起等人　　D 一起打电话　　答案【　】

3. 阅读：选出正确图片。

A

B

大卫才用一天就学会游泳了。　　答案【　】

4. 阅读：选择合适的词语填空。

A 都　B 才　C 好像　D 流行　E 清楚　F 辛苦

他（　　）比我早到一天，就已经办好这些事了？　　答案【　】

5. 阅读：根据句子选择上下文。

（1）A 我没听清楚，你再说一遍。
B 今天的票没花钱。
C 我等他的电话已经等了一天了。
D 小明考完试很开心。
E 才找到他。
我找了好几次，　　答案【　】

（2）A 我没听清楚，你再说一遍。
B 今天的票没花钱。
C 我等他的电话已经等了一天了。

D 正好小美来找我。

E 我找了他好几次。

我刚要出门，　　　　答案【　】

（3）A 我没听清楚，你再说一遍。

B 今天的票没花钱。

C 我等他的电话已经等了一天了。

D 都十二点了，

E 我找了他好几次。

你该睡觉了。　　　　答案【　】

（4）A 今天的票没花钱？

B 就成了好朋友。

C 明天的考试很重要。

D 大卫明天过生日。

E 北京是一个大城市。

他们才认识了一天，　　　　答案【　】

6. 阅读：判断对错。

（1）这件衣服我穿正好合适，而且还便宜，我准备买下它。

★ 她不想买这件衣服。　　　　答案【　】

（2）小明平时晚上七点才下班，今天他身体不舒服，五点就走了。

★ 今天晚上五点的时候，小明身体不舒服。　　　　答案【　】

7. 阅读：选出正确答案。

（1）小美对小明说："我们两个人才吃一碗米饭，玛丽一个人就能吃两碗米饭。"小明说："这算什么，大卫一吃就吃四碗米饭，还要外加两个鸡蛋。"

★ 根据这段话，玛丽：

A 能吃四碗米饭　　B 吃饭喜欢加鸡蛋

C 和小美两个人吃一碗米饭　　D 一个人能吃两碗米饭　　答案【　】

（2）玛丽对小明说："晚会八点才开始呢，你怎么现在就来了？"小明说："我想早点儿来，找一个好座位，因为这次晚会小美会上去唱歌，我最喜欢听她唱歌了。"

★ 根据这段话，晚会：

A 八点开始　　B 现在开始

C 没有唱歌节目　　D 没有座位　　答案【　】

8. 书写：完成句子。

（1）写完　了　就　一个　我　作业　小时

____

（2）他　才　明天　能　到　学校

____

（3）他们三个学校一共才一万五千人，我们一个（jiù　　）两万人。

（4）他（cái　　）二十岁，很年轻。

（5）我刚要出门，（zhènghǎo　　）小明打来了电话。

（七）介词

·引出时间

21【二21】当

【当】dāng 正在某时，用来引出事件发生的时间。（It means "at a certain time" and is used to introduce the time at which something happened.）。

◎ 常见搭配

当……时 / 的时候 | 当他走的那一天

◎ 形式结构

当 + C + 时 / 的时候，……

（1）当天亮时，他的奶奶离开了。

（2）当他进来的时候，我们正在看电视。

（3）当爸爸回来的时候，妈妈已经做好晚饭了。

◎ 相关说明

如果强调某件事正在发生的那一刻，"当"前面可以加上副词"正"。例如：

If emphasizing that something is happening at a specific moment, "当" can be preceded by the adverb "正". For example:

（1）正当我在房间看电视的时候，外面有人叫我的名字。

（2）正当他想着这件事的时候，从外边走进来一个人。

如果不是特意强调某件事正在发生的时刻，“当”可以省略。例如：

If not specifically emphasizing the moment when something is happening, “当” can be omitted. For example:

（3）（当）我到家的时候，他已经睡着了。

综合练习

1. 听力：判断对错。

（1）

答案【　】

（2）★ 小明现在回来工作了。　答案【　】

（3）★ 别人都很年轻。　答案【　】

（4）★ 女的看见大卫了。　答案【　】

2. 听力：选出正确答案。

A 认识　B 不认识　C 不知道　D 忘记了　答案【　】

3. 阅读：选出正确图片。

A 

B

当我回家时，他们正在看电视。　答案【　】

4. 阅读：选择合适的词语填空。

A 当　B 有　C 正　D 先　E 就　F 并

（　）我发现他忘了我的生日时，我非常生气。　答案【　】

5. 阅读：根据句子选择上下文。

A 当我在中国上学时，

B 我什么都不怕，

C 我愿意一直努力，

D 我可以跳很高，

E 我太渴了，

我的朋友们对我很热情。 答案【 】

6. 阅读：判断对错。

当我生病时，室友给我买药；当我想家时，室友和我说话；当我难过的时候，室友带我去吃好吃的东西。

★ 他的室友是一个好人。 答案【 】

7. 阅读：选出正确答案。

（1）我小时候不太喜欢运动，长大后才慢慢开始喜欢，最近几年我一直坚持运动。这次跑步比赛，当我听到自己得了第二名时，我非常高兴。

★ 关于这段话，哪项正确？

A 他不喜欢运动　　B 他不喜欢跑步

C 他小时候经常运动　　D 他跑步很快　　答案【 】

（2）当看到天上的月亮时，中国人常常会想起远方的亲人。从古时候到现在，一直都是这样。

★ 关于这段话，哪项正确？

A 现在的中国人不喜欢看月亮　　B 月亮让中国人想起亲人

C 古时候的中国人不喜欢月亮　　D 现在的中国人很想亲人　　答案【 】

（3）当我学习学累了的时候，我会听听音乐，休息一下儿；当我取得好成绩时，我会告诉自己，要不停地努力。

★ 根据这段话，取得好成绩时他会：

A 听音乐　　B 多休息

C 很高兴　　D 继续努力　　答案【 】

8. 书写：完成句子。

（1）变绿　小草　当　春天　到来　会　时

____

（2）（Dāng　）太阳出来时，我就该起床了。

·引出方向、路径

22【二22】往

【往】wǎng ①引出动作的方向（It introduces the direction of an action.）；②引出动作的目的地（It introduces the destination of an action.）。

◎ 常见搭配

往左 | 往右 | 往前走 | 往南飞 | 开往北京 | 飞往上海

◎ 形式结构

1. S + 往 + $N_{方位}$/L + VP

（1）你往左走，就能看见洗手间。

（2）你往前走一百米就到了。

2. S + V + 往 + $N_{方位}$/L

（3）鸟儿们正飞往南方。

（4）飞机马上就要飞往上海了。

3. V + 往 + $N_{方位}$/L + 的 + NP + P

（5）去往上海的朋友们请走这边。

◎ 相关说明

在“V + 往 + $N_{方位}$/L”中，“$N_{方位}$/L”为表示方向、处所的名词或名词性短语，“往”前面的动词常用“去、开、通、飞、送、迁（qiān，to move）、寄（jì，to mail）、运（yùn，to transport）、派（pài，to dispatch）、逃（táo，to run away）”等。

In the structure “V + 往 + $N_{方位}$/L”, “$N_{方位}$/L” is a noun or nominal phrase indicating direction or place. The verb preceding “往” commonly includes “去”, “开”, “通”, “飞”, “送”, “迁”, “寄”, “运”, “派”, “逃”, and so on.

综合练习

1. 听力：判断对错。

（1）

答案【　　】

（2）

答案【　　】

（3）★“我”要去公园。　答案【　　】

（4）★ 飞机现在要去西南方向。　答案【　　】

（5）★ 她家门口有一条河。　答案【　　】

2. 听力：选出正确答案。

A 学校　B 医院　C 篮球场　D 图书馆　答案【　　】

3. 阅读：选出正确图片。

A 

B 

我们手拉手，一起往前跑。　答案【　　】

4. 阅读：选择合适的词语填空。

A 跟　B 在　C 往　D 起　E 去　F 来

事情过去了就不要再想了，我们要（　　）前看。　　答案【　】

5. 阅读：根据句子选择上下文。

（1）A 你先往前走，我在前边等你。

B 我和小美没在一起，小美往左走，去超市了。

C 今天下课后，我和小美一起回来。

D 到了路口，你再往右走就错了。

E 小美去不去图书馆？

我往右走，来图书馆了。　　答案【　】

（2）A 我没听清楚，

B 请放好您的东西，

C 明天的天气好吗？

D 你在吃什么？

E 你昨天休息吗？

开往北京的火车马上就要出发了。　　答案【　】

6. 阅读：判断对错。

这种鸟每年秋天往南飞，到第二年春天再飞回来。

★ 这种鸟春天往北飞。　　答案【　】

7. 阅读：选出正确答案。

各位游客请往前走，自由参观，半小时后我们在出口见。

★ 关于这段话，哪项正确？

A 游客不能在这里参观　　B 旅游结束了

C 游客要一起照相　　D 游客要在出口见面　　答案【　】

8. 书写：完成句子。

（1）就　前　看见　走　了　往　能　洗手间

____

（2）飞机正（wǎng　）北飞。

23【二 23】向[1]

【向[1]】xiàng 引出动作的方向、路径。（It introduces the direction or path of an action.）。

◎ 常见搭配

向前看 | 流向大海 | 向着南方飞去

◎ 形式结构

1. S + 向[1] + $N_{方位}$/L + VP

（1）你向西边看，看见西山了吗？

（2）麦克向图书馆走去了。

2. S + V + 向[1] + $N_{方位}$/L

（3）小鸟儿飞向南方了。

（4）这条小河流向东边。

3. V + 向[1] + $N_{方位}$/L + 的 + NP + P

（5）通向花园的这条小路很方便。

◎ 相关说明

在“V + 向[1] + $N_{方位}$/L”中，“$N_{方位}$/L”为表示方向、处所的名词或名词性短语，“向”前面的动词常用“走、飞、奔（bēn，to run quickly）、冲（chōng，to rush）、流、飘（piāo，to drift）、滚（gǔn，to roll）、转（zhuǎn，to turn）、倒、驶（shǐ，to drive）、通、指（zhǐ，to point at）、射（shè，to shoot）、刺（cì，to stab）、投（tóu，to throw）、引（yǐn，to attract）、推、偏（piān，to move to one side）”等。例如：

In the structure “V + 向 + $N_{方位}$/L”, “$N_{方位}$/L” is a noun or nominal phrase indicating direction or place. The verb preceding “向” commonly includes “走”, “飞”, “奔”, “冲”, “流”, “飘”, “滚”, “转”, “倒”, “驶”, “通”, “指”, “射”, “刺”, “投”, “引”, “推”, “偏”, and so on. For example:

（1）燕子飞向南方。

（2）黄河流向大海。

综合练习

1. 听力：判断对错。

（1）

答案【 】

（2）

答案【 】

（3）★ 黄河向东流。 答案【 】

（4）★ 女的没看见小美。 答案【 】

2. 听力：选出正确答案。

A 她的妹妹 B 她的妈妈 C 她的姐姐 D 她的爸爸 答案【 】

3. 阅读：选出正确图片。

（1）

A 

B 

他开车向医院的方向去了。 答案【 】

（2）

A 　　　　B

他向着远方大声喊。　答案【　】

4. 阅读：选择合适的词语填空。

A 向　B 叫　C 对　D 被　E 让　F 比

他飞快地（　　）我跑了过来。　答案【　】

5. 阅读：根据句子选择上下文。

（1）A 这件衣服很漂亮。

B 这儿很冷。

C 你的课多吗？

D 不要一直看着电脑。

E 你等我一下儿。

你得多向远处看看，　答案【　】

（2）A 我在水里时，

B 是我爸爸。

C 水里有很多鱼，

D 我可以跳很高。

E 我太渴了。

感觉身体一直在向下掉。　答案【　】

6. 阅读：判断对错。

这条路通向北京。

★ 走这条路可以到北京。　答案【　】

7. 阅读：选出正确答案。

（1）你看，他正在飞快地向前跑。

★ 关于这段话，哪项正确？

A 他喜欢跑步　B 他在学校

C 他正在跑　D 他想出门　答案【　】

（2）火车向东北开去，今天晚上就能到沈阳，最后一站是哈尔滨，明天早上到。

★ 关于这段话，哪项正确？

A 火车开往东北　　B 火车后天到哈尔滨

C 火车到沈阳了　　D 火车明天早上到沈阳　　答案【　】

8. 书写：完成句子。

（1）大家　前　向　走　请

____

（2）这条路通（ xiàng ）我家。

24【二24】从²

【从²】cóng 引出动作的方向、经过的路径。(It introduces the direction or path of an action.)

◎ 常见搭配

从南到北 | 从前往后 | 从这儿走 | 从门口经过 | 从这个方面看 | 从另一方面来说

◎ 形式结构

1. S + 从² + $N_{方位}$/L + VP

（1）你从这儿走，五分钟就到书店了。

（2）这路公交车从我们学校门口经过。

（3）汽车从桥上过，船从桥下过。

（4）她正在从窗户向外看。

2. 从² + $N_{方位}$/L + VP + 的 + NP + P

（5）从北京开来的火车到了。

◎ 相关说明

"从² + $N_{方位}$/L + VP" 中的 "$N_{方位}$/L" 为表示方向、处所的名词或名词性短语，也可以是抽象名词。例如：

In "从² + $N_{方位}$/L + VP", "$N_{方位}$/L" is a noun or nominal phrase indicating direction or place, and it can also be an abstract noun. For example:

（1）从服务方面看，绿湖宾馆还是不错的。

（2）从另一方面来说，人人都希望自己变得更好。

综合练习

1. 听力：判断对错。

（1）

答案【　】

（2）

答案【　】

（3）★ 窗外的校园很美丽。 答案【　】

（4）★ 他的头上有一只小鸟。 答案【　】

（5）★ 洗手间在后门旁边。 答案【　】

2. 听力：选出正确答案。

（1）A 在家休息　　B 去上课
　　C 去西门　　D 去跑步　　答案【　】

（2）A 上二楼　　B 在门口排队
　　C 用手机买票　　D 往南边走　　答案【　】

3. 阅读：选出正确图片。

A 

B 

同学们排着队从入口进去。　　答案【　】

4. 阅读：选择合适的词语填空。

A 给　B 向　C 对　D 从　E 跟　F 在

一条小狗（　　）我面前走过。　　答案【　】

5. 阅读：根据句子选择上下文。

（1）A 我妈妈和我一起去的北京。

B 可以看到许多人在拍照。

C 今天天气非常好。

D 他看了一个新电影。

E 小美正在吃西瓜。

从天安门广场经过，　　答案【　】

（2）A 感动得大哭。

B 样子很可爱。

C 没有房间了。

D 一边唱歌一边跳舞。

E 我家在北京。

有只猫从院子里走了出来，　　答案【　】

6. 阅读：判断对错。

从飞机上往下看，可以看到城市所有的风景。东边有一个大湖，南边有很多高楼，西边有几座大山。我们学校就在西边，那儿有几所有名的大学。

★ 他们学校里有山。　　答案【　】

7. 书写：完成句子。

（1）过　云层　从　中　飞机　飞

____

cóng
（2）请大家（　　）前门进来。

·引出对象

25【二25】对

【对】 duì 引出动作、行为的对象。（It introduces the object of an action or behavior.）

◎ 常见搭配

对我笑 | 对他说 | 对身体好 | 对老师说“您好” | 对客人说“欢迎”

◎ 形式结构

1. S + 对 + NP + VP

（1）他对窗外招了招手。

（2）这件事你对他说了吗？

（3）他对我笑了笑。

2. S + 对 + NP + AP

（4）大家都对他很关心。

（5）多吃水果对身体好。

（6）她对顾客非常热情。

（7）他们对这个作业很认真。

（8）同学们对我很热情。

◎ 相关说明

1. 能愿动词、副词可以用在“对”字介词结构的前面或后面。例如：

Optative verbs and adverbs can be used before or after the prepositional structure with “对”. For example:

（1）我们会对这件事做出安排的。/ 我们对这件事会做出安排的。

（2）大家都对他很关心。/ 大家对他都很关心。

2. “对”字介词结构用在主语前时，语气上需要有停顿。例如：

The prepositional structure with “对” can be used before the subject, and a pause is needed in tone. For example:

（3）对这件事，我们会做出安排的。/ 我们会对这件事做出安排的。

综合练习

1. 听力：判断对错。

（1）

答案【　】

（2）

答案【　】

（3）★ 应该多吃水果。　答案【　】

（4）★ 小美来到了新学校。　答案【　】

（5）★ 女的想要出国。　答案【　】

2. 听力：选出正确答案。

（1）A 看电影　B 上学　C 上网　D 讨论　答案【　】

（2）A 打零分　B 打电话　C 说出想法　D 不做什么　答案【　】

3. 阅读：选择合适的词语填空。

A 给　B 向　C 对　D 从　E 跟　F 在

请说一说你（　　）这件事的看法。　答案【　】

4. 阅读：根据句子选择上下文。

（1）A 我小学时学过。

B 快来一起拍照。

C 今天是我的生日。

D 你想去商场吗？

E 长大以后，就再没见过她了。

我对这首歌很熟悉， 答案【 】

（2）A 她把笔记借给了小明，

B 她个子高高的。

C 小明工作很辛苦。

D 她把小明的车弄坏了，

E 她家在北京。

小明对她表示感谢。 答案【 】

5. 阅读：判断对错。

上次考试我没考好，很难过。老师对我说："一次没考好没关系，不要难过了，以后一直努力，会越来越好的。"老师的话对我有很大的帮助，后来我努力学习，这次考试得了第一名。

★ 他这次考试没考好。 答案【 】

6. 书写：完成句子。

（1）很　小动物　对　关心　小明

____

duì

（2）我（　　）这件事情没有意见。

26【二26】给

【给】gěi 引出动作的对象，包括事物的接收者、动作行为的受益者等。（It is used to introduce the object of an action, including the receiver of something and the beneficiary of an action or behavior.）

◎ 常见搭配

送给他 | 说给老师听 | 给同学加油

◎ 形式结构

1. S + 给 + N/Pron + VP

（1）我晚上要给女朋友打电话。

（2）我们给她送什么礼物呢？

2. S + V + 给 + N/Pron（+ O）

（3）那本书借给麦克了。

（4）我的作业交给老师了。

（5）我送给他一件生日礼物。

3. S + V_1 + 给 + N/Pron + V_2

（6）看到什么了？你快点儿说给我听。

（7）你不想说就写给我看吧。

（8）想吃什么，我做给你吃。

◎ 相关说明

“给 + 我 + VP”一般表示“为我 / 替我……”。例如：

“给 + 我 + VP” usually means “for me”, or “on my behalf.” For example:

（1）回来的时候别忘了给我买牛奶。

（2）你给我问问他去哪儿了。

“给 + 我 + VP”还可以用于加强命令语气，表示说话人意志坚决。例如：

“给 + 我 + VP” can also be used to strengthen the commanding tone, indicating the speaker's firm determination. For example:

（3）八点以前，一定要给我回来！

（4）你给我小心点儿。

（5）你给我走开！

综合练习

1. 听力：判断对错。

（1）

答案【 】

（2）

答案【　】

（3）★ 他收到了一个新手机。　答案【　】

（4）★ 女的送给男的一件礼物。　答案【　】

2. 听力：选出正确答案。

（1）A 坐出租车　B 坐公共汽车　C 坐男的的车　D 开车　答案【　】

（2）A 好好工作　B 给他带好吃的东西　C 好好学习　D 早点儿回去　答案【　】

3. 阅读：选出正确图片。

A 

B 

给我看看你的足球。　答案【　】

4. 阅读：选择合适的词语填空。

A 在　B 给　C 对　D 被　E 让　F 比

班长（　　）老师写了一份同学名单。　答案【　】

5. 阅读：根据句子选择上下文。

A 我已经半年没见你了。

B 我在网上上课。

C 你要去见张老师吗？

D 你想去中国吗？

E 你能教我写汉字吗？

请帮我把这本书带给他。 答案【 】

6. 阅读：判断对错。

这本书很好看，是姐姐借给我的。

★ 书是姐姐的。 答案【 】

7. 阅读：选出正确答案。

（1）我有时候想找人说说话，就一遍遍看手机，却不知道可以给谁发短信或打电话。最后还是放下了手机，告诉自己，明天就好了。

★ 关于这段话，哪项正确？

A 他喜欢给人发短信　　B 他喜欢给人打电话

C 他想找人说话　　D 他明天就好了 答案【 】

（2）笑是一个很普通的动作，但它能给人带来好心情，让人感到生活的美好。

★ 根据这段话，"笑"可以：

A 让人变美　　B 给人好心情

C 让人不普通　　D 改变生活 答案【 】

8. 书写：完成句子。

（1）快乐　人　给　带来　学习　能

____

（2）这本书可以借（gěi）我看看吗？

27【二27】离

【离】 lí 引出时间、空间或比较的标准。（It introduces the standards for time, space or comparison.）

◎ **常见搭配**

离开学还有一星期 | 离开车时间还有二十分钟 | 离车站很远 | 离我家有两百米

◎ **形式结构**

（S＋）离＋……＋AP/VP/QP

（1）这儿离车站有点儿远。

（2）这里离学校不远了。

（3）现在离放假有一个星期的时间。
（4）现在离出发不到五分钟了。
（5）离他生日只有两天了。
（6）离过年只有不到一个月的时间了。
（7）离开学还有半个月。
（8）北京离上海1200公里。

综合练习

1. 听力：判断对错。

（1）

答案【　】

（2）

答案【　】

（3）★ 离发车时间还有15分钟。　答案【　】

（4）★ 女的在图书馆工作。　答案【　】

2. 听力：选出正确答案。

（1）A 深圳　B 香港　C 广州　D 上海　　答案【　】

（2）A 离他家很近　B 离他家很远　C 和他家在一个城市　D 他每天都去　答案【　】

3. 阅读：选出正确图片。

A 

B 

离新年只有一个星期了。　　答案【　】

4. 阅读：选择合适的词语填空。

A 和　B 离　C 跟　D 向　E 给　F 要

我的成绩（　　）自己的目标还有点儿远。　　答案【　】

5. 阅读：根据句子选择上下文。

A 我去学校找你。

B 我和同事一起吃晚饭。

C 你去哪儿吃饭？

D 你准备礼物了吗？

E 需要我帮你带晚饭吗？

离他的生日只有两天了，　　答案【　】

6. 阅读：判断对错。

我们的作业离老师的要求还差很远。

★ 他们的作业做得不好。　　答案【　】

7. 阅读：选出正确答案。

（1）这就是我们的房间啊？离我想的有点儿远。我本来以为这里的房间会很大，大家可以一起在这里做饭吃，还可以一边吃一边看窗外的景色。看样子，现在是没办法实现了。

★ 关于这段话，哪项正确？

A 他还没吃饭　　B 他想要朋友给他做饭

C 他们的房间很好　　D 他想的房间不是这样　　答案【　】

（2）春天马上就要到了，有时间就多和家人出去走一走吧。算一算，现在离你上次和家人一起出门旅游有多长时间了？离你们上次拍全家福有多久了？不要老是说忙，不要老是等下一次，说不定以后就没有机会了。

★ 根据这段话，有时间要和家人：

A 多在家里　　B 多走路　　C 多去旅游　　D 多运动　　答案【　】

8. 书写：完成句子。

（1）只有　开学　离　星期　现在　个　了　一

____

（2）这里（ lí ）家只有几步路了，马上就能吃到妈妈做的晚餐了。

·引出目的、原因

28【二 28】为[1]

【为[1]】wèi 引出目的、原因。（It introduces the purpose or reason.）。

◎ 常见搭配

为健康干杯 | 为好成绩高兴

◎ 形式结构

（S +）为 + …… + AP/VP

（1）我们都为你的好成绩高兴。

（2）家人都为他的身体感到担心。

（3）为大家的健康干杯！

综合练习

1. 听力：判断对错。

（1）

答案【　】

（2）

答案【 】

（3）★ 麦克取得了好成绩。 答案【 】

（4）★ 女的为接女儿而急着下班。 答案【 】

2. 听力：选出正确答案。

A 成绩很好 B 在照顾朋友 C 在医院工作 D 生病了 答案【 】

3. 阅读：选出正确图片。

A  B

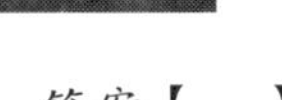

他为电影中的故事难过。 答案【 】

4. 阅读：选择合适的词语填空。

A 和 B 为 C 对 D 被 E 让 F 比

他是（ ）自己的国家而死的。 答案【 】

5. 阅读：根据句子选择上下文。

A 今天有什么高兴的事吗？

B 你在等男朋友下课吗？

C 有空儿来我家玩儿。

D 她跟好朋友吃完饭就回家了，

E 她的男朋友没回来找她，

她一直在为这件事伤心。 答案【 】

6. 阅读：判断对错。

他不只是为了他自己，同时也是为他的亲人、为他的国家在努力。

★ 他是个努力的人。 答案【 】

7. 阅读：选出正确答案。

（1）你在国外要照顾好自己，好好学习，多交朋友，不要为一些小事不开心。要是遇到难题，可以打电话跟我说。

★ 这段话可能是对谁说的？

A 老师 B 父母 C 孩子 D 顾客 答案【 】

（2）学校为方便大家，在校园里开了超市和电影院，而且比校外便宜。同学们不出校园，就可以买到想买的东西，看到想看的电影。

★ 根据这段话，在校园里可以：

A 看电影 B 看病 C 打球 D 跑步 答案【 】

8. 书写：完成句子。

（1）快乐 朋友 为 带来 我们 能

____

（2）让我们一起（ wèi ）健康干杯。

（八）连词

29【二 29】连接词或短语：或、或者

【或、或者】 huò、huòzhě 用于陈述句，表示选择、交替出现的情况或者等同关系。可以单用连接两个成分，也可以多个连用连接多项成分。（They are used in declarative sentences to indicate the choices, alternating situations, or equivalent relationships. Both can be independently used to connect two components, or consecutively used to connect several components.）

◎ 常见搭配

米饭或/或者面条儿 | 你、我或/或者他 | 来或/或者不来 | 去图书馆或/或者去书店 | 买红的或/或者蓝的 | 或者妈妈去，或者爸爸去

◎ 形式结构

1. A + 或/或者 + B

（1）星期天我想去看电影或听音乐会。

（2）我下午去打球或者去爬山。

2. 或 / 或者 + A，或 / 或者 + B

（3）或 / 或者星期一，或 / 或者星期二，你来学校找我。

（4）明天或者我去，或者你来。

综合练习

1. 听力：判断对错。

（1）★ 他哥哥明天一定会去银行换钱。　答案【　】

（2）★ 他家门口没有超市，也没有商场。　答案【　】

2. 听力：选出正确答案。

（1）A 热水　B 牛奶　C 红茶　D 凉水　答案【　】

（2）A 白色　B 黑色　C 蓝色　D 绿色　答案【　】

（3）A 坐飞机　B 坐火车　C 坐船　D 坐汽车　答案【　】

3. 阅读：选择合适的词语填空。

A 但是　B 还是　C 或者　D 然后　E 虽然　F 可是

今天（　　）明天，我要去一下儿图书馆。　答案【　】

4. 阅读：根据句子选择上下文。

（1）A 他明天坐出租车从公园出发。

B 我觉得这个地方不够安静。

C 我想去打球或者听音乐会。

D 报名时间是什么时候？

E 这个孩子从小就开始学习做饭。

这周末你打算做什么？　答案【　】

（2）A 我们要骑自行车去学校。

B 你知道长城在哪个国家吗？

C 这些水果不太贵。

D 你想吃点儿什么？

E 这些书是你的吗？

我想吃米饭、鸡蛋或者面包。　答案【　】

5. 阅读：排列顺序。

（1）A 或者我去，或者小明去

B 明天学校有一个活动

C 我们两个人必须有一个人去　　答案【　】

（2）A 下午跟朋友打电话

B 星期六我一般在家休息

C 上午看书或者看电视　　答案【　】

6. 阅读：选出正确答案。

（1）小丽学习非常好，人也很认真。我们问她以后想做什么，她说以后可能去医院当医生，或者去学校当老师。这两个工作她都很喜欢。

★ 关于小丽，哪项正确？

A 小丽不喜欢工作　　B 小丽去医院了

C 小丽现在是老师　　D 小丽可能当老师　　答案【　】

（2）今天我跟大卫在图书馆学习，他在书上看到了一个不认识的汉字，就问我那个汉字是什么意思。可是我也不知道，我们就想问问马老师。我们去了办公室以后，才发现马老师不在，所以我们给他打了个电话。在电话里，马老师说他今天休息，我们可以问王老师或者李老师，他们就在旁边的办公室。

★ 关于这个汉字的意思，哪项正确？

A 大卫知道这个汉字的意思　　B 李老师不知道这个汉字的意思

C 王老师可能知道这个汉字的意思　　D 马老师不想告诉他们这个汉字的意思

答案【　】

（3）我的生日是 3 月 16 号，在生日那一天，我和家人会去饭馆吃饭，然后到电影院看电影。我和妈妈都很喜欢吃中餐，看中国电影。今年或者明年我想去中国旅行。

★ 他想什么时候去中国旅行？

A 3 月 16 号　　B 今年　　C 明年　　D 今年或者明年　　答案【　】

7. 书写：完成句子。

（1）今天下午　图书馆　看书　明天晚上　我们　去　或者　要

____

（2）下课以后我想看电影（ huò ）打篮球。

30【二 30】连接分句或句子：不过、但、但是、而且、那、如果、虽然、只要

【不过】búguò 用在复句中后一小句的开头，表示转折，转折语气较轻，多用于口语。（It is used at the beginning of the latter clause in a complex sentence to indicate a transition. The tone of the transition is mild, and it is commonly used in spoken Chinese.）

【但】dàn 用在复句中后一小句的开头，表示转折。（It is used at the beginning of the latter clause in a complex sentence to indicate a transition.）

【但是】dànshì 用在复句中后一小句的开头，表示转折。（It is used at the beginning of the latter clause in a complex sentence to indicate a transition.）

◎ 常见搭配

……，不过 / 但 / 但是…… | 虽然……，不过 / 但 / 但是……

参见本书"65.【二 65】转折复句"。

【而且】érqiě 用在复句中后一小句的开头，表示意思更进一步。（It is used at the beginning of the latter clause in a complex sentence to indicate a further meaning.）

◎ 常见搭配

……，而且…… | 不但……，而且……

参见本书"63.【二 63】递进复句"。

【如果】rúguǒ 用在复句中前一小句的开头，表示假设。（It is used at the beginning of the first clause in a complex sentence to indicate a hypothesis.）

◎ 常见搭配

如果……，…… | 如果……，就……

参见本书"66.【二 66】假设复句"。

【虽然】suīrán 用在复句中前一小句的开头，表示转折。（It is used at the beginning of the first clause in a complex sentence to indicate a transition.）

◎ 常见搭配

虽然……，…… | 虽然……，不过 / 但 / 但是 / 可是……

参见本书"65.【二 65】转折复句"。

【只要】zhǐyào 用在复句中前一小句的开头，表示必要的条件。（It is used at the beginning of a complex sentence to indicate a necessary condition.）

◎ 常见搭配

只要……，…… | 只要……，就……

参见本书“67.【二 67】条件复句：只要……，就……”。

【那】 nà 用在复句中后一小句的开头，表示根据前一小句的意思得出结果。（It is used at the beginning of the second clause in a complex sentence, indicating getting a result based on the meaning of the previous clause.）

◎ 形式结构

1. ……，那 + S + P

（1）你不去，那我就一个人去。

（2）下雨了，那我们就在家休息吧。

（3）如果明天下雨，那我们就改天再去动物园。

2. S + P_1，那 + P_2

（4）你不舒服，那就在家休息吧。

（5）他不喜欢，那就换一家饭店吧。

比较

那、那么

二者可以替换，意思不变。例如：

The two can be interchanged, but the meaning remains unchanged. For example:

（1）你不去，那 / 那么我就一个人去。

在口语中，“那么”后可停顿，“那”后不可以停顿。例如：

In spoken Chinese, there can be a pause after “那么”, but not after “那”. For example:

（2）如果你愿意，那么，就没有问题了。——* 如果你愿意，那，就没有问题了。

综合练习

1. 听力：判断对错。

（1）

答案【　】

（2）★ 生病了应该吃药。 答案【 】

2. 听力：选出正确答案。

（1）A 早上　B 上午　C 中午　D 晚上 答案【 】

（2）A 快餐好吃　B 时间长　C 快餐比较快　D 喜欢吃快餐 答案【 】

（3）A 菜凉了　B 不喜欢吃　C 心情不好　D 想一个人吃 答案【 】

（4）A 大家都觉得没问题　B 再讨论一次

C 大家一起讨论　D 再讨论很多次 答案【 】

3. 阅读：选出正确图片。

（1）

A 

B 

身体不好，那就多运动。 答案【 】

（2）

A 

B 

你不想爬山的话，那我们去骑自行车吧。 答案【 】

4. 阅读：选择合适的词语填空。

A 但　B 如果　C 还　D 而且　E 特别　F 那

（1）女：明天下午我有事，不能去打篮球了。

男：你不能去，（　　）我也不去了。他们都打得不好，我还是喜欢跟你一起打。

答案【 】

（2）A 只要　B 那　C 然后　D 但是　E 就是　F 而且

老师说明天不考试了，可是大卫今天没来上课，（　　）他知道这件事了吗？

答案【　】

5. 阅读：根据句子选择上下文。

A 你如果身体不舒服，

B 如果想去上课，

C 时间还早，

D 想去看电影的话，

E 回家不方便。

那就回家休息吧。　　答案【　】

6. 阅读：判断对错。

（1）女：今天我和小美去商场，她很喜欢一件衣服，试了半天。

男：那么喜欢，那她买了吗？

女：衣服是挺好看的，但是太贵了，她没有那么多钱。

★ 小美买到了喜欢的衣服。　　答案【　】

（2）女：大家都觉得这次的考试题很难。

男：那分数不高也没什么，只要不懂的地方能明白就行了。

★ 考试分数低是不应该的。　　答案【　】

7. 阅读：选出正确答案。

（1）男：这段时间实在太忙了，我都没怎么休息。

女：那你今天应该在家休息。

男：你需要帮忙，我怎么能不来呢？

女：你这么帮我，那我一定要多做些好吃的感谢你！

★ 关于这段对话，哪项正确？

A 男的太忙，没时间帮忙　　B 男的今天来帮忙了

C 女的觉得男的做的东西很好吃　　D 女的今天来帮忙了　　答案【　】

（2）学习中文，努力虽然很重要，但是只靠努力也不够。碰到不懂的问题，那就多问问老师。想要练习对话，那就找同学一起练习。有人帮忙，进步会更快。

★ 关于学习中文，哪项错误？

A 只要努力就够了

B 有不懂的问题可以问老师

C 可以跟同学一起练习对话

D 有人帮忙，进步会快一些　　答案【　】

8. 书写：完成句子。

（1）我　那　就　不去　你　去　一个人

____

nà

（2）你说这样不行，（　　）你打算怎么办？

（九）助词

31【二 31】结构助词：得

【得】de 用在动词后面，连接表示状态的补语。（It is used after a verb to connect the complement of state.）

◎ 形式结构

S + V + 得 + Comp

（1）他走得有点儿快。

（2）她写得非常慢。

（3）他说得特别流利。

综合练习

1. 听力：判断对错。

（1）

答案【　】

（2）★ 大家都爱小美。　答案【　】

（3）★ 大卫足球踢得不好。　答案【　】

（4）★ 大卫来中国两年了。　答案【　】

2. 听力：选出正确答案。

（1）A 六点　　B 七点　　C 七点半　　D 八点　　答案【　】

（2）A 很好　　B 不好　　C 一般　　D 不容易　　答案【　】

（3）A 小女孩儿的眼睛很大　　B 小女孩儿很胖

C 小女孩儿很可爱　　D 小女孩儿的脸红红的　　答案【　】

（4）A 九点　　B 十点　　C 十一点　　D 十二点　　答案【　】

（5）A 大卫中文说得很好　　B 大卫汉字写得不错

C 大卫认识的汉字很多　　D 大卫参加了今年的中文水平考试　　答案【　】

3. 听力：选出正确图片。

A 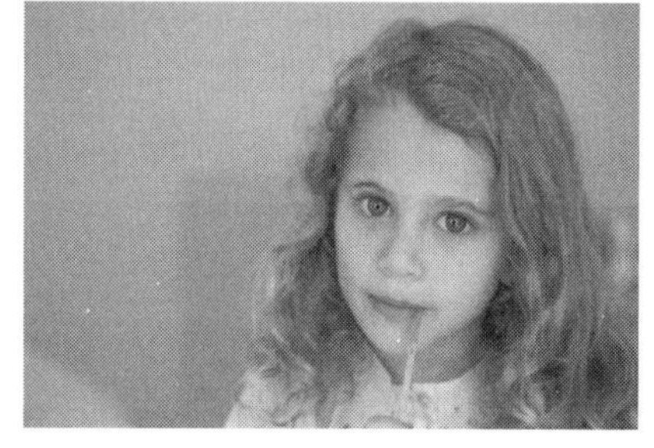

B

答案【　】

4. 阅读：根据句子选择上下文。

A 慢一点儿走，我跟不上你了。

B 你别看了。

C 妈妈做的菜很好吃。

D 我没吃过中国菜。

E 再见，欢迎下次再来！

你走得太快了，　　答案【　】

5. 阅读：判断对错。

星期六小美在家打扫房间，桌子和地她都擦得很干净，衣服也洗得非常干净，房间又干净又整齐。打扫完房间以后，小美舒舒服服地坐在沙发上听起了音乐。

★ 小美把房间打扫得非常干净。　　答案【　】

6. 阅读：选出正确答案。

（1）这次考试有点儿难，我没考好。听力考试说得太快了，很多我都没有听懂。阅读考试有几道题我没有做完，综合考得也不太好，只有口语考得还不错。

★ 这次考试他哪门课考得很好？

A 听力　　B 阅读　　C 综合　　D 口语　　答案【　】

（2）今天是星期六，我跟几个朋友说好要去爬山。早上我起得很早，七点到了见面的地方，看见有两个朋友已经到了。我们又等了一会儿，另一个朋友也到了。八点钟我们到了山下开始爬山，我们爬得很快，两个多小时就爬到了山顶。

① ★他们是几点钟爬到山顶的？

A 七点　　B 八点　　C 九点多　　D 十点多　　答案【　】

② ★关于这段话，哪项错误？

A 他起得很早　　B 朋友起得很晚

C 一共有四个人去爬山　　D 他们爬得很快　　答案【　】

7. 书写：完成句子。

雨　得　外面　下　很　大

____

32【二32】动态助词：过

【过】guo 用在动词、形容词后边，表示过去的时间内曾经发生过某种动作或存在过某种状态。（It is used after a verb or an adjective to indicate the occurrence or existence of an action or state in the past.）

◎ 形式结构

1. S + V + 过（+ O）

（1）我去过一次中国。/ 我没去过中国。

（2）他学过一点儿中文。/ 他没学过中文。

2. S + Adj + 过

（3）我年轻的时候也漂亮过。

◎ 相关说明

1. “过”强调有过某种经历、经验，因此语义上不表示经历、经验的动词后边不能用“过”。例如：

“过” emphasizes a past experience, so semantically, verbs that do not imply experience cannot be followed by “过”. For example:

（1）他死了。——* 他死过。

2. “V/Adj + 过”的否定形式只能用“没有、没”，不能用“不”。例如：

The negative form of “V/Adj + 过” can only use “没有” or “没”, not “不”. For example:

（2）我从来没（有）见过他。——* 我从来不见过他。

3. “V/Adj + 过”的正反疑问形式是在句末加“没有”，不能加“不”。例如：

The affirmative-negative question form of “V/Adj + 过” is to use “没有” at the end of the sentence, not “不”. For example:

（3）你吃过晚饭没有？

（4）你见他脸红过没有？

综合练习

1. 听力：判断对错。

（1）★ 这几天下过雨。 答案【 】

（2）★ 她听过这首歌。 答案【 】

（3）★ 他们全家都去过长城。 答案【 】

（4）★ 花花草草给人们带来了快乐。 答案【 】

2. 听力：选出正确答案。

（1）A 男的吃了面条儿　B 男的来过这家饭馆　C 女的做了饺子　D 女的吃了饺子 答案【 】

（2）A 英国人　B 学生　C 老师　D 工人 答案【 】

（3）A 老李不帮忙　B 老李突然来了　C 老李总来吃饭　D 要请老李吃饭 答案【 】

（4）A 这家不是药店　B 男的买过感冒药　C 女的丢了钱包　D 男的的钱包不在药店 答案【 】

（5）A 王经理的公司不忙　B 王经理早上六点以前就出发了　C 王经理喜欢吃快餐　D 王经理在家里吃了早饭 答案【 】

（6）A 他没看过这个故事　B 故事是《小说月报》里的　C 故事里的人不顺利　D 故事的结果不好 答案【 】

3. 阅读：选择合适的词语填空。

A 呢　B 着　C 过　D 的　E 地　F 得

这本书我已经读（ ）三遍了，都快会背了。 答案【 】

4. 阅读：根据句子选择上下文。

A 这个字我从来没学过，

B 王经理休假去了。

C 今天的日报在哪儿？

D 你穿这件黑色大衣很合适。

E 我的普通话不太好，

当然不认识。 答案【 】

5. 阅读：选出正确答案。

玛丽来中国两年多了，还没回过国。她很想爸爸妈妈，还有家里的小狗。她要一考完试就坐飞机回国。

★ 关于这段话，哪项错误？

A 玛丽已经回国了　　B 玛丽来中国后还没回过国

C 玛丽很想爸爸妈妈　　D 玛丽考完试就回国　　答案【 】

6. 书写：完成句子。

（1）我 没 参加 校园 晚会 从来 过

____

（2）我没有看（guo）这个电影，不知道里边讲了什么故事。

33【二 33】动态助词：着

【着】zhe 用在动词、形容词后边，表示动作或状态的持续。（It is used after a verb or an adjective to indicate the continuation of an action or state.）

◎ 形式结构

1. S + V + 着（+ O）（+ 呢）

（1）外边下着雨呢。

（2）他们等着你呢。

（3）她穿着一件黑大衣。

（4）电视开着呢。/ 电视没开着。

（5）门关着。/ 门没关着。

2. S + Adj + 着（+ 呢）

（6）饭热着呢，快吃吧。

（7）都早上七点了，天还黑着。

◎ 相关说明

“着”用在动词谓语、形容词谓语后边，表示动作或状态的持续。谓语前还可以加副词“正、在、正在、还”，来强调发生在现在、动作持续，句末常有语气助词“呢”。

例如：

“着” is used after a verb predicate or adjective predicate to indicate the continuation of an action or state. The predicate can also be preceded by an adverb such as “正”, “在”, “正在”, or “还” to emphasize it is happening now or the continuation of an action, and the sentence often ends with the modal particle “呢”. For example:

（1）外边正/在/正在下着雨呢。

（2）他们正/在/正在等着你呢。

（3）外面天还黑着呢。

综合练习

1. 听力：判断对错。

（1）

答案【　】

（2）★ 她的意思是现在不要走。　答案【　】

（3）★ 小美来了。　答案【　】

（4）★ 现在这个季节在外面很舒服。　答案【　】

2. 听力：选出正确答案。

（1）A 开门　B 关门　C 出去　D 进来　答案【　】

（2）A 饭凉了　B 男的饿了
C 女的最爱吃鸡肉　D 女的正在做饭　答案【　】

（3）A 穿着蓝色的大衣　B 王老师是长头发
C 王老师是男的　D 王老师想要见学生家长　答案【　】

（4）A 小明今天没回家　B 小明今天回家晚了
C 小明的妻子很生气　D 小明的家里没有人　答案【　】

（5）A 爸爸在看书　　B 爸爸在写字

C 爸爸在躺着　　D 房间里没亮灯　　答案【　】

3. 听力：选出正确图片。

A 　B

答案【　】

4. 阅读：选择合适的词语填空。

A 了　B 着　C 过　D 的　E 地　F 得

他正写（　　）作业呢。　　答案【　】

5. 阅读：根据句子选择上下文。

A 玛丽正写着字，

B 门口停着一辆车。

C 天气还热着呢。

D 孩子们唱着歌，

E 老板正等着你呢。

高高兴兴地回家了。　　答案【　】

6. 阅读：选出正确答案。

孩子们高兴地唱着歌、跳着舞，有说有笑的，都十分开心。

★ 关于这段话，哪项错误？

A 有人在唱歌　B 有人在跳舞　C 有人在说笑话　D 大家都很高兴　　答案【　】

7. 书写：完成句子。

一直　雪　着　外面　下

____

34【二34】语气助词：啊[1]、吧[2]、的[2]

【啊[1]】a 用在陈述句的末尾，表示解释或提醒；用在祈使句的末尾，表示请求、命令、催促、警告等；用在感叹句的末尾，表示感叹或打招呼。（It is used at the end of a declarative sentence to indicate explanation or reminder; at the end of an imperative sentence to indicate a request, command, urge, warning, etc.; and at the end of an exclamatory sentence to indicate exclamation or greeting.）

◎ 形式结构

C＋啊[1]

（1）你看错了，照片里的人不是我啊。

（2）你快去啊！

（3）今天真冷啊！

（4）天啊！你怎么了？

（5）王老师啊，好久不见！

◎ 相关说明

语气助词“啊[1]”用在感叹句的末尾表示感叹时，句末可以加叹号。句中的谓语常用“真/多/好/这么/那么＋Adj”。例如：

The modal particle “啊[1]” used at the end of a declarative sentence to indicate exclamation can be followed by an exclamation mark. The predicate in the sentence often uses “真/多/好/这么/那么＋Adj”. For example:

（1）这儿的风景多美啊！

（2）他的中文说得好流利啊！

【吧[2]】ba 用在疑问句的末尾，表示估计、猜测的语气。（It is used at the end of an interrogative sentence to indicate an estimated or speculative tone.）

◎ 形式结构

C＋吧[2]

（1）您就是王老师吧？

（2）明天有雨吧？

（3）你吃鸡肉吧？

（4）这张床舒服吧？

（5）他是坐飞机来中国的吧？

◎ 相关说明

语气助词"吧[2]"用在疑问句的末尾，表示估计、猜测的语气，句末加问号。句中常常有"大概、也许"等表示猜测的副词。例如：

The modal particle "吧[2]" used at the end of an interrogative sentence indicates an estimated or speculative tone, and the sentence ends with a question mark. The sentence often has an adverb such as "大概" or "也许" that indicates speculation. For example:

（1）他大概已经到家了吧？

（2）也许我们明天就能见到新老师吧？

【的[2]】 de 常常用在"是……的"句中，用来强调已经发生的动作的时间、地点、方式、目的和动作发出者等。（It is often used to emphasize the time, place, manner, purpose and doer of an action taken.）

参见本书"60.【二 60】'是……的'句 1：强调时间、地点、方式、动作者"。

综合练习

1. 听力：判断对错。

（1）

答案【　】

（2）★ 小美很像爸爸。　答案【　】

（3）★ 他没接到妈妈的电话。　答案【　】

（4）★ 说话人在山的上面。　答案【　】

（5）★ 说话人今天是第一次跟王老师见面。　答案【　】

（6）★ 小明这次考试考得很好。　答案【　】

2. 听力：选出正确答案。

（1）A 很流利　B 很差　C 差得很远　D 不知道　答案【　】

（2）A 星期三　B 星期四　C 星期五　D 星期六　答案【　】

（3）A 去湖边散步　B 去外面吃饭
C 看电影　D 去游泳　答案【　】

（4）A 他是美国人　B 他来中国旅行
C 他坐飞机来的中国　D 他是一个人来的　答案【　】

（5）A 鲜花　B 蛋糕
C 衣服　D 巧克力　答案【　】

（6）① A 大卫不想去上课　B 大卫还在住院
C 大卫是一个人去的医院　D 大卫的病已经好了　答案【　】

② A 王老师是女的　B 王老师很关心学生
C 是大卫的妈妈送他去的医院　D 大卫很感动　答案【　】

（7）A 图书馆　B 宿舍
C 饭店　D 教室　答案【　】

3. 听力：选出正确图片。

A

B

答案【　】

4. 阅读：选择合适的词语填空。

（1）A 啊　B 吧　C 了　D 呢　E 的　F 着
你是新来的同学（　）？　答案【　】

（2）A 啊　B 的　C 了　D 吧　E 些　F 地
大卫跑得真快（　）！　答案【　】

5. 阅读：根据句子选择上下文。

（1）A 你的成绩应该很差。
B 你可以再考一次。
C 你的成绩一定很好。
D 你怎么不努力学习？
E 你还没上大学吗？
这次考试不难吧？　答案【　】

（2）A 他的成绩是第一名。

B 很多同学都没有考好。

C 老师生病了。

D 你应该努力学习。

E 他考上大学了。

这次考试真的好难啊！ 答案【 】

6. 阅读：选出正确答案。

（1）这个地方好漂亮啊！有山有水，到处是鲜花，像一个大公园一样。这里的人们也十分热情，我都不想离开了。

★ 关于这段话，哪项错误？

A 这个地方十分漂亮　　B 这个地方的人们十分热情

C 这个地方是一个大公园　　D 他不想离开这个地方　　答案【 】

（2）学校放假了，大卫没有回国，他去中国南方旅行了，他是坐火车去的。他是第一次在中国坐火车，他觉得中国人都很热情友好，这次旅行很有意思。

★关于这段话，哪项正确？

A 大卫回国了　　B 大卫不喜欢旅行

C 大卫以前没有坐过火车　　D 大卫喜欢这次旅行　　答案【 】

（3）上个周末大卫跟几个中国朋友去爬山了，他们是自己开车去的。他们很早就出发了，一个多小时他们就到了山下。虽然这座山不太高，但是大卫很久没有爬山了，下山的时候，他觉得有点儿累。爬山回来以后，大卫的腿疼了好几天。

① ★根据这段话，可以知道：

A 大卫是骑自行车去爬山的　　B 大卫自己去爬山了

C 大卫很长时间没有爬山了　　D 大卫这个周末去爬山了　　答案【 】

② ★关于这段话，哪项正确？

A 大卫爬山后觉得特别累　　B 大卫跟中国朋友去爬山了

C 这座山很高　　D 他们是坐公共汽车去的　　答案【 】

7. 书写：完成句子。

（1）是 这 的 照片 我 在 北京 拍 张

____

（2）啊 个子 真 的 男朋友 你 高

____

35【二 35】其他助词：的话、等

【的话】 dehuà 放在小句的后边，表示假设语气。可以单用，也可以跟连词“如果、假如、要是”搭配使用，搭配使用时可以省略“的话”，不影响句子的假设语气。（It is used at the end of a clause to indicate a hypothetical tone. It can be used independently or in conjunction with a conjunction such as “如果”, “假如”, or “要是”. When it is used in conjunction, “的话” can be omitted without affecting the hypothetical tone of the sentence.）

◎ 常见搭配

……的话 | 如果……的话 | 要是……的话 | 不……的话

◎ 形式结构

1. …… 的话，……

（1）你明天来的话，就给我打个电话。

2. ……，…… 的话

（2）我想再买两个，要是钱还够的话。

3. ……，不…… 的话，……

（3）你一定要告诉他这件事，不告诉的话，他肯定生气。

◎ 相关说明

含有“的话”的假设小句出现在假设复句的后半部分时，连词“如果、假如、要是”等不能省略。例如：

When a hypothetical clause with “的话” appears in the second half of a hypothetical complex sentence, a conjunction such as “如果”, “假如”, or “要是” cannot be omitted. For example:

他应该懂得课文的意思，如果昨晚认真复习的话。——

* 他应该懂得课文的意思，昨晚认真复习的话。

综合练习

1. 听力：判断对错

★ 在电梯里可能收不到微信消息。　　答案【　】

2. 听力：选出正确答案

（1）A 不去　　B 一会儿去

C 明天去　　D 要去　　答案【　】

（2）A 男的没去博物馆　　B 男的对博物馆不感兴趣

C 博物馆的外语服务不够　　D 导游讲西班牙语　　答案【　】

（3）A 挺麻烦　　B 有的饭店可以免费充电

C 充电宝不能带走　　D 充电宝价钱很贵　　答案【　】

（4）① A 怎么坐飞机　　B 怎么喝果汁

C 怎么管孩子　　D 怎么想办法　　答案【　】

② A 喜欢唱歌　　B 需要帮助

C 没有办法　　D 应该管孩子　　答案【　】

3. 阅读：选择合适的词语填空

A 实在　B 当然　C 的话　D 学期　E 特别　F 拿到

要是你不放心（　　），就跟我们一起过去看一眼吧。　　答案【　】

4. 阅读：根据句子选择上下文

A 我们要给每个人同样的机会。

B 有一位旅客的行李箱找不到了。

C 他受到表扬之后改变了很多。

D 你这么努力的结果是什么？

E 班长决定选择西餐。

如果是为了公平的话，这么做是对的。　　答案【　】

5. 阅读：排列顺序

A 到了秋天，气温一天比一天低

B 很容易感冒

C 夜里不盖被子的话　　答案【　】

6. 阅读：选出正确答案

（1）这个旅行团中有不少老人，他们都希望晚上能住在更安静的地方，最好离火车站、机场远一些。如果这样的话，就有一个问题——白天花在路上的时间会很长。

★ 关于旅行团，哪项正确？

A 全是老人　　B 老人们想要住在安静的地方

C 住在火车站、机场旁边　　D 白天花的钱更多　　答案【　】

（2）研究发现，家庭年收入的提高比个人年收入的提高更能提高一个人的幸福感。因为全家人生活在一起，互相照顾。如果家庭的年收入提高的话，每个人都能感受到同样的快乐，懂得努力工作的意义，对未来充满希望。

① ★根据这段话，提高家庭年收入可以：

A 提高幸福感　　B 生活在一起

C 互相照顾　　　　D 懂得合作　　　　答案【　】

② ★这段话主要想告诉我们：

A 应该跟家人在一起生活　　　　B 保持好心情对健康有好处

C 个人的成功离不开家庭　　　　D 家庭收入提高能让每个人更幸福　　　　答案【　】

7. 书写：完成句子。

游客　的话　有意见　向旅行社　可以　提出来

____

8. 书写：看图，用词造句。

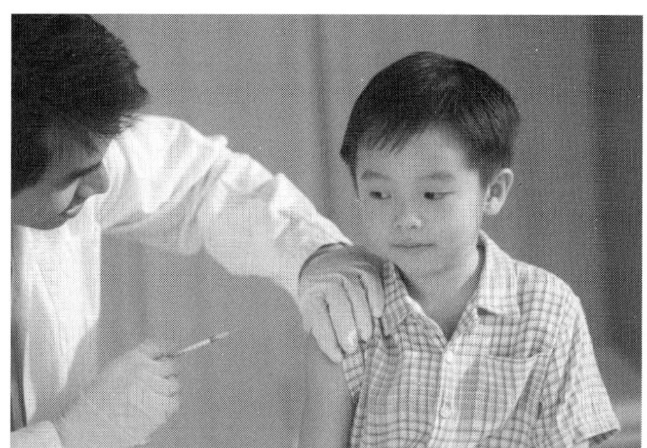

的话

____

____

【等】děng 用在两个或者两个以上并列的词或短语后，表示列举。并列的词或短语之间用顿号隔开。（It is used after two or more juxtaposed words or phrases to indicate enumeration. The juxtaposed words or phrases are separated by a slight-pause mark.）

◎ 形式结构

……A、B（、C……）+ 等

（1）我去超市买了很多东西，有酒、水果、牛奶等。

（2）我们学校的留学生来自韩国（Hánguó，South Korea）、日本（Rìběn，Japan）、印度（Yìndù，India）、俄罗斯（Éluósī，Russia）等国家。

（3）假期他去了北京、上海、天津等城市旅行。

◎ 相关说明

1. “等”在列举后结尾。若列举已尽，其后常带有前面列举各项的总计数字。例如：“等” is used after the enumeration. If the list is complete, it is often followed by the total

number of the items listed before. For example:

（1）这个学期我们上了听力（tīnglì，listening）、口语（kǒuyǔ，speaking）、阅读（yuèdú，reading）、写作（xiězuò，writing）等四门课。

2. "等" 也可以说成 "等等"。例如：

"等" is equivalent to "等等". For example:

（2）我去超市买了很多东西，有酒、水果、牛奶等 / 等等。

综合练习

1. 听力：判断对错。

（1）

答案【　】

（2）★ 小美过生日了。　答案【　】

（3）★ 大卫会说四种语言。　答案【　】

（4）★ 这家饭店没有面条儿。　答案【　】

2. 听力：选出正确答案。

（1）A 香蕉　B 苹果　C 葡萄　D 西瓜　答案【　】

（2）A 踢足球　B 打篮球　C 打太极拳　D 游泳　答案【　】

（3）A 听力　B 阅读　C 综合　D 写作　答案【　】

（4）A 日本　B 韩国　C 俄罗斯　D 加拿大　答案【　】

（5）A 上海　B 南京　C 北京　D 天津　答案【　】

3. 听力：选出正确图片。

A 

B

答案【　】

4. 阅读：选择合适的词语填空。

A 啊　B 吗　C 呢　D 吧　E 等　F 着

玛丽会说汉语、英语、法语、德语（　　）四国语言。　　答案【　】

5. 阅读：根据句子选择上下文。

A 他买了很多东西。

B 我要去学校。

C 我正在学开车。

D 这家饭店有包子、饺子、面条儿、米饭等。

E 他去饭店了。

你想吃什么？　　答案【　】

6. 阅读：选出正确答案。

带“氵”的汉字大多跟“水”有关系，比如：江、河、湖、海等。

★ 哪个汉字跟“水”没有关系？

A 江　　B 河　　C 海　　D 语　　答案【　】

7. 书写：完成句子。

踢足球　等　喜欢　打篮球　我　游泳　运动　跑步

____

（十）叹词

36【二36】喂

【喂】wèi 招呼的声音，用于引起对方注意。（It is the sound of greeting used to call the other party's attention.）

◎ 形式结构

喂，C

（1）喂，是王老师吗？

（2）喂，您找哪位？

（3）喂！你来一下儿。

（4）喂！你的钱包掉了。

◎ 相关说明

打电话时，可以先说“喂”用于打招呼。

When making a call, you can start with “喂” for greeting.

综合练习

1. 听力：判断对错。

（1）

答案【　】

（2）★ 说话人想要找王老师。　答案【　】

（3）★ 说话人在超市买东西。　答案【　】

（4）★ 说话人今天是第一次跟李老师见面。　答案【　】

2. 听力：选出正确答案。

（1）A 女的告诉他钱包掉了　B 女的给了男的钱

C 女的找到了他的钱包　D 女的的钱包掉出来了　答案【　】

（2）A 男的考了二十几名　B 男的考了第一名

C 男的考了十几名　D 男的考试没考好　答案【　】

（3）A 女的听不见男的的声音　B 女的看不见男的

C 女的打开了麦克风　D 女的忘记打开麦克风了　答案【　】

（4）A 很生气　B 很高兴　C 很喜欢　D 很难过　答案【　】

（5）A 5 岁　B 6 岁　C 7 岁　D 10 岁　答案【　】

3. 听力：选出正确图片。

A 

B 

答案【　】

4. 阅读：选择合适的词语填空。

A 啊　B 喂　C 了　D 呢　E 的　F 着

（　　），你是新来的同学吧？　　答案【　】

5. 阅读：根据句子选择上下文。

A 李老师是一位好老师。

B 李老师不在。

C 电话坏了。

D 接电话的不是李老师。

E 有人在打电话。

喂，请让李老师接电话。　　答案【　】

6. 书写：完成句子。

想　喂　在　你　呢　什么

____

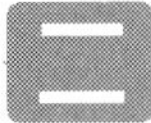

短 语

（一）结构类型

37【二 37】基本结构类型

（1）联合短语

两个或两个以上语法地位平等的成分连在一起构成的短语叫联合短语，各成分之间为并列、选择或递进关系。联合短语只能作为一个整体充当句子成分，可以充当主语、谓语、宾语、定语、状语和补语等。（A phrase composed of two or more components with equal grammatical status is called a coordinate phrase, and the components are in a parallel, selective or progressive relationship. A coordinate phrase can only serve as a whole as a sentence element, and can act as a subject, predicate, object, attributive, adverbial or complement.）

◎ 形式结构

1. $NP_1 + NP_2$…… / $VP_1 + VP_2$……

（1）北京上海

（2）听说读写

2. NP_1、NP_2、NP_3…… / VP_1、VP_2、VP_3……

（3）字、词、句子

（4）唱、念、做、打

3. NP_1 + 和 / 跟 + NP_2

（5）我和他

（6）太阳跟月亮

4. NP_1、NP_2…… + 和 + NP_n

（7）早饭、午饭和晚饭

（8）篮球、排球、足球和网球

5. 又 + Adj_1 + 又 + Adj_2

（9）又大又干净

6. 又 + VP_1 + 又 + VP_2

（10）又洗衣服又做饭

7. VP + 不 / 没 + VP

（11）去不去

（12）写没写作业

8. AP + 不 / 没 + AP

（13）好不好

（14）高兴不高兴

9. Adj_1 + 而且 + Adj_2

（15）舒服而且合适

（16）安全而且方便

10. NP_1 + 或 / 或者 + NP_2

（17）一个或两个

11. VP_1 + 或 / 或者 + VP_2

（18）读课文或者写作业

12. NP_1 + 还是 + NP_2

（19）书店还是图书馆

13. VP_1 + 还是 + VP_2

（20）看小说还是看电影

14. AP + 还是 + 不 + AP

（21）好看还是不好看

15. VP + 还是 + 不 + VP

（22）吃还是不吃

◎ 相关说明

1. 大多数情况下，并列和选择关系的成分可以互换位置，不影响意思。例如：

In most cases, components with parallel and alternative relationships can exchange positions without affecting the meaning. For example:

（1）今天和明天——明天和今天（并列关系，可互换位置）

（2）字典或词典——词典或字典（选择关系，可互换位置）

有些联合短语的并列成分出现的顺序有一定的含义，不能改变前后顺序。例如：

The order in which the parallel components of some coordinate phrases appear has a certain meaning and cannot be changed. For example:

（3）汉英词典（把汉语翻译成英语的词典）

（4）英汉词典（把英语翻译成汉语的词典）

有些联合短语的并列成分暗含着递进关系，不能改变前后顺序。例如：

The parallel components of some coordinate phrases imply a progressive relationship, and the order cannot be changed. For example:

（5）小学中学大学地读下来。（按照时间和事物发展顺序递进排列）

（6）我们每节课都会学习字、词、句子。（按照语言单位从小到大的顺序排列）

有些联合短语的并列成分排序符合汉语表达的语用和逻辑习惯，不能改变前后顺序。例如：

The parallel components of some coordinate phrases are sequenced based on Chinese pragmatic and logical conventions, and the sequence cannot be changed. For example:

（7）应该给大、中、小公司平等的机会。（按照规模从大到小并列排列）

（8）这个大学有东南西北四个食堂。（按照汉语中的方位顺序并列排列）

2. 有的联合短语中间有停顿，用顿号连接；有的联合短语内部用关联词语连接，相连接的成分有时候可以互换位置，意思没区别。例如：

Some coordinate phrases have pauses in the middle and are connected by semi-pause marks; some coordinate phrases are connected internally by conjunctions, and the connected components can sometimes change their positions without changing their meanings. For example:

（9）我喜欢的运动有篮球、排球、网球等。

（10）我早上吃了包子、鸡蛋和水果。

（11）这个包又便宜又好看。

3. 联合短语中的并列成分多数情况下语法性质和功能是相同或相近的。例如：

In most cases, the grammatical nature and function of the parallel components in coordinate phrases are the same or similar. For example:

（12）他这个人认真、实在、不怕累，每次都第一个完成工作。（形容词、形容词、动词性短语，作谓语）

（13）小孩子、女人和60岁以上的老人可以先离开。（名词、名词、名词性短语，作主语）

综合练习

1. 听力：判断对错。

（1）★ 大卫拿着地图可以分清东南西北。 答案【 】

（2）★ 爸爸妈妈打电话让他们回家。 答案【 】

2. 听力：选出正确答案。

（1）A 15 元　　B 30 元　　C 45 元　　D 60 元　　答案【　】

（2）A 看别人笑　　B 看别人哭　　C 又哭又笑　　D 去男的家了　　答案【　】

（3）A 打车　　B 坐飞机　　C 坐火车　　D 坐船　　答案【　】

（4）A 他们今天要吃西餐　　B 他们今天要吃中餐

C 男的不喜欢吃饺子　　D 女的特别想吃包子　　答案【　】

（5）A 女的比男的到得早　　B 地铁里现在人非常多

C 酒店旁边有个商场　　D 女的先去酒店休息了　　答案【　】

3. 阅读：选出正确图片。

A 

B

大卫的早餐有鸡蛋、面包和牛奶。　　答案【　】

4. 阅读：选择合适的词语填空。

（1）A 刻　B 也　C 许多　D 或者　E 目的　F 和

我们学校的中国学生（　　）留学生一共有五千多人。　　答案【　】

（2）A 越来越　B 坏处　C 因为……所以……

D 只要……就……　E 又……又……　F 多数

我旁边那个（　　）年轻（　　）漂亮的女人是我的中文老师。　　答案【　】

5. 阅读：根据句子选择上下文。

A 那件衣服又贵又难看，所以我没买。

B 我喜欢这里，老师和同学都对我很好。

C 我小学中学大学读下来，交了很多朋友。

D 你要好好想一想要爱情还是面包。

E 我喜欢吃方便面，又方便又好吃。

你来这个新学校一个月了，感觉怎么样？　　答案【　】

6. 阅读：判断对错。

（1）中文课上，我们会学习很多字、词和句子。老师说，想学好中文，就要多练习听说读写。

★ 练习听说比练习读写重要。 答案【 】

（2）我每天都要吃早饭、午饭和晚饭。早饭常常在路上买面包或者包子；午饭在公司旁边的饭馆吃；晚饭我回家自己做，又健康又好吃。

★ 他每天在家做两次饭。 答案【 】

7. 阅读：选出正确答案。

（1）生病的时候你会怎么做呢？自己吃药还是去医院？我觉得如果是小病，自己吃药就可以，大病就要去医院了。在我家，我爸爸喜欢西医，我妈妈喜欢中医，我觉得中医西医都很好，西医常用药片和药水，中医常常用草药或者药丸，还有一些其他有意思的方法，我也试过，都很有用。

★ 关于这段话，哪项正确？

A 他只喜欢西医　　B 有大病吃药就可以

C 他爸妈都喜欢中医　　D 他觉得中医很有用 答案【 】

（2）我想去中国留学，但是没想好去北京还是上海。我问了一个中国朋友，他告诉我，北京上海都很好，这两个地方都有特别多的好学校，生活又方便又安全。不过，中国北方跟南方的天气不太一样，春夏秋冬的天气有不同的特点。北京在北方，冬天比较冷，经常下雪。上海在南方，冬天比北京暖和。听了他的话，我打算去北京，因为我还没见过雪，想去北京看看雪。

★ 哪项不是他去北京留学的原因？

A 北京的生活很方便　　B 北京的冬天很暖和

C 北京有很多好学校　　D 北京的冬天会下雪 答案【 】

8. 书写：完成句子。

今年　出国　明年　打算　我　或者　旅行

（2）偏正短语

偏正短语由修饰语和被修饰语两部分组成，前一部分修饰、限制后一部分。偏正短语还可以再分成定中短语和状中短语。定中短语是由定语（名词、形容词、代词或数量短语等）和名词性中心语组成的，状中短语是由状语和动词性、形容词性中心语组成的。[A modifier-head phrase consists of two parts: the modifier and the phrase being modified, with the former part modifying and restricting the latter part. It can also be further divided into attributive head phrase and adverbial-head phrase. The former is composed of an attributive (a noun, adjective, pronoun, or quantitative phrase, etc.) and a nominal head phrase, while the latter is composed of an adverbial and a verbal or adjective head word.]

◎ 形式结构

定中短语

1. NP_1（+的）+ NP_2

（1）学校的图书馆

（2）早晨的空气

（3）什么地方的人

（4）中国人

2. AP（+的）+ NP

（5）漂亮的房子

（6）新衣服

3. Pron（+的）+ NP

（7）你的课本

（8）他们学校

4. QP + NP

（9）五个苹果

5. VP（+的）+ NP

（10）出发的时候

（11）开玩笑的样子

状中短语

1. AP（+地）+ VP

（1）慢慢地吃

（2）认真学习

2. Adv + Adj/VP

（3）特别开心

（4）马上出发

3. VP + 地 + VP

（5）感谢地说

4. Pron + VP

（6）怎么走

5. Num + Cl（+ NP）+ Num + Cl（+ NP）(+ 地）+ V

（7）一个字一个字地读

（8）五个五个地进来

6. PrepP + V/Adj

（9）在家休息

（10）比妈妈快

7. 这么 / 那么 / 这样 / 那样 + Adj

（11）这么高

（12）那么久

（13）这样聪明

（14）那样开心

8. Num + Cl + Adj

（15）五米长

◎ 相关说明

1. 在偏正短语中，修饰语在前，中心语在后，修饰语表示中心语的数量、领属关系、程度、方式、属性、材质等等。例如：

In a modifier-head phrase, the modifier comes before the headword, and the modifier indicates the headword's quantity, subordination, degree, manner, attribute, material, and so on. For example:

（1）五十本词典（"五十本"表示"词典"的数量）

（2）小美的包（"包"属于"小美"）

（3）特别远（"特别"表示"远"的程度高）

（4）小声讨论（"小声"是"讨论"的方式）

（5）新课本（"新"是"课本"的属性）

（6）纸飞机（"纸"是"飞机"的材质）

2. 定中短语在句中多作主语或者宾语，通常不能独立成句。例如：

An attributive-head phrase often serves as the subject or object in a sentence and usually cannot independently form a sentence. For example:

（7）冬天的温度很低。（作主语）

（8）她买了一个漂亮的书包。（作宾语）

综合练习

1. 听力：判断对错。

（1）

答案【　】

（2）★ 他们现在读课文读得很流利。　答案【　】

（3）★ 她骑自行车去了海边。　答案【　】

2. 听力：选出正确答案。

（1）A 空气很好　B 天气很好　C 体育馆大　D 春天很美　答案【　】

（2）A 跟朋友聊天儿　B 在网上买东西
C 看 6 月 18 号的活动　D 等急用的东西　答案【　】

（3）A 男的买了很多书　B 家里的书还没看
C 女的很喜欢看书　D 新买的书看不完　答案【　】

（4）A 女的明天有比赛　B 这次的比赛没有难题
C 男的没准备比赛　D 男的认真准备了比赛　答案【　】

3. 阅读：选出正确图片。

A

2025年　7月

一	二	三	四	五	六	日
30	1	2	3	4	5	6
7	8	9	10	11	12	13
14	15	16	17	18	19	20
21	22	23	24	25	26	27
28	29	30	31	1	2	3

B

2025年　7月

一	二	三	四	五	六	日
30	1	2	3	4	5	6
7	8	9	10	11	12	13
14	15	16	17	18	19	20
21	22	23	24	25 初一	26 初二	27 初三
28	29	30	31	1	2	3

今天刚星期二，还有三天才到周末。　答案【　】

4. 阅读：选择合适的词语填空。

A 的　B 地　C 得　D 了　E 着　F 过

（1）1999 年（　　）春天，我出生了。　答案【　】

（2）他正在认真（　　）写作业。　答案【　】

5. 阅读：根据句子选择上下文。

A 大家在一起小声讨论这个问题。

B 姐姐送了我一个纸飞机，我特别喜欢。

C 菜和肉都已经熟了，大家可以吃了。

D 最前边的人是大卫，其他的几个人我不认识。

E 从大人的角度看，这件事很重要。

排在我们前面的人好多啊，他们你都认识吗？ 答案【 】

6. 阅读：判断对错。

玛丽明天六点要开生日晚会，她让我也去参加。但明天是星期三，我七点才下班，白天累了一天，晚上只想在家休息。

★ 他不想参加玛丽的生日晚会。 答案【 】

7. 阅读：选出正确答案。

（1）昨天我参加了大学同学聚会，见到了很多老朋友。班长拿出了我们青年时在球队的照片，十几年没见，朋友们的样子都变了。人到中年，大家都有了自己的工作和家庭。我们吃饭时讲了很多大学时的故事，也聊了这些年的生活。吃完饭以后，我们商量着下个月一起回学校看看老师。

★ 关于这段话，哪项错误？

A 班长也来参加同学聚会了　　B 他跟老同学很久没见面了

C 他们吃完饭就去看了老师　　D 他们看了上大学时的照片 答案【 】

（2）我来中国留学已经一年了，平时我认真学习中文，但跟中国人聊天儿时还是觉得很难，我的考试成绩也不是我们班最好的。没课的时候，我想参加活动，还想出去旅游……但是都没有时间，所以最近心情特别差。老师跟我说：“饭要一口一口地吃，事情要一件一件地做，不能太急。只要努力学习，就一定可以学得越来越好。”

★ 老师想告诉他什么道理？

A 考试成绩不重要　　B 上学时不要旅游

C 做事情不能太急　　D 吃饭应该慢一点儿 答案【 】

8. 书写：完成句子。

（1）重要　考试　明天　特别　的　中文

____

（2）小明　地　认真　完　作业　做　了

____

（3）动宾短语

动宾短语由两部分组成，前边的动词表示动作行为，后边的宾语是受这个动作行为影响、支配或者与其有联系的对象。（A verb-object phrase consists of two parts：the preceding verb represents the action or behavior and the following object is the object that is influenced, dominated or related by the action or behavior.）

◎ 形式结构

1. V + NP

（1）买东西

（2）学习中文

2. V + Pron

（3）想你

（4）告诉大家

3. V + Num + Cl（+ NP）

（5）吃一碗（面条儿）

（6）买五个

4. V + AP

（7）爱干净

（8）检查对错

◎ 相关说明

1. 动宾短语中的宾语类型较多，可以是动作行为的对象或者动作行为的发出者，也可以是动作行为的目的、结果、方位处所、时间、工具等。例如：

In a verb-object phrase, the object types are varied. They can either be the object or the doer of the action, or the purpose, result, location, time, or tool of an action. For example:

（1）洗衣服（“衣服”是“洗”的对象）

（2）教留学生（汉语）(“留学生”是“教”的对象）

（3）来客人（“客人”是“来”的动作发出者）

（4）考大学（“大学”是“考”要达到的目的）

（5）写信（“信”是由“写”这个动作产生的结果）

（6）坐里边（“里边”是“坐”的方位）

（7）爬山（“山”是“爬”的处所）

（8）到五月（“五月”是“到”的时间）

（9）说普通话（“普通话”是“说”的工具）

2. 动宾短语中常常可以插入助词“着”“了”“过”。例如：

In a verb-object phrase, a particle such as “着”, “了”, or “过” can often be inserted. For example:

（10）下着雨

（11）洗了衣服

（12）吃过饺子

综合练习

1. 听力：判断对错。

（1）

答案【　】

（2）★ 小明的工作很少。　答案【　】

（3）★ 她现在的工作是老师。　答案【　】

2. 听力：选出正确答案。

（1）A 读书　B 打球　C 洗衣服　D 爬山　答案【　】

（2）A 男的自己　B 他儿子　C 他儿子的女朋友　D 他的朋友　答案【　】

（3）A 男的要去参加晚会　B 男的要参加别的活动　C 女的要去参加晚会　D 女的改变计划了　答案【　】

（4）A 男的知道手机在哪里　B 女的给爸爸打了一个电话　C 女的刚才在电影院看电影　D 男的现在要帮女的找手机　答案【　】

3. 阅读：选出正确图片。

A 

B 

学校下周要举行篮球比赛，想报名的同学请举手。 答案【 】

4. 阅读：根据句子选择上下文。

A 妈妈发微信告诉我她学会了骑马。

B 我要感谢我的同事，他们一直帮助我学习中文。

C 考听力的时候，大卫一直向老师问问题。

D 家里来客人了，你快去洗一些水果。

E 好啊，你穿这件衣服比我合适。

如果你不喜欢这件大衣，就送我吧。 答案【 】

5. 阅读：判断对错。

（1）他非常爱干净，回家的时候要换鞋、换衣服，每天早晚都要洗澡，他家和办公室永远都是干干净净的。

★ 他很爱干净，每天洗一次澡。 答案【 】

（2）我一直相信，只要找到正确的方法，就一定可以提高中文水平。经过两年的努力，我找到了对我最有用的学习方法，中文说得越来越好。

★ 他找到了正确的中文学习方法。 答案【 】

6. 阅读：选出正确答案。

（1）下班的路上，我看到一只小鸟掉地上了，我就带它去了动物医院，又带它回家，给它喂吃的喂水。现在它身体已经好了，可以飞了。但是这只鸟很喜欢我家，不愿意离开了。

★ 关于这段话，哪项错误？

A 他带小鸟去了医院　　B 小鸟喜欢他家

C 小鸟留在了他家　　D 小鸟好了以后飞走了 答案【 】

（2）这次考试小美考了 100 分，又是我们班的第一名。我想知道她为什么学习这么好，所以下课后我去找了小美，问她怎么提高成绩。小美告诉我，她每天上课前都会先看看这节课学什么，自己先学一遍，找到不懂的地方。上课时她会认真听课，下课后还要复习，还会做很多练习，重要的知识和错题都会记在本子上。

★ 哪项不是小美成绩好的原因？

A 只听不懂的知识　　　　B 上课前后都会学习

C 重点知识做笔记　　　　D 经常复习和做练习　　　　答案【　】

7. 书写：完成句子。

（1）钱包　时候　带　出门　的　记得

____

（2）查　我们　词典　生词　用

____

（4）动补短语

动补短语由述语和补语两个部分组成，后面的补语部分是对前面述语部分的补充说明，有时候补语前有助词“得”。（A verb-complement phrase is composed of a predicate and a complement，with the latter part being the supplement to the preceding part of the predicate. Sometimes the complement is preceded by the particle“得”.）

◎ 形式结构

1. V（+ 得）+ AP

（1）说得很流利

（2）听清楚

（3）读不懂 / 吃不饱

2. V + V

（4）拿出

（5）做完

3. Adj + V

（6）急哭

4. V/Adj + Num + Cl

（7）听两遍

（8）等一下儿

（9）大三岁

◎ 相关说明

动补短语中，补语是对述语的结果、状态、趋向、数量等进行补充说明。例如：

In a verb-complement phrase, the complement is used to provide additional information on the result, state, direction, or quantity of the predicate. For example:

（1）洗干净（“干净”补充说明“洗”的结果）
（2）跑得很快（“很快”补充说明“跑”的状态）
（3）走来（“来”补充说明“走”的位置趋向）
（4）读五遍（“五遍”补充说明“读”的频次）
（5）等一会儿（“一会儿”补充说明“等”持续的时间）

综合练习

1. 听力：判断对错。

（1）

答案【　】

（2）★ 这道题他拿到了分数。 答案【　】

（3）★ 爸爸妈妈不让小明看电视。 答案【　】

2. 听力：选出正确答案。

（1）A 女的　B 男的　C 朋友　D 哥哥　答案【　】

（2）A 星期六上午九点　B 星期日上午九点
C 星期六和星期日　D 下周末上午九点　答案【　】

（3）A 女的买了晚饭　B 女的一天都没有吃饭
C 男的没吃午饭　D 男的买了两个人的饭　答案【　】

（4）A 公司让男的交工作计划　B 女的睡得不太好
C 男的昨天晚上没有睡觉　D 现在可能是九月　答案【　】

3. 阅读：选出正确图片。

A 

B 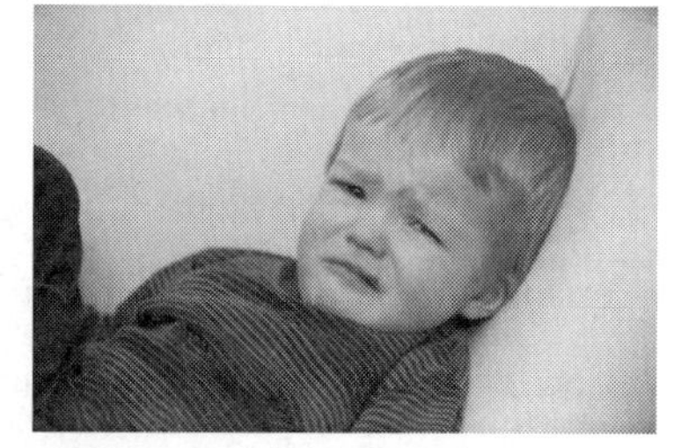

你儿子找不到你，都急哭了。 答案【 】

4. 阅读：选择合适的词语填空。

A 还 B 不同 C 好久 D 来 E 心中 F 走

爸爸给我们带（ ）了一些水果，我们非常开心。 答案【 】

5. 阅读：根据句子选择上下文。

A 他中文说得很流利，但是汉字写得不太好。

B 说好了三点见面，马经理为什么还没来？

C 一回生，两回熟，多去几回就认识了。

D 这件事很重要，今天我们一定要做完。

E 这些孩子都长得非常可爱。

请您在这里坐一会儿，我们经理马上就到。 答案【 】

6. 阅读：判断对错。

（1）今天学的这篇课文有点儿难，我听了两遍才听懂。

★ 这篇课文他第一遍没听懂。 答案【 】

（2）听说我们班的比赛成绩又是第一，大家特别高兴。学校送给同学们的礼物装满了一个大书包，班长还请大家吃了早餐。

★ 同学们因为很喜欢学校送的礼物，所以非常高兴。 答案【 】

7. 阅读：选出正确答案。

（1）刚上班的那几年，我会的东西很少，所以我非常努力，每天都是第一个到公司，最后一个离开，用所有时间来学习。我也经常跟同事们学习工作方法，大家常常会给我提出一些好的意见。下班以后我还会运动和学外语，有时候一到家就想睡觉。经过努力，我的工作水平提高得特别快，现在我已经成了公司的经理，也有了更多的时间做我喜欢做的事情。

★ 关于这段话，哪项正确？

A 上班时他去得最晚

B 他非常努力地工作

C 同事们都不想教他

D 当经理没时间休息 答案【 】

（2）刚来中国的时候，我不会说中文，也听不懂别人说话。后来我在学校努力学习中文，说得越来越流利，认识的汉字也越来越多，老师和同学们都说我的汉字写得很漂亮。我有很多提高中文水平的好办法，比如：多跟中国人聊天儿、多练习写汉字、背熟课文、看中文节目等。

★ 哪项不是他学好中文的原因？

A 常跟中国人说中文　　　　B 努力练习写汉字

C 只读课文不背课文　　　　D 看中文电视节目　　　　答案【　】

8. 书写：完成句子。

课本　请　开　大家　打

____

（5）主谓短语

主谓短语由两个表示陈述关系的部分组成，前边的主语一般是被陈述的人或物，后边的谓语说明主语是什么或者是怎么样的。（A subject-predicate phrase is composed of two parts indicating a declarative relationship. The preceding subject is usually somebody or something being stated, and the following predicate describes what or how the subject is.）

◎ 形式结构

1. NP + VP

（1）我休息

（2）谁去

（3）作业写完了

（4）明天报名

2. NP + AP

（5）衣服真漂亮

（6）妈妈很感动

（7）自行车不贵

3. VP + AP

（8）做事实在

4. NP + NP

（9）今天星期五

（10）我们班五十个学生

综合练习

1. 听力：判断对错。

（1）

答案【 】

（2）★ 学生们考试考得不好。 答案【 】

（3）★ 别人经常做错事情。 答案【 】

2. 听力：选出正确答案。

（1）A 开会　B 上课　C 打电话　D 写信 答案【 】

（2）A 感动　B 开心　C 高兴　D 难过 答案【 】

（3）A 星期六去广场　B 星期日去广场
C 星期六去公园　D 星期日去公园 答案【 】

（4）A 女的拿错了衣服　B 小明今晚在奶奶家住
C 小明家里没有人　D 他们今晚要去换衣服 答案【 】

（5）A 女的今天感觉很累　B 学生一直听不清老师的话
C 小美老师今天生病了　D 女的今天一共上了五节课 答案【 】

3. 阅读：选出正确图片。

A 

B 

他的短信太多，从早到晚都拿着手机回信息。 答案【 】

4. 阅读：根据句子选择上下文。

（1）A 看到你那么生气，孩子们都跑了。

B 我觉得这个人不错，所以想介绍给你。

C 我们的看法不同，但都是有好处也有坏处。

D 她妈妈卖衣服的，她爸爸做电脑游戏的。

E 牛奶坏了，不能喝了，我明天再去买新的。

他的想法实际，我的想法理想。 答案【 】

（2）A 今天人全，咱们一起照个相吧。

B 我一百斤，他一百三十斤。

C 是我姐姐养的，我照顾它几天。

D 你看，这里写着“车辆出租”。

E 这个地方不让学生进，只有老师可以进。

我听到猫叫了，你家养猫了吗？ 答案【 】

5. 阅读：判断对错。

（1）先生您好，我帮您查了您的飞机信息，飞机已经起飞了，现在入口关了，您不能进去。我帮您换五点的飞机，可以吗？

★ 这位先生没有坐上他原来的飞机。 答案【 】

（2）小美在公司旁边租了一套房子，离马路远，晚上很安静。床很舒服，电视也挺高级，她非常喜欢。

★ 小美很满意她租的房子。 答案【 】

6. 阅读：选出正确答案。

（1）这个假期不太忙，我想去爬爬山。正好奶奶家的旁边就有一座山，我就自己去爬了。爬的时候我想查一查上山的路，结果山上信号不好，手机地图打不开。因为上山的方向不正确，所以我找路找了很长时间。而且那天很冷，风大，我穿得不够多，下山以后就生病了。那一天我差不多走了二十公里，特别累，第二天腿还疼，在家休息了好几天。

★ 关于这段话，哪项正确？

A 他找错了下山的方向　　B 奶奶跟他一起去爬山

C 他生病的原因是太累　　D 那天风大而且天气冷　　答案【 】

（2）大卫，你好。收到你的信我非常开心。我的身体挺好的，你最近怎么样？中国学校的夏天和冬天会有一个长假期，你们学校七、八月会放假吗？如果你有时间，明年夏天我们见面吧，你来中国找我，或者我去英国找你。如果你想来中国玩儿，我可以带你旅游，中国有特别多好吃的、好玩儿的。如果你想好了，可以回信告诉我。

★ 关于这段话，哪项错误？

A 他们两个人在不同的国家　　B 他想明年跟大卫见面

C 中国的学校只有冬天放假　　D 大卫以前给他写过信　　答案【　】

7. 书写：完成句子。

（1）见一面　我们　我　应该　认为

____

（2）面条儿　的　做　他　一般　味道

____

38【二 38】其他结构类型 1

（1）“的”字短语

“的”字短语由两部分组成，前一部分是词或短语，后一部分是助词“的”，整体的功能相当于名词。（A “的” phrase consists of two parts: the former part is a word or phrase, and the latter part is the particle “的”. Functionally, it acts as a noun.）

◎ 形式结构

1. NP + 的

（1）这些书是老师的。

（2）前面的坐下。

（3）你认识那个黄头发的吗？

2. Pron + 的

（4）这些东西不是我的。

（5）那辆车是谁的？

3. AP + 的

（6）请女的站在前面，男的站在后面。

（7）大的比小的贵一点儿。

（8）你最近不能吃太冷的。

4. VP + 的

（9）卖菜的走了吗？

（10）这些汉字都是老师教过的。

（11）照片上穿红衣服的是我妹妹。

◎ 相关说明

1.“的”字短语相当于省略了中心语的名词性短语。例如：

A “的” phrase is equivalent to a nominal phrase omitting its headword. For example:

（1）这些不是我的（书）。

（2）家里还有吃的（东西）吗？

2.“主语 + 双宾动词 + 的”结构在句中所指的内容要根据上下文语境来判断。例如：

What the structure “subject + dual object verb + 的” refers to in a sentence depends on the linguistic context. For example:

（3）我教的都是中国的。（“教的”可能是中国的学生，也可能是中国的语言）

综合练习

1. 听力：判断对错。

（1）

答案【　】

（2）★ 说话人让男的站在女的后面。　　答案【　】

（3）★ 说话人告诉他们门口不能停车。　　答案【　】

（4）★ 说话人觉得吃太冷的对身体不好。　　答案【　】

2. 听力：选出正确答案。

（1）A 女的不认识照片上的人　　B 高个子的头发很短

C 短头发的个子很高　　D 女的认识其中一个人　　答案【　】

（2）A 女的是卖衣服的　　B 女的没买到合适的

C 男的是买衣服的　　D 店里的衣服都卖完了　　答案【　】

（3）A 大的不好吃　　B 小的比大的便宜

C 小的非常甜　　D 大的不甜　　答案【　】

（4）A 很多人都觉得中文有意思　　B 学中文要会唱歌

C 他只学过中文这一门语言　　D 学中文要会画画儿　　答案【　】

3. 阅读：选出正确图片。

A 

B 

家里没有吃的了，我该去超市买点儿了。 答案【 】

4. 阅读：选择合适的词语填空。

（1）A 呢 B 的 C 地 D 了 E 得 F 很

地球是大家（ ），我们都应该好好爱它。 答案【 】

（2）A 得 B 着 C 的 D 地 E 了 F 完

你忘了这个词了吗？我们昨天刚学过，第一段课文中（ ）。 答案【 】

5. 阅读：根据句子选择上下文。

A 大卫的中文很好，是我们班最好的。

B 我觉得蓝色的更好看，你要不要试试？

C 这些桌子不是我们的，是三班的。

D 那个穿红衣服的不是我妹妹，我不认识她。

E 这种电脑是我们店里卖得最好的，您看一下儿。

如果你有不明白的，可以问他。 答案【 】

6. 阅读：判断对错。

接下来要为大家唱歌的是小明，歌的名字是《月亮代表我的心》。相信大家都听说了，小明是我们班唱歌最好听的。请小明上场，大家欢迎！

★大家觉得小明唱歌很难听。 答案【 】

7. 阅读：选出正确答案。

您带我看的这套房子非常好，旁边有超市和公园，离地铁站也不远，白天很安静，但是到了晚上声音就很大，而且一个月要三千块，我觉得太贵了，所以还想看看其他的，不知道有没有一个月两千的，其他条件差不多就行。如果有这样的，请您给我打电话，非常感谢！

★ 关于这段话，可以知道：

A 他不想租这套房子　　B 这套房子晚上很安静

C 他很喜欢这套房子　　　　D 这套房子一个月两千块　　　　答案【　】

8. 书写：完成句子。

（1）我弟弟　中间　那个　的　长头发　是

____

de

（2）这个手机已经坏了，去买个新（　　）吧。

（2）连谓短语

连谓短语由两个或两个以上动词或动词性短语构成。（A serial verb phrase is composed of two or more verbs or verb phrases.）

◎ 形式结构

1. $V_1 + V_2$

（1）我今天打车上班。

2. V_1 + 了 / 着 + V_2

（2）这些东西要洗了吃。

（3）你打算走着去吗？

3. $V_1 + N + V_2$

（4）你跟我坐车去吧。

（5）下午我想叫外卖吃。

4. $V_1 + V_2 + N$

（6）我们刚才去吃午饭了。

（7）我下午想去买东西。

5. $VP_1 + VP_2$

（8）我们坐飞机去北京吧。

（9）小明去图书馆借书了。

◎ 相关说明

连谓短语中的两个或多个动词（性短语）表示连续发生的动作行为，具体可以分为以下几种：

In a serial verb phrase, two or more verbs (or verb phrases) indicate consecutive actions. These can be categorized into the following types:

1. 表示先后或连续发生的动作或情况。例如：

To indicate actions or situations that occur successively or consecutively. For example:

（1）孩子吃了晚饭看书去了。（“吃晚饭”在前，“看书”在后）

（2）他看了一会儿说：“这个我也会。”（“看”在前，“说”在后）

2. 后面动词（性短语）表示的动作行为是前面动作行为的目的。例如：

The action or behavior of the following verb (phrase) is the purpose of the preceding action. For example:

（3）我们去商店买东西。（“买东西”是“去商店”的目的）

（4）我想开灯看一会儿书。（“看书”是“开灯”的目的）

3. 前面动词（性短语）表示的动作行为是后面动作行为的方式。例如：

The action or behavior of the preceding verb (phrase) serves as the manner of the subsequent action. For example:

（5）他经常用手机听音乐。（“用手机”是“听音乐”的方式）

（6）明天我们坐火车去北京。（“坐火车”是“去北京”的方式）

综合练习

1. 听力：判断对错。

（1）

答案【 】

（2）★ 小明坐公交车去了学校。 答案【 】

（3）★ 说话人想留大卫在家吃饭。 答案【 】

（4）★ 说话人现在想去睡觉。 答案【 】

2. 听力：选出正确答案。

（1）A 女的要去听音乐会　　B 大卫明天要去爬山

C 女的明天要去工作　　D 音乐会在早上举行　　答案【 】

（2）A 他没有去过超市　　B 他经常去超市买东西
　　C 他想上网卖东西　　D 他觉得上网买东西很好　　答案【　】

（3）A 他在等来电　　B 他不会用洗衣机
　　C 他在洗衣服　　D 他今天生病了　　答案【　】

（4）A 他喜欢中国的食物　　B 他正在中国学习
　　C 他觉得在中国很安全　　D 他爸妈在中国生活　　答案【　】

3. 阅读：选出正确图片。

A 　　B 

老师，我有个问题想问您。　　答案【　】

4. 阅读：选择合适的词语填空。

（1）A 了　B 着　C 过　D 和　E 的　F 也

他一直在那儿哭（　　）说，东西不是他拿的。　　答案【　】

（2）A 不　B 多　C 有　D 完　E 想　F 让

你如果通过了这次考试，就（　　）机会去中国学习。　　答案【　】

5. 阅读：根据句子选择上下文。

A 现在你有时间吗？我有一个问题想问问你。

B 跟西方人不一样，中国人用筷子吃饭。

C 孩子们听完故事都笑了，说明你讲得很好。

D 他刚才打电话说去图书馆借书了，会晚点儿回来。

E 你从小就用左手写字吗？怎么写得这么好？

天都快黑了，怎么小明还没回来？　　答案【　】

6. 阅读：判断对错。

明天是周末，家里会来很多客人。我看家里菜不多了，你吃完晚饭去超市买一些菜，再多买些水果。东西太多了，坐公交车不方便，你开车去吧。

★ 他们正在超市买菜。　　答案【　】

7. 阅读：选出正确答案。

同学们，你们已经学习中文三个月了。现在你们学会了很多汉字，也可以说出很多句子。今天我给你们一个作业，请你们用学过的词语写一个故事。你们可以写自己在中国的学习和生活，也可以写你们出去旅行时见过的人或事，最少写 100 字。我相信你们一定可以写得很好，加油！

★ 关于这段话，可以知道：

A 同学们还不会说中文　　　　B 他们正在外面旅行

C 同学们不喜欢写汉字　　　　D 今天的作业是写故事　　　　答案【　】

8. 书写：完成句子。

有　时间　作业　吗　完成　你

____

39【二 39】名词性短语

功能上相当于名词的短语叫名词性短语。（A phrase that functions as a noun is called a nominal phrase.）

◎ 形式结构

1. Adj（+ 的）+ N

（1）新书

2. N_1 + 的 + N_2

（2）孩子的健康

3. N_1 + N_2

（3）中文水平

（4）爸爸妈妈

4. Pron + 的 + N

（5）我的衣服

5. Num + Cl + N

（6）一条河 / 两杯水 / 三位老师 / 四个国家

6. Pron + Cl

（7）这个 / 这件 / 那套 / 那辆 / 哪瓶 / 哪篇

7. Pron + Num + Cl + N

（8）我们三个人

8. N/Pron/Adj + 的 + V

（9）老师的出现

（10）大家的帮助

（11）满意的回答

9. N/Pron + 的 + Adj

（12）孩子的快乐

（13）他的不满

10. N_1/$Pron_1$ + 和 / 跟 + N_2/$Pron_2$

（14）老师和学生

（15）小明和咱们

（16）我和爸爸

（17）我跟你

11. …… + 的

（18）买东西的

（19）来考试的

（20）拿第一的

◎ 相关说明

名词性短语主要有以下几种类型：

Nominal phrases mainly include the following types:

1. 以名词为中心的偏正短语。例如：

Modifier-head phrases centered around nouns. For example:

新衣服、以前的事情、新年礼物、大家的想法、一本小说

2. 带有定语的以动词或形容词为中心的偏正短语。例如：

Modifier-head phrases centered around verbs or adjectives with modifiers. For example:

朋友的照顾、家人的关心、客人的平安、大家的不满

3. 由各类名词、代词、数量词等组成的联合短语。例如：

Coordinate phrases composed of various nouns, pronouns, quantifiers, and so on. For example:

弟弟妹妹、中文和英文、我和你、这一个和那几个

4. 名量词组成的量词短语。例如：

Quantifier phrases composed of nominal measure words. For example:

一个、这本、那三百条、四千元

5. "的"字短语。例如：

"的" phrases. For example:

卖菜的、长头发的、男的、谁的

综合练习

1. 听力：判断对错。

（1）

答案【　】

（2）★ 他已经完成了工作计划。 答案【　】

（3）★ 他们正在绿湖公园对面。 答案【　】

（4）★ 他和他哥哥都不像爸爸妈妈。 答案【　】

2. 听力：选出正确答案。

（1）A 男的生病了　　B 男的很关心女的

C 他们在医院　　D 男的去拿了药　　答案【　】

（2）A 男的今天生日　　B 礼物是男的买来的

C 女的不要礼物　　D 女的喜欢这个礼物　　答案【　】

（3）A 今天气温 15 度　　B 今天是大晴天

C 女的不喜欢下雨　　D 男的不怕冷　　答案【　】

（4）A 他来中国学习很多年了　　B 他很喜欢中国

C 老师和同学们很关心他　　D 他过得很开心　　答案【　】

3. 阅读：选出正确图片。

A 

B 

谢谢您的照顾，我明天就可以出院了。 答案【 】

4. 阅读：选择合适的词语填空。

（1）A 的　B 地　C 了　D 最　E 真　F 次

爸爸妈妈最关心的就是孩子（　　）健康。 答案【 】

（2）A 不　B 多　C 和　D 只　E 太　F 的

健康（　　）工作，你觉得哪个更重要？ 答案【 】

5. 阅读：根据句子选择上下文。

A 这位是我们银行的经理，有什么问题你可以找他。

B 这个小男孩儿的脸红红的，真可爱。

C 我和大卫明天想去绿湖公园，你跟我们一起吗？

D 我已经做完了，不过还是要谢谢您。

E 这个卖十块太贵了，可以便宜一点儿吗？

你们去吧，我明天还有很多工作要做。 答案【 】

6. 阅读：判断对错。

"再见"是我学过的最有意思的一个词。我们都知道，"再见"有"再一次见面"的意思。我们在离开的时候说"再见"，心里是想着跟对方再次见面的。

★人们一般在离开的时候说"再见"。 答案【 】

7. 阅读：选出正确答案。

照片上这个地方非常漂亮，有蓝天和白云，还有干净的湖水。到了夏天，这里气温还不到 20 度，所以很多人都喜欢来这里旅游。我有一个朋友就住在这儿，他们家房子旁边有一条小河，河边有一排高高的树。朋友说，他早上在房间里常常能听到树上小鸟的歌声。我想想都觉得好美。

★ 关于这段话，哪项正确？

A 这个地方夏天很热　　B 朋友房间里有鸟

C 很多人来这里旅游　　D 朋友喜欢在早上唱歌 答案【 】

8. 书写：完成句子。

给你　不能　我　满意　回答　的

____

40【二 40】动词性短语

以动词为中心，在功能上相当于动词的短语叫动词性短语。（A phrase taking a verb as the center and acting as a verb is called a verbal phrase.）

◎ 形式结构

1. V + O

（1）学中文 / 买水果 / 吃早餐 / 看医生

（2）表示感谢 / 参加考试

2. V + Comp

（3）做好 / 说对 / 写错 / 洗干净 / 讲清楚

（4）写完 / 看懂 / 学会 / 想明白

（5）走来 / 带去 / 爬上 / 打开 / 拿出来

（6）看了一遍 / 拿着两个 / 去过三次 / 打一下儿

（7）说得很流利 / 玩儿得特别高兴 / 打得很不错

3. $V_{能愿}/V_{心理}$ + V/Adj

（8）可以去 / 应该相信 / 愿意离开 / 想玩儿

（9）喜欢安静 / 感到难受 / 觉得开心

4. Adj/Adv（+ 地）+ V

（10）安静地学习 / 认真地讨论 / 顺利地回国

（11）认真学习 / 努力工作 / 随便参观 / 快乐生活

（12）常常休息 / 非常满意 / 随时准备 / 一起讨论

综合练习

1. 听力：判断对错。

（1）

答案【　】

（2）★ 说话人在医院看医生。　　答案【　】

（3）★ 说话人还没吃早餐。　　答案【　】

（4）★ 说话人很喜欢他在中国找的工作。　　答案【　】

2. 听力：选出正确答案。

（1）A 男的在教室坐着　　B 现在是休息时间
C 教室里正在上课　　D 男的来得太早了　　答案【　】

（2）A 男的很不喜欢小猫　　B 女的愿意帮助男的
C 女的周末要去旅游　　D 他们周末要去北京　　答案【　】

（3）A 男的前段时间病了　　B 他们明天要考试
C 女的怕自己考不好　　D 女的不相信自己　　答案【　】

（4）A 夏天人们喜欢去南方旅游　　B 没有人去他们那里旅游
C 冬天人们喜欢去北方旅游　　D 他很爱自己长大的地方　　答案【　】

3. 阅读：选出正确图片。

A 

B 

听到这个消息，她感到很高兴。　　答案【　】

4. 阅读：选择合适的词语填空。

（1）A 的　B 地　C 得　D 玩　E 了　F 打
今天和大家一起出来，我玩儿（　　）特别高兴。　　答案【　】

（2）A 和　B 了　C 很　D 着　E 地　F 的
听完他讲的故事，孩子们都开心（　　）笑了。　　答案【　】

5. 阅读：根据句子选择上下文。

A 我下个月结婚，你有时间过来吗？

B 这次能和大家一起出来旅行，我特别高兴。

C 加上这次，我已经来过三次北京了。

D 你等我一下儿，我去买点儿水果。

E 我也要努力工作，过自己喜欢的生活。

看完这本书，你有什么想法？　　答案【　】

6. 阅读：判断对错。

欢迎大家来参加我的生日晚会！今天，我想借这个机会，向所有帮助和关心过我的朋友表示感谢，真的谢谢你们！

★ 他在参加朋友的生日晚会。　答案【　】

7. 阅读：选出正确答案。

中国有句老话，叫“有借有还，再借不难”，意思是向别人借了东西，到了说好的时间一定要还回去，只有这样，当你想再借的时候，别人才会愿意借给你。如果你借了东西经常不还，别人就不会相信你了。

★ 关于这段话，哪项正确？

A 借了东西可以不还　　B 借了东西一定要还

C 不要向别人借东西　　D 永远不要相信别人　　答案【　】

8. 书写：完成句子。

很　他　流利　中文　得　说

____

41【二 41】形容词性短语

以形容词为中心，在功能上相当于形容词的短语叫形容词性短语。（A phrase taking an adjective as the center and acting as an adjective is called an adjectival phrase.）

◎ 形式结构

1. Adv + Adj

（1）很舒服

2. Adj + Comp

（2）大一点儿

3. $AP_1 + AP_2$

（3）又漂亮又可爱

综合练习

1. 听力：判断对错。

（1）

答案【　】

（2）★ 最近天气很热。 答案【 】

（3）★ 工作比身体健康更重要。 答案【 】

（4）★ 绿湖高级酒店离绿湖公园很近。 答案【 】

2. 听力：选出正确答案。

（1）A 她不想有钱　　B 她不喜欢工作

C 她不要快乐　　D 有钱让她快乐 答案【 】

（2）A 女的已经卖了很多　　B 女的给男的便宜了两块

C 男的觉得东西便宜　　D 男的吃了一个觉得很甜 答案【 】

（3）A 男的对房子很满意　　B 女的楼下有一个公园

C 男的租了女的的房子　　D 男的睡觉时声音很大 答案【 】

（4）A 他只去过中国旅游　　B 他只喜欢在中国旅游

C 在中国旅游很安全　　D 他和朋友正在中国旅游 答案【 】

3. 阅读：选出正确图片。

A　　B

他工作一直很努力，工作成绩一年比一年好。 答案【 】

4. 阅读：选择合适的词语填空。

A 的　B 地　C 得　D 很　E 了　F 都

大家非常认真（　　）讨论了这个问题。 答案【 】

5. 阅读：根据句子选择上下文。

A 能来中国工作，我觉得特别高兴。

B 我这次考试比上次多三分，我太开心了。

C 您说得太对了，健康平安是最重要的。

D 你知道吗？有的时候很难做到真正的公平。

E 谢谢您的照顾，我有机会就回来看您。

安全第一，大家在工作中一定要多加小心。 答案【 】

6. 阅读：判断对错。

我们家对我影响最大的是我爸爸，从小他就对我说，做事情一定要认真，如果不认真，花了时间，事情做不好，还学不到东西。

★ 爸爸说如果做事情不认真就学不到东西。 答案【 】

7. 阅读：选出正确答案。

我是一个中文老师，很多外国人问我，怎样才能学好中文。我觉得学习中文最快最好的方法就是多听和多说，多看中国电视节目，多和中国人交朋友，不要害怕说错。听多了，说多了，你会越来越有信心，有了信心，你会取得更大的进步。

★ 关于这段话，哪项正确？

A 学习中文不用听　　B 要多交中国朋友

C 学习中文只用说　　D 信心对学习不重要 答案【 】

8. 书写：完成句子。

（1）天气 一点儿 今天 热 有

____

（2）可以 声音 一点儿 吗 您的 大

____

（三）固定短语

42【二 42】不一会儿

【不一会儿】bù yíhuìr 表示很短的时间。（It indicates a very short time.）

◎ 常见搭配

刚来不一会儿 | 不一会儿就写完了 | 坐了不一会儿就走了

◎ 形式结构

1. S + 不一会儿 + VP/AP

（1）今天的作业，我不一会儿就做完了。

（2）天已经有点儿黑了，路灯不一会儿就亮了。

2. 不一会儿，S + VP/AP

（3）我们走到车站，不一会儿，车就来了。

（4）天已经有点儿黑了，不一会儿，路灯就亮了。

3. S + V + 不一会儿（+ NP）

（5）她看了不一会儿书，睡着了。

（6）他才来了不一会儿，就要走。

比较

不一会儿、一会儿

相同点：Similarities:

二者都可以表示说话人主观上认为时间不长，两者可以互换，在句子中作补语、状语和定语。“不一会儿”比“一会儿”表示的时间更短。例如：

Both can indicate that the speakers subjectively believe the time is not long, and they can be used interchangeably as complements, adverbials, and attributives in sentences. “不一会儿” implies a shorter time compared to “一会儿”. For example:

（1）小明去了不一会儿 / 一会儿就回来了。

（2）不一会儿 / 一会儿，他就干完了所有的活儿。

（3）不一会儿 / 一会儿的时间，大家全都走了。

不同点：Difference:

1. “不一会儿”只能表示说话人主观上认为时间短。“一会儿”的意义更丰富，可以表示客观的“一段时间”，在句子中作状语或补语。例如：

“不一会儿” can only indicate that the speaker subjectively believes the time is short. “一会儿” has a richer meaning and can represent an objective “period of time”, serving as an adverbial or complement in a sentence. For example:

（4）（王老师去上课了，还有十分钟下课，）王老师一会儿回来。——

*（王老师去上课了，还有十分钟下课，）王老师不一会儿回来。

（5）请等我一会儿。——* 请等我不一会儿。

“一会儿”也可以表示“从现在往后的一段时间之内”，在句子中作句首状语。例如：

“一会儿” can also indicate “a period of time from now on”, and it can be used as a sentence-initial adverbial. For example:

（6）一会儿，我们一起开个会。——* 不一会儿，我们一起开个会。

“一会儿”还可以重复使用，表示“两种情况交替出现”。例如：

“一会儿” can also be used repeatedly to indicate “two situations occurring alternatively”. For example:

（7）听到这个消息，她一会儿哭，一会儿笑。——

* 听到这个消息，她不一会儿哭，不一会儿笑。

（8）孩子心里很害怕，一会儿看看老师，一会儿看看妈妈。——

* 孩子心里很害怕，不一会儿看看老师，不一会儿看看妈妈。

“一会儿”可以用在指示代词“这”“那”的后边，表示“这时”“那时”，在句中作状语，“一”可以省略，说成“这会儿”“那会儿”；也可以用在“这么”“那么”后边，表示特定的“一段时间”。例如：

“一会儿” can be used after the demonstrative pronoun “这” (this) or “那” (that) to indicate “at this time” or “at that time” and acts as an adverbial in a sentence, in which the “一” can be omitted, and it is equivalent to “这会儿” (this moment) or “那会儿” (that moment). It can also be used after “这么” (like this) or “那么” (like that) to indicate a specific “period of time”. For example:

（9）那（一）会儿，我还只是个学生，没工作呢。——

* 那不一会儿，我还只是个学生，没工作呢。

（10）他看了这么一会儿，就明白了。——* 他看了这么不一会儿，就明白了。

2.“一会儿”和其他语法手段结合以后，可以主观地表示时间长，也可以主观地表示时间短。“不一会儿”只主观表示时间短。例如：

After “一会儿” is combined with other grammatical means, it can subjectively indicate a long or short period of time. “不一会儿” only subjectively indicates a short time. For example:

（11）过了好一会儿，他才从经理的办公室出来。（主观上觉得时间较长）

（12）a. 才进去一会儿，他就笑着从医生的办公室出来了。（主观上觉得时间很短）

b. 才进去不一会儿，他就笑着从医生的办公室出来了。（主观上觉得时间很短）

综合练习

1. 听力：判断对错。

（1）

答案【　】

（2）★ 开车从这儿到小美家要很长时间。　答案【　】

（3）★ 最近天气变冷了，小明和大家一样都生病了。　答案【　】

2. 听力：选出正确答案。

（1）A 男的今天上午没去办公室　　B 经理今天一直在办公室
C 经理下午要来办公室开会　　D 经理上午去过办公室　　答案【　】

（2）A 女的不愿意去海边玩儿　　B 今天的天气一直很好
C 男的不想在家喝茶、看书　　D 他们最近工作都很累　　答案【　】

（3）A 女的让男的帮她做饭　　B 女的一直用手机点外卖
C 男的最近工作不太忙　　D 男的觉得外卖很快就到　　答案【　】

（4）A 市中心的广场一直有很多人　　B 广场上卖的东西没有原来便宜
C 没有人愿意去广场上买东西　　D 广场上现在有很多人在买东西
答案【　】

3. 阅读：选出正确图片

A 　　B

不一会儿就要上课了，教室里坐满了学生。　　答案【　】

4. 阅读：选择合适的词语填空。

（1）A 不可以　B 不相信　C 不好意思　D 不知道　E 不一会儿　F 不一定
最近天气不太好，早上我们出门的时候还是晴天，（　　）就开始下雨了。
答案【　】

（2）A 不一样　B 不一定　C 不一会儿　D 不可能　E 不合适　F 不满意
你如果认真做，这些工作（　　）就能做完；如果不认真做，可能花一天时间也做不完。　　答案【　】

（3）A 不常有　B 不公平　C 不好玩儿　D 不顺利　E 不舒服　F 不一会儿
女：我们明天怎么去火车站？坐出租车吗？
男：去火车站坐地铁比较方便，（　　）就到了。　　答案【　】

5. 阅读：根据句子选择上下文。

A 这个地方的电脑坏了，我们只能换一个地方重新排队。

B 虽然现在天气很好，但是新闻里说一会儿就会下雨。

C 这些中文报纸我还看不太懂，你能帮帮我吗？

D 你怎么买了那么多衣服？是商场今天做活动吗？

E 别急，还有十分钟呢，我先去买两瓶水。

咱们快进去吧，电影不一会儿就开始了。 答案【 】

6. 阅读：判断对错。

新来公司的大卫是一个很有意思的人，他喜欢讲笑话，工作也做得很好，和他一起做事的人都觉得很快乐。有一次，一个同事工作没做好，经理很生气，他自己也很难过。大卫听说了以后，就找那个同事一起去了经理的办公室，不一会儿，大家就看见经理和他们一起笑着出来了。

★ 大卫和同事在经理的办公室说了很长时间。 答案【 】

7. 阅读：选出正确答案。

小美工作的地方离家很远，她每天坐公交车上班需要花一个半小时才能到公司。今年3月，城里有了地铁，小美每天坐地铁上班，不一会儿就到公司了。小美说，坐地铁上班实在太方便了，现在她每天可以多睡一个小时。

★ 根据这段话，可以知道：

A 小美的家离上班的地方很近　　B 小美去年每天都坐地铁上班

C 小美觉得坐公交车上班很方便　　D 小美坐地铁很快就能到公司

答案【 】

8. 书写：完成句子。

这里夏天经常下大雨，但是一般下的时间都不长，不一（ huì ）儿就停了。

43【二 43】什么的

【什么的】shénme de 用在一个或多个并列成分后面，表示列举同类事物，常用于口语中。(It is used after one or more parallel elements to indicate listing similar things, and it is often used in spoken Chinese.)

◎ 形式结构

牛奶、面包什么的 | 衣服、鞋子什么的 | 看看书、写写字什么的

◎ 形式结构

1. NP_1、NP_2…… + 什么的

（1）我去超市买了一些水果、面包什么的。

（2）那家商场里都是卖一些衣服、鞋子什么的。

（3）他的包实在太重了，相机、手机什么的都在里面。

2. VP_1、VP_2……＋什么的

（4）考试前多看看书、做点儿练习什么的。

（5）打打网球、跑跑步什么的对身体有好处。

（6）他不喜欢做饭什么的。

3. AP_1、AP_2……＋什么的

（7）快、慢什么的不重要，重要的是安全。

综合练习

1. 听力：判断对错。

（1）

答案【　】

（2）★ 说话人不太喜欢旅游。 答案【　】

（3）★ 他们昨天爬山爬到一半时因为又累又渴，所以就马上回家了。 答案【　】

2. 听力：选出正确答案。

（1）A 男的想买一些用的　B 男的不知道哪儿有超市
　　C 女的想买一些吃的　D 女的不知道哪儿有超市　答案【　】

（2）A 今天终于星期天了　B 女的最近不太忙
　　C 他们周末去看电影　D 男的周末在家看书　答案【　】

（3）A 男的喜欢跑步和骑自行车　B 女的喜欢跑步和骑自行车
　　C 男的平时喜欢一个人爬山　D 他们都喜欢一个人去爬山　答案【　】

（4）A 现在的手机越来越便宜　B 现在的手机不可以查地图
　　C 现在旅游没有以前方便　D 现在旅游不用带太多东西　答案【　】

3. 阅读：选出正确图片。

A 

B 

他们一家都不太喜欢去外面玩儿，没事儿就在家里一起看看电视什么的。

答案【　】

4. 阅读：选择合适的词语填空。

（1）A 什么的　B 有一些　C 不一定　D 一下儿　E 笑话儿　F 比如说

这个书店的书都是关于语言、教育（　　），如果你想买小说，可以去对面的书店看看。

答案【　】

（2）A 可以吗　B 差不多　C 不一会儿　D 怎么样　E 做什么　F 什么的

小美最近因为生病没去公司上班，每天就在家睡睡觉，或者下楼散散步（　　）。

答案【　】

（3）A 怎么不　B 没什么　C 什么的　D 为什么　E 怎么样　F 做什么

男：听说院长早上来我们办公室了，他说了什么？

女：没什么，就是让我们认真上课、努力工作（　　）。　答案【　】

5. 阅读：根据句子选择上下文。

A 这儿有这么多好吃的东西，你真的不想吃一点儿吗？

B 昨天晚上看完这个电影，我和朋友都觉得很感动。

C 很多人因为在外地工作等原因，不能经常在父母身边。

D 这件蓝色的又贵又难看，还是买刚才那件红色的吧。

E 在昨天的生日晚会上，大卫说他下个星期回国。

只能通过打电话、发信息什么的来关心他们。　答案【　】

6. 阅读：判断对错。

我现在一个人在外地工作，妈妈会经常给我打电话，其实她也没有特别重要的事情，就是想和我说说话、问问我的工作和生活什么的。大多数的时间都是妈妈在说，我在听。我知道妈妈一直都关心着我，希望我能常回家看看。所以现在一有假期，我就会回家和她一起生活一段时间。

★ 他在外地工作，妈妈很关心他的生活和工作，常常给他打电话。　答案【　】

7. 阅读：选出正确答案。

小美周末经常和朋友一起去商场买买东西、吃吃饭什么的。有时候朋友没有空儿，她就会一个人去图书馆看看书，或者去一些养小猫、小狗的商店和这些小动物玩儿。

★ 根据这段话，可以知道：

A 小美常常自己一个人去商场买东西　　B 小美经常和朋友一起去图书馆

C 小美一个人时可能会去图书馆看书　　D 小美的朋友很喜欢小猫和小狗

答案【　】

8. 书写：完成句子。

（1）喜欢　什么的　包子　吃点儿　他　早餐

____

shén

（2）这次见面没什么特别重要的事情，就是老朋友一起说说话、喝喝茶（　　）么的。

44【二 44】越来越

【越来越】yuèláiyuè 用于表示程度随着时间的发展、推移而变化，是同一事物在不同时期或不同条件下的比较。（It indicates that the degree changes over time or with the passage of time, and it compares the same thing at different periods of time or under different conditions.）

◎ 常见搭配

越来越热 | 越来越小 | 越来越亮 | 越来越有希望 | 越来越喜欢

◎ 形式结构

1.（S +）越来越 + Adj（+ 了）

（1）天气越来越热了。

（2）玛丽越来越漂亮了。

2.（S +）越来越 + VP（+ 了）

（3）他越来越离不开你了。

（4）我越来越喜欢学习中文。

◎ 相关说明

1.“越来越……”表示程度随着时间而变化，句中不能再加表示程度的词语。例如：

“越来越……” indicates that the degree changes over time, and it cannot be followed by words indicating degree. For example:

（1）天气越来越热了。——* 天气越来越很热了。/ * 天气越来越热多了。

2.“越来越……”后边一般是表示变化的形容词或表示心理活动的动词，表示动作、行为的动词不能放在“越来越”后。例如：

“越来越……” is usually followed by an adjective indicating changes or a verb indicating psychological activities. Verbs indicating actions or behaviors cannot be used after “越来越”. For example:

（2）车越来越快了。/ 车开得越来越快了。——* 车越来越开得快了。

综合练习

1. 听力：判断对错。

★ 中国的人口和三十年前一样多。 答案【 】

2. 听力：选出正确答案。

（1）A 没有 B 找到了 C 有很多 D 不多 答案【 】

（2）A 去了 B 没有 C 正在去 D 不知道 答案【 】

（3）A 不要安排节目 B 饭菜不重要

C 最好不在工作日的晚上 D 影响人们的生活 答案【 】

3. 阅读：选择合适的词语填空。

A 常常 B 必须 C 越来越 D 大部分 E 不一定 F 清楚

女：你觉得中国怎么样？

男：生活很舒服，好吃的东西很多，中国人也很友好，我（ ）喜欢这里了。

答案【 】

4. 阅读：根据句子选择上下文。

（1）A 到了九年级，不少孩子的英语成绩都下降了。

B 这家医院里有西医，也有中医。

C 这家宾馆新来了很多服务员。

D 体育馆外的停车场满了，大家都进不来。

E 这场音乐节都是数字门票，特别方便。

因为要学的东西越来越难了。 答案【 】

（2）A 到了九年级要好好学英语，

B 这两天医院里面的病人很多，

C 这家药店卖的药贵吗？

D 体育馆外为什么没有停车场？

E 再见，一路顺风！

因为它越来越难了！ 答案【 】

（3）A 他的话说得太难听了，

B 坏消息一个接着一个，

C 这种药只能在医院买到。

D 下个月我要休假了。

E 换个角度想一想。

玛丽心里越来越难过了。 答案【 】

5. 阅读：选出正确答案。

（1）爷爷拿着今天的晚报和我说："现在的报纸越来越好看了，不但有国家大事，还有体育、汽车、天气等方面的内容。我坐在家里，也能知道外边的事。"我接过爷爷的报纸，说："如果您喜欢，我还给您买。"

★ 关于报纸，哪项正确？

A 现在的报纸不好看　　B 爷爷喜欢现在的报纸

C 现在的报纸不要钱　　D 爷爷不喜欢体育新闻 答案【 】

（2）十六岁那年，我喜欢过一个女孩儿。现在想一想，我不知道那时自己为什么那么喜欢她。也许是因为十六岁非常美好，十六岁的爱情也特别美好。我跟朋友们分享了这个想法，越来越多的人觉得我说得对。

★ 关于这段话，哪项正确？

A 十六岁这个年龄非常美好　　B 十六的女孩儿不漂亮

C 十六岁的男孩儿不热情　　D 十六岁的朋友们不同意 答案【 】

（3）人的一生中，一定要交几个好朋友。当你难过的时候，有朋友跟你一起难过；当你开心的时候，有朋友跟你一起开心。如果你的朋友越来越多，你会感觉到生活越来越舒服，因为朋友会给你很大的帮助。这就是中国话里说的"多个朋友多条路"。

★ 这段话告诉我们：

A 朋友会让人开心　　B 要多帮助朋友

C 朋友会让人难过　　D 朋友是人生的路 答案【 】

6. 书写：完成句子。

（1）心情　越来越　孩子　爸爸妈妈　的　懂得

____

（2）越来越　秋天　到了　天气　凉了

____

（3）有了手机和科技，生活（ yuèláiyuè ）方便了。

固定格式

45【二45】还是……吧

【还是……吧】háishi…ba 表示经过思考、比较以后，做出的选择。（It indicates the choice made after consideration and comparison.）

◎ 常见搭配

还是你去吧 | 还是吃这个吧 | 还是喝水吧

◎ 形式结构

1. ……，S + 还是 + VP + 吧

（1）打车太贵了，咱们还是坐地铁吧。

（2）外边下雨了，我们还是在房间里看电视吧。

2. S + 还是 + VP + 吧，……

（3）咱们还是在国内玩儿玩儿吧，出国太麻烦了。

（4）我们还是在家里吃吧，外面的东西不太健康。

◎ 相关说明

"还是……吧" 不能单独使用，通常有先行句或后续句来表示做出选择的原因。例如：

"还是……吧" cannot be used independently and usually requires a preceding or following sentence to indicate the reason for making a choice. For example:

（1）那件红色的太难看了，你还是选这件蓝色的吧。

（2）（你）还是在家多复习复习吧，马上就要考试了。

综合练习

1. 听力：判断对错。

（1）

答案【　】

（2）★ 说话人打算今天在家里看电视。 答案【 】

（3）★ 少玩儿手机、多运动对身体健康没有帮助。 答案【 】

2. 听力：选出正确答案。

（1）A 女的今天生病住院了　B 男的不想和女的一起去看大卫
C 大卫现在已经出院了　D 他们可能明天去大卫家里看大卫
答案【 】

（2）A 女的一会儿要去超市买方便面　B 男的觉得吃方便面对身体好
C 女的最近太忙，没时间做饭　D 男的不想和女的一起吃饭　答案【 】

（3）A 男的想要一杯热的咖啡　B 女的不太喜欢喝茶
C 女的觉得喝茶比喝咖啡好　D 男的夏天喜欢喝冰水　答案【 】

（4）A 小美不想花很多钱给妈妈买礼物　B 妈妈想要一份很特别的礼物
C 小美想画一张画儿给妈妈当礼物　D 商店里所有的礼物都很便宜　答案【 】

3. 阅读：选出正确图片。

A

B

这次旅游我们还是坐火车吧，从我家去机场太不方便了。 答案【 】

4. 阅读：选择合适的词语填空。

（1）A 了　B 呢　C 吧　D 吗　E 啊　F 的

还是你去告诉他（　　），我怕我说不明白。 答案【 】

（2）A 又……又……　B 因为……所以……　C 一……就……
D 是……的　E 虽然……但是……　F 还是……吧

你最好（　　）多穿点儿衣服（　　），现在天气越来越冷了。 答案【 】

（3）A 要是　B 还是　C 只是　D 老是　E 不是　F 就是

女：现在已经很晚了，这个工作咱们可以明天再做吗？

男：经理说他明天早上要来检查，咱们（　　）今天就做完吧。 答案【 】

5. 阅读：根据句子选择上下文。

A 接到妈妈从美国打来的电话，我特别高兴。

B 我不但学会了中文，还学会了很多其他方面的知识。

C 如果你懂得一个国家的语言，你就会明白很多那儿的文化。

D 如果你有了自己的理想，那就一定要努力让它实现。

E 还是租一间近一点儿的房子吧，这样早上还能多睡会儿。

你现在住的地方离公司实在太远了，　　答案【　】

6. 阅读：判断对错。

很多人认为手机的功能越多，我们可以用它做的事情就越多，生活也会越来越方便。但是也有人认为手机的出现并没有让我们的生活变得更好，因为用手机打字的时间越来越多，和家人、朋友说话的时间越来越少；玩儿手机的时间越来越多，出去运动的时间越来越少。所以这部分人建议，还是少花一些时间在手机上吧，多和家人、朋友说说话，多运动运动。

★ 所有人都认为，手机的功能越来越多会让我们的生活更加方便。　　答案【　】

7. 阅读：选出正确答案。

虽然机票很贵，但是我们离那个地方实在太远了，坐火车要 15 个小时才能到，而且出发的时间在晚上 11 点，很不方便，所以我们还是坐飞机吧。

★ 根据这段话，可以知道：

A 他们要去的地方不是很远　　B 坐飞机去那里需要 15 个小时

C 他们可能在晚上 11 点出发　　D 他们可能会坐飞机去那个地方　　答案【　】

8. 书写：完成句子。

hái

听说这家饭店的菜不是很好吃，咱们（　　）是换一家吧。

46【二 46】又……又……

【又……又……】yòu…yòu…表示几种状态或特点同时存在，或几个动作同时进行。（It indicates that several states or characteristics exist simultaneously, or doing several actions at the same time.）

◎ 常见搭配

又吃又喝 | 又打电话又发短信 | 又大又甜 | 又年轻又漂亮 | 又安全又方便

◎ 形式结构

1. S + 又 + AP_1 + 又 + AP_2

（1）这个饭馆的菜又好吃又便宜。

（2）这双球鞋又贵又不好看。

2. S + 又 + VP_1 + 又 + VP_2（+ 的）

（3）孩子们又跑又跳的。

（4）妈妈每天又做饭又洗衣服，太累了。

◎ 相关说明

1.“又 A 又 B”具有描摹性，A、B 是动词或动词性短语时，常常在后边加上“的”。例如：

“又A又B” has a descriptive quality. When A and B are verbs or verb phrases, they are often followed by “的”. For example:

（1）孩子们高兴得又唱又跳的。

（2）公司又不出钱又不出人的，怎么可能办好活动呢？

2.“又 A 又 B”中的 A 和 B 大多是单音节或双音节的动词、形容词。一般单音节在前、双音节在后。例如：

In “又 A 又 B”, A and B are mostly monosyllabic or disyllabic verbs and adjectives. Monosyllabic words are usually placed before disyllabic words. For example:

（3）这孩子长得又白又胖，真让人喜欢。

（4）这种水果又甜（tián，sweet）又便宜。

3. 当 A 是双音节词语、B 是双音节或多音节词语时，第一个“又”可以省略。例如：

When A is disyllabic and B is disyllabic or polysyllabic, the first “又” can be omitted. For example:

（5）又聪明又漂亮——聪明又漂亮

（6）又唱歌又跳舞——唱歌又跳舞

（7）又担心又不敢问——担心又不敢问

4.“又 A 又 B”中 A 和 B 在语义上一般是互补的。例如：

In “又 A 又 B”, A and B are usually semantically complementary. For example:

（8）今晚的月亮又大又圆，真好看。

A 和 B 在语义上也可以是相对的，表示一种复杂的、矛盾的心理或状态。例如：

A 和 B can also be semantically opposite, indicating a complex, contradictory psychology or state. For example:

（9）她知道成绩后高兴得又哭又笑的。

总体上，A 和 B 的感情色彩应是相同的、一致的。例如：

Overall, the sentiment of A and B should be the same and consistent. For example:

（10）这家饭店又贵又不好吃。——* 这家饭店又便宜又不好吃。

综合练习

1. 听力：判断对错。

（1）

答案【　】

（2）★ 小明夏天时觉得有点儿热，但是不累。　答案【　】

2. 听力：选出正确答案。

（1）A 考试题很多很难　B 男的没复习
　　C 男的没参加考试　D 考试题不难　答案【　】

（2）A 又游泳又看电影　B 他们不出去了
　　C 他们打算去看电影　D 他们打算去游泳　答案【　】

（3）A 不好吃　B 很贵
　　C 很快也很方便　D 饭店不能送　答案【　】

（4）①A 做法不正确　B 不关心女儿
　　　C 不应该生气　D 应该给女儿打电话　答案【　】
　　②A 丈夫没打电话　B 女儿没回家
　　　C 认为丈夫什么都不做还不关心女儿　D 女儿有自己的想法　答案【　】

3. 听力：选出正确图片。

A 

B

答案【　】

4. 阅读：选择合适的词语填空。

（1）A 或……或……　B 也……也……　C 一边……一边……
　　D 一……就……　E 又……又……　F 是……还是……
　　今天的苹果（　　）大（　　）甜，你可以买点儿尝尝。　答案【　】

（2）A 不仅　B 又　C 多么　D 边　E 不但　F 不太

女：你每天都骑自行车上学吗？

男：是啊，这样（　　）快又方便。　答案【　】

5. 阅读：根据句子选择上下文。

A 你做什么呢？

B 你有空儿的时候，帮我买本书吧。

C 我们明天去看电影吧。

D 你今天好像很高兴。

E 我真想休息休息。

刚开学要做的事情很多，真是又忙又累。　答案【　】

6. 阅读：判断对错。

我家旁边有一个公园，虽然不大，但又安静又漂亮。大家真应该每天都来这儿走走，这样对身体很好。但是现在大家更喜欢在家里看电视、玩儿游戏。

★那个公园又大又漂亮。　答案【　】

7. 阅读：选出正确答案。

（1）妈妈年轻的时候非常漂亮，个子高高的，眼睛大大的，头发又黑又长。当别人请她帮忙的时候，她总会笑着答应，大家都说她又聪明又热情。

★ 关于这段话，哪项正确？

A 妈妈是短头发　B 大家都很喜欢妈妈

C 妈妈不愿意帮助别人　D 妈妈不爱笑　答案【　】

（2）小美和小明去爬山了。到了中午，他们带的水已经喝完了。小美问："咱们还有多久才能到啊？我太渴了，不想爬了，我想回家。"小明看着又累又渴的小美，忽然说："快看！前面有好多苹果树！上面有很多苹果，肯定又大又甜。"小美向他说的方向一看，好像真的看到了苹果树，也不觉得渴了。后来，他们没有找到苹果树，但是他们很快就爬到了最高的地方。

★ 关于这段话，哪项正确？

A 山上有苹果树　B 小美回家了

C 他们没有带水　D 他们爬到了最高的地方　答案【　】

（3）现在有越来越多的人喜欢喝茶，因为它又好喝又健康，不同的茶有不同的味道和作用。但不是所有人都适合喝茶，晚上睡得不好的人还是别喝茶了。

★ 关于这段话，哪项错误？

A 有些人不适合喝茶　B 没有人喜欢喝茶

C 喝茶对身体好　　　　D 茶不是只有两种　　　　答案【　】

8. 书写：完成句子。

又　晚饭　健康　好吃　的　又　今天

____

47【二47】(在)……以前/以后/前/后

【(在)……以前/以后/前/后】

(zài) …yǐqián/yǐhòu/qián/hòu 表示比现在或某一时间早或晚的时间。(It indicates a time earlier or later than now or a certain time.)

◎ 常见搭配

(在)来中国以前 | (在)十八岁以前 | (在)不久以后 | 回国以后 | 十年前 | 二十年后

◎ 形式结构

1.(在+)VP+以前/以后/前/后

(1)在来中国以前，我只学过一点儿中文。

(2)吃完午饭以后，我常常会睡一会儿。

(3)你运动前应该活动一下儿身体。

(4)我明天下课后就去你那儿。

2.(在+)NP+以前/以后/前/后

(5)我(在)十岁以前都在中国生活。

(6)我们想春节以后再回家。

(7)我是三年前开始学中文的。

(8)我们一个月后见。

3.(在+)AP+以前/以后/前/后

(9)他们(在)很久以前就认识了。

(10)你(在)不久以后就会明白的。

(11)这是很久前妈妈送我的礼物。

(12)她不久后就要回国了。

综合练习

1. 听力：判断对错。

（1）

答案【　】

（2）★ 说话人已经出发了。　答案【　】

（3）★ 他来中国前不会说中文。　答案【　】

（4）★ 绿湖公园在十年前就有很多游客。　答案【　】

2. 听力：选出正确答案。

（1）A 男的完成作业才能看电视　B 他们在看电视
　　C 男的看完电视后就做作业　D 男的没有作业　答案【　】

（2）A 女的是一位中文老师　B 女的想成为一名中文老师
　　C 男的觉得中文有意思　D 女的想长大以后学习中文　答案【　】

（3）A 他们在北京大学读书　B 男的成绩比女的好
　　C 男的放假后不去旅行　D 他们现在正读高三　答案【　】

（4）A 他三年前在中国读高中　B 他在三年前通过了 HSK 四级
　　C 他很感谢他的中文老师　D 他读大学的时候开始学中文　答案【　】

3. 阅读：选出正确图片。

A 

B 

你们在写完所有的题后，要认真检查一遍。　答案【　】

4. 阅读：选择合适的词语填空。

（1）A 上　B 中　C 前　D 后　E 左　F 下

大家回家换一套衣服，一个小时（　　）学校门口见。　答案【　】

（2）A 以后　B 以前　C 前面　D 前边　E 后边　F 后面

他们在很久（　　）就认识了。　答案【　】

5. 阅读：根据句子选择上下文。

A 你这次回国以后有什么打算？要换工作吗？

B 他们在读大学以前就认识了，现在又成了同班同学。

C 现在路上车太多了，我们想春节以后再回家。

D 我听说她是不久前才来我们公司的，但现在已经是经理了。

E 虽然我爸爸是中国人，但我十岁以后才开始学中文。

你中文说得这么流利，是从小就会的吗？　答案【　】

6. 阅读：判断对错。

夏天到了，我的很多同事在吃完午饭以后常常会去睡一会儿，他们说如果中午不睡，下午会很累。今天中午我也试着午睡了一次，发现真的感觉不错。

★ 他的同事喜欢在午睡以后才吃饭。　答案【　】

7. 阅读：选出正确答案。

时间过得真快，还记得高一第一次进教室时你跟我说的那句“你好”，感觉好像就在昨天。谢谢你这几年来的帮助，一个月后我们就要去北京大学了，虽然以后不能做同班同学了，但我们还是校友。有你这样的朋友我真的很开心，祝你假期玩儿得开心，下个月学校见。

★ 关于这段话，哪项正确？

A 他们在大学是同班同学　　B 他们这个月要去大学

C 他们昨天刚认识　　D 他们考上了北京大学　答案【　】

8. 书写：完成句子。

前　离开　他　三天　就　了

____

四

句子成分

（一）谓语

48【二 48】名词、代词、数词或数量短语、名词性短语作谓语

直接用名词、代词、数词或数量短语、名词性短语作谓语，用来描述、判断或表达年龄、时间、籍贯、容貌、性质、特点、价格、数量等。（It directly uses a noun, pronoun, numeral, quantitative phrase, or nominal phrase as a predicate to describe, judge or indicate age, time, place of origin, appearance, nature, characteristics, price, quantity, etc.）

◎ 形式结构

1. S + NP

（1）今天晴天。

（2）明天星期五。

（3）她高个子、黄头发。

（4）我北京人。

2. S + Pron

（5）这儿怎么样？

（6）你谁啊？

3. S + QP + NP

（7）一年十二个月。

（8）一斤苹果八块钱。

（9）今年他四十，女儿十六。

◎ 相关说明

1. 名词谓语句的谓语部分通常由名词或名词性短语、代词、数词或数量短语等名词性成分充当。例如：

In a nominal predicate sentence, the predicate is usually served by a nominal element such as a noun, noun phrase, pronoun, numeral, or quantitative phrase. For example:

（1）后天春节。（名词）

（2）今天小雨。（名词性短语）

（3）那人谁啊？（代词）

（4）结婚的时候，他二十八，他爱人二十六。（数词）

（5）三斤苹果十块钱。（数量短语）

主语和谓语之间隐含着“是”，在否定或疑问时要补出来。例如：

There is an implied “是” between the subject and predicate, which needs to be supplemented in a negative sentence or an interrogative sentence. For example:

（6）a. 王老师高个子、大眼睛。

b. 王老师不是高个子、大眼睛。

c. 王老师是不是高个子、大眼睛？

有些名词谓语句的主语和谓语之间是领属关系，主语和谓语之间隐含着“有”，在否定或疑问时要补出来。例如：

In some nominal predicate sentences, there is a possessive relationship between the subject and predicate, with an implied “有” between them, which needs to be supplemented in negative or interrogative sentences. For example:

（7）a. 一个班二十个学生。

b. 一个班没有二十个学生。

c. 一个班有没有二十个学生？

2. 有些名词谓语句主语和谓语之间是等值关系，不能插入“是、有”，要根据上下文才能推断出动词是什么。否定形式是“S + 不是 / 没有 + 名词谓语”，疑问形式是“S + 是不是 / 有没有 + 名词谓语”。例如：

In some nominal predicate sentences, there is an equivalent relationship between the subject and predicate, and “是” or “有” cannot be inserted; the verb can only be inferred from the context. The negative form is “S + 不是 / 没有 + nominal predicate”, and the interrogative form is “S + 是不是 / 有没有 + nominal predicate”. For example:

（8）a. 三斤苹果十块钱。

b. 三斤苹果（卖）十块钱。

c. 三斤苹果（的价格是）十块钱。

d. 三斤苹果不是十块钱。

e. 三斤苹果是不是十块钱？

3. 有些名词谓语句的谓语是表示年龄、季节、职务、学历、价格的，暗含规律变化，名词谓语的前边可以加副词“刚刚、才”，也可以加上“已经、都”等（谓语后边要加“了”），表达说话人的主观态度。例如：

In some nominal predicate sentences, the predicates indicating age, season, position, education, and price imply the regular changes. The nominal predicate can be preceded by an adverb such as "刚刚" or "才". It can also be preceded by "已经" or "都", etc. (the predicate is followed by "了") to indicate the speaker's attitude. For example:

（9）李老师刚刚三十岁。

（10）他才高二，明年才高考（gāokǎo，National College Entrance Examination）呢。

（11）奶奶已经九十岁了，还很健康。

（12）现在都冬天了，他还穿着那件薄（báo，thin）衣服，多冷啊！

综合练习

1. 听力：判断对错。

（1）

答案【　】

（2）★ 奶奶走路很快。　答案【　】

（3）★ 今年的蛋奶肉鱼和香蕉都比以前贵。　答案【　】

（4）★ 老人的身体不好，心里总觉得难受。　答案【　】

2. 听力：选出正确答案。

（1）A 小美的男朋友不是外国人　B 小美没有男朋友
C 小美的男朋友在国外长大　D 小美的男朋友在北京工作　答案【　】

（2）A 大卫是女的的同事　B 大卫很有理想
C 大卫喜欢提意见　D 大卫态度很好　答案【　】

（3）A 男的的女儿有好事　B 男的的女儿小眼睛、黑头发，像爸爸
C 男的的女儿不像爸爸　D 男的的女儿红红的小嘴，比妈妈还漂亮
答案【　】

（4）A 女的不知道怎么吃药　B 男的要吃药片，也要用药水洗脸
C 男的每天要吃三片药　D 男的觉得很麻烦，不想用笔记　答案【　】

（5）A B 市的小学以前不分班　　B 从新学期开始用电脑分班

C B 市的小学一个班 30 多人　D B 市从今年九月开始不开新班　　答案【　】

3. 阅读：选择合适的词语填空。

A 遍　B 条　C 层　D 封　E 套　F 座

这次放假的时间比较长，所以老师给同学们留的作业多一些：作文两篇，写词语五页，读课文两（　　）。　　答案【　】

4. 阅读：根据句子选择上下文。

A 你让我自己一个人休息一会儿，这件事太让人难受了。

B 他放下东西就往办公室跑，但还是来晚了。

C 这是我自己家里的事情，不方便请别人帮忙。

D 有几个数字不准确，让小明下午改一下儿。

E 他这次比赛的成绩很不错，大家都为他高兴。

你都总经理了，这点儿小事怎么还自己做？让司机去办就行了。　　答案【　】

5. 阅读：选出正确答案。

（1）这孩子都 20 多岁了，房间还是那么乱。所有的东西都在床上、地上放着。这儿一张银行卡，那儿两个笔记本，桌子下还有球鞋，球鞋里还有一个网球。下次打球，看他用什么打。

★ 关于这孩子，可以知道什么？

A 他已经 20 多岁了　　B 他的东西很脏

C 他的银行卡在球鞋里　　D 他的球鞋在床上　　答案【　】

（2）小美最近总觉得身体不舒服，她以为是生病了，去医院检查身体又没有什么问题。医生听说小美早饭不吃、午饭快餐、晚饭外卖，不客气地教育了她，让她认真吃饭，少吃不健康的食物。

★ 根据这段话，可以知道：

A 小美检查身体时发现自己生病了　　B 小美吃的食物很不健康

C 医生常常不吃早饭　　D 医生总吃不健康的食物　　答案【　】

（3）最近超市有活动，洗发水非常便宜，小瓶 18 块，中瓶 25 块，大瓶 40 块。超市的工作人员一直告诉我大瓶的最便宜，可是我认真看了一下儿：小瓶 500 毫升，大瓶 1000 毫升。算一算，还是买两个小瓶最便宜。

★ 根据这段话，可以知道：

A 超市的洗发水有两种瓶子　　B 小瓶洗发水没有活动

C 工作人员说中瓶最便宜　　D 他不觉得大瓶洗发水最便宜

答案【　】

6. 书写：完成句子。

大卫　眼睛　黄　头发　蓝

____

（二）补语

49【二 49】结果补语 1：动词 + 错 / 懂 / 干净 / 好 / 会 / 清楚 / 完

用在动词后面表示动作结果的句子成分叫作结果补语，结果补语一般由动词或形容词充当。（The sentence element used after a verb to indicate the result of an action is called a complement of result. Complements of result are usually served by verbs or adjectives.）

◎ 形式结构

1. S + V + V/Adj（+ O）+ 了

（1）我洗干净衣服了。

（2）老师的话我听清楚了。

（3）你写错了。

2. S + 没（有）+ V + V/Adj（+ O）

（4）她没听懂经理的意思。

（5）这个句子我没有看懂。

（6）这道题我没学会。

3. S + V + V/Adj（+ O）+ 了 + 吗 / 没有

（7）你听清楚老师的话了吗？

（8）他写完作业了没有？

（9）这道题你学会了没有？

◎ 相关说明

1.“好”用在动词后面作结果补语，表示动作已经完成，并让人感到满意。例如：

“好” is used after a verb as a complement of result to indicate that the action has been completed and is satisfactory. For example:

（1）我的作业已经写好了。

（2）大卫买好了下周去北京的火车票。

2. 对结果补语的否定，通常要用“没（有）”，后边不再用“了”。例如：

“没（有）” is usually used to negate a complement of result and it is not followed by “了” any more. For example:

（3）他没有想好假期去哪儿玩。——* 他不想好假期去哪儿玩。

（4）他没学会开车。——* 他不学会开车。

3. 在表示假设的句子中，结果补语的否定形式可以用“不”，也可以用“没”。例如：

In a sentence indicating hypothesis, the complement of result can be negated either by “不” or “没”. For example:

（5）这道题很重要，如果不 / 没弄清楚，别的题也不会做。

（6）经理说不 / 没做完工作就不能休息。

综合练习

1. 听力：判断对错。

（1）

答案【　】

（2）★ 他们听清楚了经理的话。　　答案【　】

（3）★ 小美的男朋友因为公司很忙，没有为她准备生日礼物。　　答案【　】

2. 听力：选出正确答案。

（1）A 男的可以听懂中文新闻　　B 女的从没学过中文
　　C 女的可以听懂中文新闻　　D 男的学习中文的时间不长　　答案【　】

（2）A 女的吃完了苹果　　B 男的吃完了苹果
　　C 桌子上的苹果不好吃　　D 苹果不在桌子上　　答案【　】

（3）A 女的不喜欢老板　　B 老板开会时说话很有意思
　　C 男的很喜欢老板　　D 小明可能知道老板说的话　　答案【　】

（4）A 妈妈正在给小明做早餐　　B 妈妈为小明准备好了生日晚会
　　C 小明今晚不在家吃饭　　D 妈妈因为小明没听见她的话不高兴
　　答案【　】

3. 阅读：选出正确图片

她已经洗干净衣服了。　　答案【　】

4. 阅读：选择合适的词语填空。

（1）A 错　B 清楚　C 干净　D 好看　E 对　F 到

你身上的衣服这么脏，怎么不去洗（　　）呢？　　答案【　】

（2）A 正确　B 难听　C 便宜　D 清楚　E 饱　F 干净

我觉得你应该先问（　　）多少钱再买。　　答案【　】

（3）A 到　B 错　C 去　D 会　E 来　F 好

女：新年马上就要到了，你给你的女朋友准备（　　）新年礼物了吗？

男：还没呢，我打算今天下班以后去商场看看。　　答案【　】

5. 阅读：根据句子选择上下文。

A 没想到这个方便面这么好吃！

B 大卫弄懂了“一路顺风”的意思。

C 菜单上的汉字，你能看懂吗？

D 大卫他们打算下周去哪儿旅行？

E 下个星期的计划写好了吗？

已经写好了，经理。　　答案【　】

6. 阅读：判断对错。

昨天我在超市的时候看见一个人很像公司的新同事小美，但大卫说那个人和小美长得很不一样，一定是我看错了。今天我到了公司以后，跟小美说了这件事。小美说她昨天在超市也看到我们了，但是要急着回家做饭，就没有和我们说话。我才知道原来我没看错，是大卫看错了。

★ 昨天他在超市看到的人是小美。　　答案【　】

7. 阅读：选出正确答案。

弟弟老是没有做完事情就跑去外面和朋友打篮球，妈妈很生气。妈妈说自己生气不是因为弟弟喜欢打篮球，是因为他没有先做完自己的事情就跑了。

★ 根据这段话，可以知道：

A 弟弟很喜欢一个人打篮球　　B 弟弟经常没做完事情就去打篮球
C 妈妈不喜欢弟弟打篮球　　D 妈妈说弟弟做完事情后也不能打篮球

答案【　】

8. 书写：完成句子。

（1）了　教会　怎么　我　体育老师　打网球

____

（2）我们都没听见有人叫你，你听（ cuò ）了吧？

50【二 50】趋向补语 1

用在动词后面表示动作方向的句子成分叫作趋向补语，常见的简单趋向补语有“来、去、上、下、进、出、回、过、起、开”等。（The sentence element used after a verb to indicate the direction of an action is called a directional complement. Common simple directional complements include “来”, “去”, “上”, “下”, “进”, “出”, “回”, “过”, “起”, “开”, and so on.）

◎ 形式结构

1. S + V（+ L）+ 来 / 去

（1）上课了，同学们快进教室来。

（2）小明回家去了。

2. S + V + 来 / 去（+ NP）

（3）老师带来一位新同学。

（4）我给朋友带去了一个礼物。

3. S + V（+ NP）+ 来 / 去

（5）你应该带汉语书来。

（6）我马上给你送钱包去。

4. S + V + 上 / 下 / 进 / 出 / 回 / 过 / 起 / 开（+ NP）

（7）你爬上十九楼了没有？

（8）妈妈走上二楼，从包里拿出一封信。

（9）爸爸从车上拿下电脑，放回房间。

（10）车开进学校了，我们快过去吧。

（11）大卫已经走回家了。

（12）小鸟从我头上飞过。

（13）玛丽拿起一本书看了看。

（14）你打开包给我看看。

◎ 相关说明

1.“来、去”作谓语动词的补语时，表示的方向以说话人的位置为参照，如果动作朝着说话人进行，要用“来”；如果动作朝着说话人相反的方向进行，要用“去”。例如：

When “来” or “去” is used as the complement of the predicate verb, the direction indicated is based on the speaker's position. If the action is directed towards the speaker, “来” is used; if the action is directed away from the speaker, “去” is used. For example:

（1）小明，你给玛丽送几个苹果去。（以说话人为参照，小明的方向是“去”）

（2）大卫中午送来了一份北京晚报。（以说话人为参照，大卫的方向是“来”）

2.“上、下、进、出、回、过、起、开”等趋向动词充当谓语动词的补语时，表示的是动作发出的实际方向。例如：

When directional verbs such as “上”, “下”, “进”, “出”, “回”, “过”, “起”, and “开” are used as complements of the predicate verbs, they indicate the actual direction of the actions. For example:

（3）他慢慢地走出了办公室。（以运动的“他”为参照，方向是“出”）

（4）大卫高兴地跑回宿舍了。（以运动的“大卫”为参照，方向是“回”）

3. 当“来、去”作趋向补语时，处所宾语要放在动词和“来、去”中间，事物宾语放在“来、去”前后都可以。例如：

When “来” and “去” are used as directional complements, the locative objects should be placed between the verbs and “来” or “去”; the object indicating something can be placed before or after “来” or “去”. For example:

（5）让同学们都进教室来。——* 让同学们都进来教室。

（6）他下个月要回北京去。——* 他下个月要回去北京。

（7）他带来了一份中国日报。/ 他带了一份中国日报来。

（8）你下午拿来三个篮球。/ 你下午拿三个篮球来。

4. 带有趋向补语的句子，其否定形式是在动词前面加“没（有）”。例如：

In sentences with directional complements, the negative form is to use “没（有）” before the verbs. For example:

（9）同学们都没（有）进教室来。

（10）昨天小美没送报纸来。

5. 趋向补语用在表示假设的句子中时，其否定形式是在动词前面加“不”。例如：

When directional complements are used in sentences indicating hypothesis, the negative form is to use “不” before the verbs. For example:

（11）现在大卫不送电脑来的话，我们今天就没有办法完成工作了。

（12）如果你再不下楼来，我们就走了。

6. 动词加趋向补语组成的动补结构，后面可以带“了”或“过”，一般不能带“着”。例如：

A verb combined with a directional complement to form a verb-complement structure can be followed by “了” or “过”, but it is usually not followed by “着”. For example:

（13）他拿来了五个瓶子。

（14）有人昨天打开过这个盒子。

（15）＊小美回来着。

综合练习

1. 听力：判断对错。

（1）

答案【　】

（2）★ 小美今天一直在外面。　答案【　】

（3）★ 小明周六给小美带去了一些水果。　答案【　】

2. 听力：选出正确答案。

（1）A 男的现在在楼下　B 男的不喜欢吃水果

C 女的现在在楼上　D 女的要给男的送水果　答案【　】

（2）A 女的要给男的买冬天的衣服　B 男的要给妈妈买冬天的衣服

C 妈妈给男的送来了一些衣服　D 女的给妈妈送去了一些衣服　答案【　】

（3）A 经理在办公室等小明来　B 同事马上要回办公室找小明

C 小明和经理一起走进了办公室　D 小明没有找到经理　答案【　】

3. 阅读：选出正确图片。

A 

B 

今天是小明和女朋友认识一周年的日子，下班以后他带着一束花在女朋友公司楼下等女朋友出来。 答案【 】

4. 阅读：选择合适的词语填空。

（1）A 上 B 下 C 进 D 出 E 来 F 去

电影马上就开始了，咱们快进（ ）吧。 答案【 】

（2）A 去 B 来 C 起 D 回 E 过 F 开

这些东西虽然很便宜，但如果你不需要，买（ ）家也没用。 答案【 】

（3）A 过 B 开 C 进 D 出 E 上 F 完

女：今天的天气是真不好，刚走（ ）公司大楼两分钟就下雨了。

男：是啊，刚才在楼里的时候还是晴天呢。 答案【 】

5. 阅读：根据句子选择上下文。

A 听说院长挺重视这件事情的。

B 你还不知道他已经换了工作吧？

C 他拿出了妈妈为他准备的午饭。

D 你好，请问院长现在在办公室吗？

E 算一下儿这些东西一共多少钱。

不好意思，他刚出去开会了，不知道什么时候才能回来。 答案【 】

6. 阅读：判断对错。

小美最近很忙，总是在公司工作到很晚才回家。昨天晚上十一点我走过她家门口的时候，碰到刚下班回来的她。听她家人说，虽然和小美每天都住在一起，但是他们感觉已经很久没有见过小美了。因为早上大家还没起床，小美就已经走出家门去了公司，晚上小美到家的时候，大家都已经睡着了。

★ 小美的家人不喜欢小美，所以他们很久没有见面了。 答案【 】

7. 阅读：选出正确答案。

下个月就是暑假了，我原来打算先去北京玩儿一个星期，然后再回国。但是今天早上妈妈打电话来告诉我，爸爸最近身体不太好，所以我现在改变计划了，一放假我就回国。

★ 根据这段话，可以知道：

A 他原来打算先回国，再去北京旅游　　B 他早上接到了妈妈的电话

C 听说北京不好玩儿，所以他改变了计划　　D 妈妈不让他去北京旅游

答案【　】

8. 书写：完成句子。

（1）都　开　同学们　打　课本　了

____

（2）因为实在太饿了，弟弟拿（qǐ）桌子上的苹果就吃。

51【二 51】状态补语 1：动词 + 得 + 形容词性词语

中文中，跟在动词后面对动作行为的结果或状态进行描述、评价或判断的补语叫作状态补语，动词和状态补语中间需要用“得”。（In Chinese, the complement that follows a verb to describe, evaluate, or judge the result or state of an action or behavior is called a state complement, and the word “得” needs to be used between the verb and the state complement.）

◎ 形式结构

1. S + V + 得 + AP

（1）他跑得很快。

（2）我们玩儿得很高兴。

（3）今天大家都走得很累。

（4）他做得不好。

（5）小明学得不那么认真。

（6）她讲得不太清楚。

2. S（+ V）+ O + V + 得 + AP

（7）他照相照得不错。

（8）她（唱）歌唱得不错。

（9）他（干）活儿干得实在太认真了！

3. S + V + 得 + Adj + 不 + Adj

（10）他住得习惯不习惯？

（11）她写得对不对？

（12）你昨天晚上睡得好不好？

4. S + V + 得 + AP + 吗

（13）他昨天晚上复习得认真吗？

（14）那位作家的小说写得好看吗？

5. S + V + 得 + 怎么样

（15）他们讨论得怎么样？

（16）你们计划得怎么样？

（17）这次考试考得怎么样？

◎ 相关说明

1. 当句子的谓语是动宾式离合词或动宾短语时，要重复动词，并把状态补语放在第二个动词之后。例如：

When the predicate of a sentence is a verb-object separable word or a verb-object phrase, the verb should be repeated and the state complement is placed after the second verb. For example:

（1）他洗澡洗得很开心。——* 他洗澡得很开心。

（2）她看书看得特别认真。——* 她看书得特别认真。

有时第一个动词也可以省略。例如：

Sometimes the first verb can be omitted. For example:

（3）他（洗）澡洗得很开心。

（4）她（看）书看得特别认真。

2. 动词的重叠式后面不能用状态补语。例如：

The reduplicated form of a verb cannot be followed by a state complement. For example:

（5）他昨晚休息得很好。——* 他休息休息得很好。

（6）刚才他介绍得很清楚。——* 刚才他介绍介绍得很清楚。

3. 因为状态补语具有描述性，所以在有状态补语的句子中，谓语动词前一般不能再用描述性的状语。例如：

Since state complements are descriptive, in a sentence with a state complement, the predicate verb generally cannot be preceded by another descriptive adverbial. For example:

（7）他哭得很难过。——* 他轻声地哭得很难过。

（8）他做中餐做得很好。——* 他开心地做中餐做得很好。

综合练习

1. 听力：判断对错。

（1）

答案【　】

（2）★ 小美因为刚来公司，工作做得不顺利。 答案【　】

（3）★ 孩子们因为收到了生日礼物，所以很开心。 答案【　】

2. 听力：选出正确答案。

（1）A 男的不喜欢打网球　　B 男的网球学得还可以

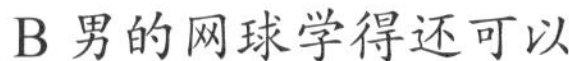

　　C 女的要教男的打网球　　D 女的周末没有时间　　答案【　】

（2）A 男的下午很忙　　B 男的对这里的天气很熟悉

　　C 女的刚来这里不久　　D 女的对这里的天气很熟悉　　答案【　】

（3）A 小美第一天上班感觉很好　　B 小美不喜欢在饭馆工作

　　C 经理对小美的工作不满意　　D 经理在饭馆吃得很快乐　　答案【　】

3. 阅读：选出正确图片

A 

B 

他们在一起生活得很开心。 答案【　】

4. 阅读：选择合适的词语填空。

（1）A 忽然　B 平时　C 常用　D 突然　E 平常　F 顺利

　　公司最近的工作进行得不太（　　），经理感到很不满。 答案【　】

（2）A 可怕　B 实际　C 不够　D 难听　E 清楚　F 感动

咱们买一个新的打印机吧，现在这个旧的已经打印得不（　　）了。　答案【　】

（3）A 满意　B 有名　C 差不多　D 大声　E 常见　F 好听

女：你看，这些菜都是你平时喜欢吃的，怎么样？

男：很好吃，还是你懂我，我今天吃得太（　　）了。　答案【　】

5. 阅读：根据句子选择上下文。

A 别急，这里到机场不远，十分钟就可以到。

B 你就去北京玩儿一个星期，带这么多东西，是想搬家吗？

C 这家饭店看起来不错，不知道吃起来怎么样。

D 听说上个星期你们去北京旅游了，感觉怎么样？

E 碰到不认识的汉字，可以自己查一下儿字典。

挺漂亮、挺有意思的，我们都玩儿得很开心。　答案【　】

6. 阅读：判断对错。

弟弟昨天参加了 HSK 二级考试，因为准备得很好，所以他对自己很有信心，觉得自己考得还不错，应该可以通过这次考试。

★ 弟弟很有信心通过 HSK 二级考试。　答案【　】

7. 阅读：选出正确答案。

小明的爸爸告诉他，以前买房子的时候很多人都喜欢买高楼，觉得住得高可以看得远。但是现在的年轻人越来越喜欢住在低层的楼房里，因为低层的楼比高楼人要少很多，也比高楼安静很多。

★ 根据这段话，可以知道：

A 以前人们都不喜欢住高楼　　B 现在的年轻人更喜欢住高楼

C 住在低层的楼里看得更远　　D 住在低层的楼里更安静　答案【　】

8. 书写：完成句子。

（1）住　你　不习惯　在北京　习惯　得

____

de

（2）那位司机车开（　　）很不错。

52【二 52】数量补语 1：动词 + 动量补语

数量短语作谓语动词的补语，表示动作或行为发生的次数。常用的量词有“次、遍、回、下、趟”。（A quantitative phrase serves as a complement of the predicate verb and indicates the number of times an action or behavior occurs. Common measure words include “次”, “遍”, “回”, “下”, “趟”.）

◎ 形式结构

S + V + QP（+ O）

（1）我去过一次北京。

（2）课文读三遍。

（3）我们休息一下儿。

（4）请跟我走一趟。

综合练习

1. 听力：判断对错。

（1）

答案【　】

（2）★ 这个词要再读一遍。　答案【　】

（3）★ 大卫学中文是为开公司做准备。　答案【　】

2. 听力：选出正确答案。

（1）A 男的没去过北京　B 小美去过北京两回
C 北京人和车都很多　D 男的要和小美去北京　答案【　】

（2）A 小明是公司的经理　B 小明这个星期常去机场
C 经理想让小明去机场　D 开车去机场很方便　答案【　】

（3）A 全班下周去科学学院　B 想去参观的同学找老师报名
C 科学学院的老师带大家参观　D 女的不想再去一次北京大学　答案【　】

（4）A 男的找不到银行在哪儿　　B 银行的办公室最近一直在变化

C 男的这次还是不能换钱　　D 换钱的办公室以后还要变　　答案【　】

（5）A 爸爸妈妈不带他去市动物园　　B 他小时候去过一次市动物园

C 动物园里的动物没有意思　　D 他没去过市动物园，不开心　　答案【　】

3. 阅读：选择合适的词语填空。

A 回　B 条　C 层　D 封　E 套　F 座

这条路以前我没走过，以后多走几（　　）就能记住了。　　答案【　】

4. 阅读：根据句子选择上下文。

A 这上边要求的条件挺多的，我是不是还得再跑几趟？

B 大门外边到处都是人，我这样子不好意思出去。

C 太感谢您了！接下来请您到旁边的办公室等我。

D 你们那里的信号不太好，我完全没办法听清楚。

E 学院正在楼下的小广场举行活动，我们快去吧。

这件事不难办，你再来一趟，带全东西就行了。　　答案【　】

5. 阅读：选出正确答案。

（1）小美最近总是头疼，身体不舒服。她去看了一次中医，医生让她吃中药，但她觉得味道太让人难受，喝了一回就没再喝。她又去看了一回西医，西医觉得问题不大，但小美还是觉得得做几个检查才放心。

★ 关于小美，可以知道什么？

A 她认为自己没生病　　B 她不喜欢中药的味道

C 她更相信西医　　D 她觉得西医的检查太多了　　答案【　】

（2）下午公司要开会，通知大家都要参加。我给小明打了几次电话，他都不接。后来经理给他打了两次电话，前一次信号不好，后一次直接关机了。

★ 根据这段话，可以知道：

A 公司开会要求小明参加　　B 小明给“我”打电话说不能来

C 经理的手机关机了　　D 小明去了没信号的地方　　答案【　】

（3）大卫刚来中国的时候，总是分不清楚普通话的读音。老师用中文留作业时，大卫老是不明白。后来，老师用手机打汉字和英文给大卫看，让大卫读，大卫跟着读了几次就慢慢地能听懂了。

★ 关于大卫，可以知道什么？

A 他不清楚作业的读音　　B 他的老师不说普通话

C 他看不明白汉字和英文　　D 他的老师用手机给他看作业　　答案【　】

6. 书写：完成句子。

你　过　去　几　新图书馆　回

____

53【二 53】数量补语 2：形容词 + 数量补语

常用在表示比较的句子中，表示性质或状态相差的程度、数量等。（It is often used in comparative sentences to indicate the degree or quantity of difference in nature or state.）

◎ 形式结构

1. S + Adj + 一点儿 / 一些

（1）昨天很热，今天凉快一点儿。

（2）她的中文比我流利一些。

2. A + 比 + B + Adj + QP

（3）我比弟弟大两岁。

（4）一班的学生比二班多八个。

◎ 相关说明

1. "一点儿、一些"在形容词后作数量补语，都表示程度轻、差别小，形容词的前边还可以加上副词"稍微、更"。"一点儿"比"一些"显得程度更轻。例如：

"一点儿" and "一些" both serve as quantitative complements after adjectives, indicating a light degree and a small difference. Adjectives can also be preceded by the adverb "稍微" or "更". "一点儿" suggests a lighter degree compared with "一些". For example:

（1）a. 昨天他感冒了，今天好一点儿了。

b. 昨天他感冒了，今天稍微好一点儿了。

（2）a. 房间换了大灯，亮一些了。

b. 房间换了大灯，更亮一些了。

（3）a. 大苹果比小苹果贵一点儿。

b. 新手机比旧手机贵一些。

2. 数量短语在形容词后作补语，可以是准确的数，也可以是约数。例如：

Quantitative phrases can follow adjectives as complements, and they can be either exact numbers or approximate numbers. For example:

（4）a. 今天上班晚了半个小时。

b. 今天上班晚了二三十分钟。

3.“形容词＋数量补语”一般不用在否定的比较句中。例如：

The structure “adjective + quantitative complement” is usually not used in negative comparative sentences. For example:

（5）短大衣不比/不如/没有长大衣便宜。——

* 短大衣不比/不如/没有长大衣便宜一点儿/一些/800 块钱。

综合练习

1. 听力：判断对错。

（1）

答案【　】

（2）★ 小明这次的考试成绩比以前好。 答案【　】

（3）★ 大卫的坏习惯是爱吃东西。 答案【　】

（4）★ 现在他知道这道题怎么做了。 答案【　】

2. 听力：选出正确答案。

（1）A 他们在找普通饭店　　B 男的喜欢普通饭店
　　C 男的今天请客吃饭　　D 女的找了贵一点儿的饭店请客　　答案【　】

（2）A 没去检查身体　　B 担心去年的结果
　　C 身体比去年好一些　　D 每天要多吃肉　　答案【　】

（3）A 在广场旁边　　B 在公园对面
　　C 在广场的东北　　D 在公园旁边　　答案【　】

（4）A 猫昨天不爱动了　　B 猫晚上没睡觉
　　C 猫吃肉吃得太多了　　D 猫不能吃肉　　答案【　】

（5）A 上周天天迟到　　B 上周有一天迟到了一个小时
　　C 家离办公室有点儿远　　D 天天提前出门上班　　答案【　】

3. 阅读：选择合适的词语填空。

A 一些　B 一件　C 一层　D 一封　E 一套　F 一座

我们饭店的菜单上有两种外卖可以选，第一种肉菜比较多，贵（　　）；第二种有蛋没

肉，便宜一点儿。 答案【 】

4. 阅读：根据句子选择上下文。

A 这篇作文我写了一下午，总是有很多重复的词语。

B 他的意见让我心里很不舒服。

C 老师的要求太高，影响了学生们学习的信心。

D 那是我昨天在书店买的中文词典。

E 他这次的比赛成绩很不错，大家都为他高兴。

我又改了两遍，才觉得满意了一些。 答案【 】

5. 阅读：选出正确答案。

（1）这件绿色大衣是今年最流行的，看着很高级。虽然比黑色的贵了七八百块钱，但是你穿着更合适，还可以直接放进洗衣机里洗，平时也方便一些。

★ 关于这件绿色大衣，哪项错误？

A 是今年最流行的　　B 看着很高级，穿着很合适

C 比黑大衣贵一些　　D 不能直接在洗衣机里洗 答案【 】

（2）在很多中国家庭里，老人会帮助自己的儿子、女儿照顾小孩儿，让年轻的父母们在生完小孩儿以后能够接着工作，让他们平时生活不那么忙，不那么累。老人们虽然累一点儿，但心里是很愿意的。

★ 根据这段话可以知道，在很多中国家庭里：

A 老人帮助子女照顾小孩儿　　B 生完小孩儿的父母们不工作

C 老人的生活不忙、不累　　D 老人不愿意照顾小孩儿 答案【 】

（3）大卫最近参加了国际青少年自行车运动队，每天都要骑两个小时的车。刚开始的时候，他的腿特别疼，每天都要吃药才能睡着。最近他感觉好一些了，药不吃了，腿不疼了，骑车成了他每天生活的一部分。

★ 关于大卫，可以知道什么？

A 他参加了比赛　　B 他每天都要骑车

C 他每天都要吃药　　D 他的生活不正常 答案【 】

6. 书写：完成句子。

（1）相机　这种　比　那种　三百块　贵

____

（2）休息了两个月，他的身体好一（ xiē ）了。

五

句子的类型

（一）句型

54【二 54】主谓句 3：名词谓语句

参见本书“48.【二 48】名词、代词、数词或数量短语、名词性短语作谓语”。（Refer to “48.【二 48】Nouns, Pronouns, Numerals or Quantitative Phrases, Noun Phrases as Predicates” in this book.）

（二）特殊句型

55【二 55】“有”字句 2

（1）表示评价、达到

表示达到某一数量，用于对主语进行评价。（It indicates reaching a certain quantity and is used to evaluate the subject.）

◎ 常见搭配

有一米八 | 有三十多岁 | 有十米 | 有五公斤

◎ 形式结构

S + 有 + QP（+ Adj）

（1）他有一米八高。

（2）这座桥有两千米长。

（3）她有四十多岁了。

（4）他有一米八。

◎ 相关说明

“有”字句的否定形式是在“有”前加“没”。例如：

The negative form of a “有” sentence is to use “没” before “有”. For example:

A：大卫有两米高吗？

B：大卫没有两米高，他最多一米九。

（2）表示比较

参见本书“58.【二 58】比较句 2:（4）A 有 B（+ 这么 / 那么）+ 形容词”。[Refer to “58.【二 58】Comparative Sentences 2: (4) A 有 B（+ 这么 / 那么）+ Adj” in this book.]

综合练习

1. 听力：判断对错。

（1）

答案【　】

（2）★老爷爷八十岁。　答案【　】

（3）★她去医院了。　答案【　】

（4）★他们要走十公里。　答案【　】

2. 听力：选出正确答案。

（1）A 一米以上　B 一米三以上　C 一米四以上　D 孩子不需要买票　答案【　】

（2）A 二十几岁　B 二十多岁　C 三十多岁　D 四十多岁　答案【　】

（3）A 女的家离公司很近　B 女的家到公司有五公里　C 女的每天开车去公司　D 女的每天都走路去公司　答案【　】

（4）A 他来中国三年了　B 他来中国十年了　C 刚来中国时他不会说中文　D 现在他的中文说得非常好　答案【　】

（5）A 一米五　B 一米六　C 一米七　D 一米八　答案【　】

3. 听力：选出正确图片。

A 

B 

答案【　】

4. 阅读：选择合适的词语填空。

A 没有　B 非常　C 有　D 去　E 离　F 到

这座山（　　）四千多米高，是我爬过的最高的山。　答案【　】

5. 阅读：根据句子选择上下文。

A 他写完作业了。

B 他今天没来上课。

C 他很喜欢打篮球。

D 他去图书馆了。

E 他个子不高。

他十五岁，有一米八高。　答案【　】

6. 阅读：选出正确答案。

我儿子小明今年有五岁了，他黑头发、大眼睛，圆圆的小脸红红的，特别喜欢笑，见到他的人都很喜欢他。他明年就要上小学了。

★ 关于小明，哪项正确？

A 小明今年六岁　　B 小明上小学了

C 小明明年五岁　　D 小明明年六岁　答案【　】

7. 书写：完成句子。

这些　有　水果　重　五公斤

____

56【二56】存现句1：表示存在

表达某个地点存在某人或某物的句子叫存现句。（Sentences indicating the existence of somebody or something at a certain place are known as existential sentences.）

◎ 常见搭配

门口站着一个人 | 黑板上写了三个字 | 外边停了很多车

◎ 形式结构

L + V + 着 / 了 + NP

（1）桌子上放着 / 了一本汉语词典。

（2）教室前边站着 / 了一位老师。

（3）桌子上放着书、笔和本子。

（4）墙上挂着 / 了一张中国地图。

◎ 相关说明

1. 存现句的主语一般是表示处所的词或短语。例如：

The subject of an existential sentence is usually a word or phrase indicating a place. For example:

（1）教室里坐了很多学生。

2. 存现句中的宾语一般是不确指的，前面常常有数量定语或者描写性定语。例如：

In an existential sentence, the object is usually non-specific and often preceded by a quantitative or descriptive attributive. For example:

（2）桌子上放着一本书。——* 桌子上放着这本书。

3. 存现句 1 中的动词有两类：一类指人或事物静止时的姿态，如“坐（zuò，to sit）、站（zhàn，to stand）、睡（shuì，to sleep）、躺（tǎng，to lie）、住（zhù，to live）、停（tíng，to stop）”等；另一类指安放东西的动作，如“放（fàng，to put）、写（xiě，to write）、画（huà，to draw）”等。

There are two types of verbs in existential sentences 1: one refers to the posture of somebody or something at rest, such as “坐”, “站”, “睡”, “躺”, “住”, “停”, etc.; the other refers to actions of placing things, such as “放”, “写”, “画”, etc.

4. 存现句 1 的否定形式是在谓语动词前面加“没（有）”，谓语动词后边要去掉“了”“着”。否定式的存现句中，指人或者事物的名词宾语前不需要加数量词或指示词。例如：

The negative form of existential sentences 1 is to use “没（有）” before the predicate verbs and “了” and “着” after the predicate verbs need to be deleted. In the negative form of an existential sentence, a quantifier or demonstrative word is not used before the noun object indicating somebody or something. For example:

（3）桌子上放了汉语词典。——桌子上没放汉语词典。

（4）门口停着一辆汽车。——门口没停汽车。

综合练习

1. 听力：判断对错。

（1）

答案【　】

（2）★ 教室里没有学生。　答案【　】

（3）★ 桌子上有两本书。　答案【　】

（4）★ 前面有超市和银行。　答案【　】

2. 听力：选出正确答案。

（1）A 这个教室　B 旁边的教室　C 图书馆　D 宿舍　答案【　】

（2）A 一本　B 两本　C 三本　D 四本　答案【　】

（3）A 电脑　B 笔记本　C 书　D 手机　答案【　】

（4）A 超市在前面　B 超市还很远　C 说话人想要买水喝　D 说话人想要去超市　答案【　】

（5）A 笔记本　B 词典　C 手机　D 电脑　答案【　】

3. 听力：选出正确图片。

A　B

答案【　】

4. 阅读：选择合适的词语填空。

A 的　B 地　C 并　D 得　E 着　F 到

广场上停（　　）很多汽车。　答案【　】

5. 阅读：根据句子选择上下文。

A 她去学校了，

B 她很生气，

C 她很可爱，

D 她很难过，

E 她考试得了第一名，

她的脸上经常带着笑。 答案【 】

6. 阅读：选出正确答案。

我的房间里有一张床、一张桌子、一把椅子，桌子上放着一台笔记本电脑和几本书。我的房间又干净又安静，我很喜欢在我的房间里看书学习。

★ 他的房间里没有什么？

A 桌子 B 椅子 C 笔记本 D 电脑 答案【 】

7. 书写：完成句子。

（1）湖 有 一个 边 椅子 长

____

（2）人 了 门口 很多 办公室 站

____

57【二 57】连动句 1：表示前后动作先后发生

表示主语先后发生两个或多个动作行为。（It indicates that the subject successively takes two or more actions.）

◎ 常见搭配

回家吃饭 | 买票进站 | 去图书馆借书

◎ 形式结构

$S + VP_1 + VP_2$

（1）他开门出去了。

（2）我们吃完饭去图书馆吧。

◎ 相关说明

1. 连动句的谓语由两个或两个以上的动词或动词性短语充当，共用一个主语。例如：

In a serial verb sentence, the predicate consists of two or more verbs, which share the same subject. For example:

（1）大卫下课回宿舍了。

2. 连动句中，连用的动词性成分的前后次序不能颠倒。例如：

In a serial verb sentence, the order of the two verb phrases cannot be reversed. For example:

（2）我吃完饭去商店。——* 我去商店吃完饭。

3. 回答问题时，如果答句的宾语与问句的宾语一致，可以省略。例如：

When answering a question, if the object of the answer is consistent with the object of the question, it can be omitted. For example:

（3）A：你什么时候去商店？

B：我下课去（商店）。

（4）A：你几点去食堂吃饭？

B：我十二点去（食堂吃饭）。

综合练习

1. 听力：判断对错。

（1）

答案【　】

（2）★ 小明现在去玛丽家。　答案【　】

2. 听力：选出正确答案。

（1）A 关门了　B 出去了
C 开车了　D 开窗了　答案【　】

（2）A 去图书馆　B 看书
C 吃饭　D 写书　答案【　】

（3）A 玛丽出门了　B 玛丽会听音乐了
C 玛丽听见门开了　D 玛丽有一门音乐课　答案【　】

（4）A 开了个花店　B 去动物园看动物
C 打车了　D 去花园买花　答案【　】

3. 阅读：选出正确图片。

A　　B

他开门上车了。　　答案【　】

4. 阅读：选择合适的词语填空。

A 去；吃　B 吃；去　C 写；去　D 吃；走　E 吃；吃　F 打；听

我们（　　）完饭（　　）电影院吧。　　答案【　】

5. 阅读：根据句子选择上下文。

（1）A 我没听清楚，你再说一遍。

B 今天的票没花钱，

C 我等他的电话已经等了一天了，

D 小明想吃妈妈做的菜了，

E 我找了他好几次，

所以他回家吃饭了。　　答案【　】

（2）A 今天的票没花钱？

B 我下了课去商店。

C 明天的考试很重要。

D 大卫明天过生日。

E 北京是一个好城市。

我下了课也去。　　答案【　】

6. 阅读：判断对错。

我吃完饭去上课，没有时间休息。

★ 他吃完饭去休息。　　答案【　】

7. 阅读：选出正确答案。

小美对小明说："我们吃完饭去电影院吧。"小明说："我不想去，我吃完饭去商店。"

★ 根据这段话，可以知道：

A 小明不想去电影院　　B 小明不想吃饭

C 小美想去商店　　D 小美不想吃饭　　答案【　】

8. 书写：完成句子。

（1）他　买　出去　自行车　了

____

shàngbān

（2）她出门（　　　　）了。

58【二 58】比较句 2

（1）A 比 B + 形容词 + 数量补语

表示 A 在某方面超过了 B，并达到了一定的数量或程度。（It indicates that A surpasses B in some aspect and reaches a certain number or degree.）

◎ 常见搭配

我比你高一点儿 | 今天比昨天冷一些 | 这个比那个便宜五块钱

◎ 形式结构

A + 比 + B + Adj + QP

（1）姐姐比我大两岁。

（2）房间里边比外边凉快一些。

（3）你们班学生比我们班多一个。

（4）穿这件比穿那件好看一点儿。

◎ 相关说明

1. A 和 B 是比较的对象，可以是代词、名词、名词性短语或者动词、动词性短语、小句等。例如：

A and B are the objects of comparison and can be pronouns, nouns, nominal phrases, verbs, verbal phrases, or clauses, etc. For example:

（1）姐姐比我大两岁。

（2）这个包比那个大一些。

（3）走比跑安全一些。

（4）做面条儿比做米饭快一点儿。

2. A 和 B 是相同的名词性短语时，B 的中心语可省略。例如：

When A and B are the same nominal phrase, the headword of B can be omitted. For example:

（5）穿这件衣服比穿那件（衣服）好看一点儿。

（6）你们班的学生比我们班（的学生）多三个。

综合练习

1. 听力：判断对错。

（1）

答案【　】

（2）

答案【　】

（3）★ 班长的成绩比他的少一分。　　答案【　】

（4）★ 大卫的哥哥更高。　　答案【　】

2. 听力：选出正确答案。

（1）A 9月1号　　B 10月1号　　C 9月8号　　D 8月25号　　答案【　】

（2）A 很漂亮　　B 会唱歌　　C 上小学　　D 有哥哥　　答案【　】

3. 阅读：选出正确的图片。

B

今天比昨天热一些。 答案【 】

4. 阅读：选择合适的词语填空。

A 和　B 比　C 那　D 跟　E 叫　F 给

我喝的（　　）你喝的多一杯。 答案【 】

5. 阅读：根据句子选择上下文。

A 很多人来这里买菜。

B 你今天有空儿吗？

C 我妈妈每天起床很早，

D 我妈妈今天不在家，

E 明天我要早点儿去学校，

我起床比妈妈晚一小时。 答案【 】

6. 阅读：判断对错。

鱼肉比鸡肉贵十块钱。

★ 鸡肉没有鱼肉贵。 答案【 】

7. 阅读：选出正确答案。

（1）我们班的同学学习都很努力，我们下课后经常去图书馆学习。小美在图书馆的时间最长，比我长几个小时。她的作业做得很好，考试成绩也很好。这次考试她比我高十几分。

★ 根据这段话，可以知道小美：

A 头发长　B 很可爱　C 爱玩儿　D 很努力 答案【 】

（2）中国是一个很大的国家。每天早上，东边的城市天亮了，西边的城市可能还在夜里。东边城市日出比西边早。上海六点天就亮了，昆明可能七点才天亮。

★ 根据这段话，昆明可能在中国的什么地方？

A 北部　B 西部　C 南部　D 东部 答案【 】

8. 书写：完成句子。

（1）岁　小明　哥哥　比　他　三　小

____

（2）这件衣服（ bǐ ）那件贵一百块。

（2）A 比 B + 更 / 还 + 形容词

A 和 B 都达到了比较高的程度，同时 A 在某方面超过了 B。（Both A and B achieve a high degree, and A surpasses B in some aspect.）

◎ 形式结构

A + 比 + B + 更 / 还 + Adj

（1）他的手机比我的更贵。

（2）今天比昨天还凉快。

◎ 相关说明

1. A 和 B 的结构都是“修饰语 + 中心语”时，B 的中心语一般省略。例如：

When both A and B take the structure “modifier + headword”, the headword of B is usually omitted. For example:

（1）他的手机比我的（手机）更贵。

2. 表达否定时，在“比”前加“不”，去掉“更 / 还”。例如：

To indicate negation, use “不” before “比” and delete “更 / 还”. For example:

（2）他的手机不比我的贵。

（3）今天不比昨天凉快。

3. “A 比 B + 还 + 形容词”可用于表示夸张，“更”没有这样的用法。例如：

“A 比 B + 还 + adjective” can be used to indicate exaggeration, but “更” doesn't have such a usage. For example:

（4）他跑得比兔子还快。

综合练习

1. 听力：判断对错。

（1）

答案【　】

（2）

周一 10	周二 11	周三 12	周四 13	周五 14	周六 15	周日 16
26°	27°	26°	28°	25°	22°	18°
18°	20°	21°	21°	21°	13°	13°

答案【　】

（3）★ 姐姐比小美更高。 答案【 】

（4）★ 大卫长高了。 答案【 】

2. 听力：选出正确答案。

（1）A 爸爸　　B 妈妈
　　C 老师　　D 奶奶　　答案【 】

（2）A 非常贵　　B 不太贵
　　C 是新买的　　D 有点儿贵　　答案【 】

3. 阅读：选出正确图片。

A 

B

今天比昨天更热。 答案【 】

4. 阅读：选择合适的词语填空。

A 连　B 比　C 对　D 或　E 让　F 给

我这次考试分数（　　）上次还高。 答案【 】

5. 阅读：根据句子选择上下文。

A 放假天天在家真舒服，

B 你休息好了吗?

C 你在家吗?

D 我在家忙了两天了，

E 下班了早点儿回去吧。

没想到在家干活儿比上班还累。 答案【 】

6. 阅读：判断对错。

小美的个子比玛丽更高，玛丽的头发比小美的更长。

★ 玛丽头发很短。 答案【 】

7. 阅读：选出正确答案。

（1）今年冬天很冷，下了好几场雪。虽然我很怕冷，但是我很喜欢下雪。因为我的老家冬天很短，也不下雪，我在这里看到的雪比我这二十年来看到的还多。

★ 根据这段话，他喜欢什么?

A 下雨　　B 下雪　　C 夏天　　D 冬天　　答案【　】

（2）我的哥哥喜欢穿运动装，喜欢和他的学生们一起玩儿。虽然他比我大三岁，但他看着比我更年轻。

★ 根据这段话，“我”的哥哥：

A 很年轻　　B 是老师　　C 是学生　　D 喜欢运动　　答案【　】

8. 书写：完成句子。

（1）奶奶　更　了　比　去年　老

____

（2）我的手比你的（gèng　）大。

（3）A 不如 B（+ 形容词）

表示 A 在某方面比不上 B。（It indicates that A is inferior to B in some aspect.）

◎ 形式结构

1. A + 不如 + B

（1）他不如他哥哥。

（2）我的中文成绩不如班长。

（3）坐车不如走路。

（4）一个人去不如大家一起去。

2. A + 不如 + B + Adj

（5）火车不如飞机快。

（6）他不如他哥哥认真。

（7）开车不如走路方便。

（8）一个人去不如大家一起去好玩儿。

◎ 相关说明

1. “不如”前后的比较对象应该是同样的句子成分，有可比性。例如：

The object for comparison before and after “不如” should be the same sentence component with comparability. For example:

（1）漂亮不如聪明重要。

（2）做饺子不如做面条儿快。

2. 只有否定形式“不如”，没有肯定形式“如”。例如：

It only has the negative form “不如” and doesn't have the affirmative form “如”. For example:

（3）* 他如他哥哥。

（4）* 他的手机如我的贵。

3. “不如”前后是两个“修饰语 + 中心语”结构且中心语相同时，后一个结构的中心语常省略。例如：

When there are two “modifier + headword” structures before and after “不如” and the headwords are the same, the headword of the latter structure is often omitted. For example:

（5）我的成绩不如你的（成绩）。

（6）学校的饭菜不如家里的（饭菜）好吃。

4. “A 不如 B + 形容词”中一般不使用消极意义的形容词。例如：

In “A 不如 B + adjective”, negative adjectives are usually not used. For example:

（7）妹妹不如姐姐漂亮。——* 姐姐不如妹妹难看。

5. “A 不如 B + 形容词”中，形容词的前面不能使用程度副词“很、十分、非常”等修饰，但可以加表示程度的代词“这么、那么、这样、那样”。例如：

In “A 不如 B + adjective”, the adjective cannot be preceded by an adverb of degree, such as “很”, “十分”, or “非常”, but it can be preceded by a pronoun of degree, such as “这么”, “那么”, “这样”, and “那样”. For example:

（8）苹果不如西瓜这么甜。

（9）他不如他哥哥那样认真。

6. 比较的方面可以作为提示成分在句首出现。例如：

The aspect being compared can appear at the beginning of a sentence as a hint. For example:

（10）成绩，他不如哥哥。= 他成绩不如哥哥。

综合练习

1. 听力：判断对错。

（1）

答案【　】

（2）

答案【　】

（3）★ 班长的成绩比“我”好。 答案【　】

（4）★ 女的的手机变慢了。 答案【　】

2. 听力：选出正确答案。

（1）A 图书馆　B 体育馆　C 餐馆　D 教室 答案【　】

（2）A 在宿舍　B 时间短　C 很无聊　D 没回家 答案【　】

3. 阅读：选出正确图片。

A 

B 

出租车不如摩托车快。 答案【　】

4. 阅读：选择合适的词语填空。

A 不然　B 不如　C 但　D 或　E 让　F 给

我跑步（　　）小明快。 答案【　】

5. 阅读：根据句子选择上下文。

A 这个电视节目很好看。

B 你看过这本书吗？

C 一起出去看电影吧。

D 我在家写了一天作业。

E 下课了一起回家。

在家看电影不如去电影院。 答案【　】

6. 阅读：判断对错。

吃大鱼大肉不如吃青菜健康。

★ 吃鱼不健康。 答案【 】

7. 阅读：选出正确答案。

（1）开车是很方便，但是在大城市里找地方停车很难。周末去商场的人特别多，停车就更难了，找停车的地方常常要找很久。所以，我出门经常坐地铁。

★ 根据这段话，在大城市里：

A 开车很不方便　　B 停车很方便

C 开车不如坐地铁方便　　D 开车不如走路方便　　答案【 】

（2）我是医生，我哥哥是老师，我们工作都很忙。但是，他每年有两个长长的假期，我的假期却很少。所以，我在家的时间不如哥哥多。

★ 根据这段话，他的哥哥：

A 是学生　　B 是医生　　C 没有假　　D 工作很忙　　答案【 】

8. 书写：完成句子。

（1）我　今年　高　收入　不如　去年

____

（2）饭馆的菜不（ rú ）家里的好吃。

（4）A 有 B（+ 这么 / 那么）+ 形容词

表示 A 在性状、程度上与 B 一致，差别不大。（It indicates that A and B are consistent in nature and quantity, with little difference.）

◎ 形式结构

A + 有 + B（+ 这么 / 那么）+ Adj

（1）你哥哥有你这么高吗？

（2）她家的院子有篮球场那么大。

（3）我的头发有你的黑。

◎ 相关说明

1.“有”前后是两个“修饰语 + 中心语”结构且中心语相同时，后一个结构的中心语常省略。例如：

When there are two “modifier + headword” structures before and after “有” and the headwords are the same, the headword of the latter structure is often omitted. For example:

（1）我的头发有你的这么黑。

2. 表达否定时，把“有”改成“没有 / 没”。例如：

To indicate negation, “有” is changed into “没有 / 没”. For example:

（2）他没 / 没有他哥哥这么努力。

（3）我没 / 没有哥哥跳得那么高。

综合练习

1. 听力：判断对错。

（1）

答案【　】

（2）

答案【　】

（3）★ 班长的成绩比“我”好。　　答案【　】

（4）★ 大卫的孩子长得不高。　　答案【　】

2. 听力：选出正确答案。

（1）A 东北人　　B 北京人　　C 南方人　　D 上海人　　答案【　】

（2）A 让人喜欢　　B 喜欢音乐　　C 是明星　　D 是音乐老师　　答案【　】

3. 阅读：选出正确图片。

A 

B 

昨天没有今天这么冷。 答案【 】

4. 阅读：选择合适的词语填空。

A 如果　B 有　C 那　D 跟　E 和　F 给

我吃的（　　）你们两个吃的那么多。 答案【 】

5. 阅读：根据句子选择上下文。

A 很多人来这里买菜。

B 你今天早上有课吗？

C 我妈妈每天早起给家人做早饭，

D 我妈妈今天生病了，

E 别忘记明天早点儿去学校。

我没有妈妈起得那么早。 答案【 】

6. 阅读：判断对错。

这棵树有五层楼那么高。

★ 这棵树不太高。 答案【 】

7. 阅读：选出正确答案。

（1）学中文不是一件特别容易的事。有的外国人中文说得有中国人那么好，好像他生下来就很会学语言。但你不知道，他花了多少时间在学习上。练习听、说、读、写，都要花大量时间。怎么可能不花时间就说得那么好呢？

★ 根据这段话，中文说得好的人：

A 生下来就很会学语言　　B 说话很自信

C 觉得学外语很难　　D 愿意花时间学习 答案【 】

（2）小美看到我下午一直睡觉，觉得我可能不太舒服，就给我买了吃的。小美真是一个特别好的女孩子，上次下雨她还帮我收了衣服。我也想多关心别人，但我没有小美做得这么好。

★ 根据这段话，小美可能是“我”的：

A 男朋友　　B 同学　　C 老师　　D 女儿 答案【 】

8. 书写：完成句子。

（1）爸爸　小明　了　有　他　高　那么

____

　　　　　yǒu

（2）他的中文说得差不多（　　）中国人那么好。

59【二 59】比较句 3

用来表示在爱好、心理活动、能力等方面，A 与 B 相同。（It is used to indicate that A and B are the same in such aspects as hobbies, psychological activities, abilities, etc.）

◎ 常见搭配

他跟他爸爸一样 | 今天跟昨天一样热 | 弟弟长得跟哥哥一样

◎ 形式结构

1. A + 跟 + B + 一样 / 相同

（1）我的爱好跟姐姐一样 / 相同。

（2）我买的跟你买的一样 / 相同。

（3）他说的跟你说的一样 / 相同。

2. A + 跟 + B + 一样 + Adj

（4）哥哥跟弟弟一样高。

（5）今天买跟昨天买一样贵。

（6）弟弟跑得跟哥哥一样快。

◎ 相关说明

在比较句 3 中，“跟”前后的 A 和 B 是相同结构的，B 中与 A 重复的词或短语可以省略。例如：

In comparative sentence 3, A and B before and after “跟” are of the same structure, and the repeated word or phrase with A in B can be omitted. For example:

他的手机跟我的（手机）一样。

综合练习

1. 听力：判断对错。

（1）

答案【　】

（2）

答案【　】

（3）★ 我爱姐姐。 答案【　】

（4）★ 男的和他的哥哥身高相同。 答案【　】

2. 听力：选出正确答案。

（1）A 买东西　B 回家　C 吃饭　D 吃水果 答案【　】

（2）A 画画儿　B 看书　C 唱歌　D 跳舞 答案【　】

3. 阅读：选出正确图片。

A 

B 

今天的风跟昨天的一样大。 答案【　】

4. 阅读：选择合适的词语填空。

A 以　B 跟　C 拿　D 比　E 叫　F 给

你的眼睛长得（　　）你妈妈完全一样。 答案【　】

5. 阅读：根据句子选择上下文。

A 很多人来这里看书。

B 大卫今天去图书馆了吗？

C 大卫每天很早起床去上学。

D 今天大卫带我去书店了，

E 明天我要去书店，

我买的书跟大卫一样。 答案【　】

6. 阅读：判断对错。

你怎么吃得跟妹妹一样少？

★ 妹妹吃得不多。 答案【 】

7. 阅读：选出正确答案。

（1）玛丽和她姐姐都在中国上学，她跟姐姐一样认真。她们下课后经常去图书馆学习，我有时候跟她们一起去图书馆。玛丽虽然比我小几岁，但是看书很快，跟我差不多一样快。

★ 根据这段话，玛丽：

A 很漂亮　　B 很可爱　　C 爱玩儿　　D 看书快　　答案【 】

（2）中国是一个很大的国家，南方人吃的跟北方人不太一样。过年时，北方人一般要吃饺子，南方人很少吃饺子。北方人吃面食多，南方人吃米饭多。

★ 根据这段话，中国南方人一般吃：

A 包子　　B 饺子　　C 面包　　D 米饭　　答案【 】

8. 书写：完成句子。

（1）高　小明　哥哥　跟　他　一样

____

（2）这件衣服（ gēn ）那件一样好看。

60【二 60】"是……的"句 1：强调时间、地点、方式、动作者

用来强调已经发生的动作的时间、地点、方式、目的和动作发出者等。（It is used to emphasize the time, place, manner, purpose and doer of the action taken.）

◎ 常见搭配

是去年来的 | 是从北京来的 | 是坐火车来的 | 是来旅行的 | 是他买的 | 是她打的电话

◎ 形式结构

1. S（+ 是）+ VP + 的

（1）我（是）昨天到北京的。

（2）我们（是）坐飞机来的。

2. S（+ 是）+ VP + 的 + NP

（3）他（是）在网上买的手机。

（4）她（是）昨天到的北京。

3. 是 + S + VP + 的

（5）是老师说的。

（6）是大卫找到的。

4. 是 + S + VP + 的 + NP

（7）是男朋友买的礼物。

（8）是妈妈打来的电话。

◎ 相关说明

1. 在“是……的”句中，“是”在主语后时，经常用来回答“什么时候、哪儿、怎么”等问题。疑问式和肯定式中的“是”可以省略，否定式中的“是”不可以省略。例如：

In a “是……的” sentence, “是” is used after the subject to answer questions such as “什么时候”, “哪儿”, “怎么”, etc. “是” can be omitted in the interrogative form and affirmative form, but it cannot be omitted in the negative form. For example:

（1）水果（是）昨天买的吗？

（2）水果（是）今天买的。

（3）水果不是今天买的。

2. 在“是……的”句中，“是”在主语前时，经常用来回答“是谁”的问题，用来强调动作发出者。例如：

In a “是……的” sentence, when “是” is used before the subject, it is often used to answer the question “是谁” and emphasize the doer of an action. For example:

（4）是谁买的礼物？

（5）是男朋友买的礼物。

（6）不是我爸爸买的礼物。

3. 在“是……的”句中，如果动词后面带有宾语，且宾语是普通名词，“的”要放在宾语前面；如果宾语是处所名词，“的”放在宾语前面或者后面都可以。例如：

In a “是……的” sentence, if the verb is followed by an object and the object is a common noun, “的” is placed before the object. If the object is a location noun, “的” can be placed either before or after the object. For example:

（7）他（是）在网上买的手机。——* 他（是）在网上买手机的。

（“手机”是普通名词宾语）

（8）她（是）昨天到的北京。/ 她（是）昨天到北京的。

（“北京”是处所名词宾语）

综合练习

1. 听力：判断对错。

（1）

答案【　】

（2）★“我”没回妈妈的电话。　答案【　】

（3）★ 大卫有了自己的孩子。　答案【　】

（4）★ 朋友们觉得这件衣服太便宜了。　答案【　】

2. 听力：选出正确答案。

（1）A 今年　B 去年　C 前年　D 明年　答案【　】

（2）A 中国朋友　B 同学　C 老师　D 她一个人　答案【　】

（3）A 他是美国人　B 他来中国旅行
C 他坐飞机来的中国　D 他是一个人来的　答案【　】

（4）A 小明请男的吃饭　B 小明刚才打电话了
C 小明是小美的男朋友　D 男的不喜欢小明　答案【　】

（5）① A 大卫不想去上课　B 大卫住院了
C 大卫是一个人去的医院　D 大卫的病好了　答案【　】

② A 王老师是女的　B 王老师很关心学生
C 是大卫的妈妈送他去的医院　D 大卫很感动　答案【　】

3. 听力：选出正确图片。

A 

B 

答案【　】

4. 阅读：根据句子选择上下文。

A 我很少去饭馆吃饭。

B 你别等我了，我已经吃过饭了。

C 妈妈做的菜很好吃。

D 我没吃过中国菜。

E 再见，欢迎下次再来。

我跟朋友在饭馆吃的饺子。　　答案【　】

5. 阅读：判断对错。

昨天是大卫的生日，大卫的朋友们为大卫举行了一个生日晚会，晚会是在教室举行的。参加晚会的有来自中国、韩国、印度、日本、意大利等九个国家的朋友，朋友们都为大卫准备了生日礼物，还带来了自己国家的好吃的。大家在一起有说有笑，又唱又跳，非常开心。

★ 大卫的生日晚会是在饭馆举行的。　　答案【　】

6. 阅读：选出正确答案。

（1）学校放假了，大卫没有回国，他去中国南方旅行了，他是坐火车去的。他是第一次在中国坐火车，有很多中国人跟他说话。他觉得中国人都很热情友好，这次旅行很有意思。

★ 关于这段话，哪项正确？

A 大卫回国了　　B 大卫不喜欢旅行

C 大卫以前没有坐过火车　　D 大卫喜欢这次旅行　　答案【　】

（2）上个周末，大卫跟几个中国朋友去爬山了。他们是自己开车去的。他们很早就出发了，一个多小时他们就到了山下。虽然这座山不太高，但是大卫很久没有爬山了，他觉得有点儿累。爬山回来以后，大卫的腿疼了好几天。

① ★ 根据这段话，可以知道：

A 大卫是骑自行车去爬山的　　B 大卫自己去爬山了

C 大卫很长时间没有爬山了　　D 大卫这个周末去爬山了　　答案【　】

② ★ 关于这段话，哪项正确？

A 大卫爬山时觉得特别累　　B 大卫跟中国朋友去爬山了

C 这座山很高　　D 他们是坐公共汽车去的　　答案【　】

7. 书写：完成句子。

是　这　的　照片　我　在　北京　拍　张

____

61【二 61】双宾语句

谓语动词后边带两个宾语的句子叫双宾语句。第一个宾语通常是人，叫间接宾语；第二个宾语通常是事物，叫直接宾语。（A sentence with two objects after the predicate verb is called a double-object sentence. The first object is usually somebody, which is known as indirect object; and the second object is usually something, which is known as a direct object.）

◎ 形式结构

1. S + V + O_1 + O_2

（1）我给妹妹一本书。

（2）爸爸送我一辆汽车。

2. S + V + 给 + O_1 + O_2

（3）朋友借给我一千块钱。

（4）姐姐送给我一个手机。

◎ 相关说明

在双宾语句中，常用的动词有“给、借、还、送、找、教、问、告诉”等。两个宾语的前后次序不能改变，O_1 往往是人，O_2 多为表示事物的“数词+量词+名词”结构。例如：

In double-object sentences, commonly used verbs include “给”, “借”, “还”, “送”, “找”, “教”, “问”, and “告诉”, among others. The order of the two objects cannot be changed. $Object_1$ (O_1) is often somebody. $Object_2$ (O_2) is usually a “numeral + measure word + noun” structure indicating something. For example:

（1）朋友给我一束花。——* 朋友给一束花我。

（2）服务员找给我 11 块钱。——* 服务员找给 11 块钱我。

综合练习

1. 听力：判断对错。

（1）

答案【　】

（2）★ 玛丽送给妈妈一个新书包。 答案【 】

（3）★ 售货员没有找给他钱。 答案【 】

2. 听力：选出正确答案。

（1）A 阅读课 B 综合课 C 口语课 D 听力课 答案【 】

（2）A 男的出门太急了 B 女的没带钱包
C 男的没带钱包 D 女的可以借给他钱 答案【 】

（3）A 上个月没来 B 给他 200 块钱
C 刚刚还他钱 D 不还他钱 答案【 】

（4）A 她不想当老师 B 她不教中文
C 她不常回答问题 D 欢迎学生问她问题 答案【 】

3. 阅读：选择合适的词语填空。

（1）A 送 B 买 C 来 D 要 E 借 F 带

男：下周二是妈妈的生日，你有什么想法？

女：我想（ ）她一件衣服，然后带她去饭店吃饭。 答案【 】

（2）A 说 B 谈 C 写信 D 发 E 叫 F 告诉

玛丽上周生病住院了，但她没（ ）父母这件事。她不希望父母担心。答案【 】

（3）A 买 B 放 C 开 D 给 E 拿 F 带

上大学以后，我住在学校的宿舍里。父母（ ）了我一个新手机，希望我常常给他们打电话。 答案【 】

4. 阅读：判断对错。

（1）王老师这学期教我们听力和写作，有的同学总不写作业，老师有点儿不高兴。

★ 王老师不想教听力和写作。 答案【 】

（2）我和大卫是多年的老朋友了。每个新年他都送我一个礼物。

★ 新年时，他给大卫一个礼物。 答案【 】

5. 阅读：选出正确答案。

（1）王老师身体不好，下周要去医院。我对她说：“祝你一路平安。”王老师笑了。她告诉我“祝你一路平安”是离别的时候说的话，这个时候应该说“祝你健康”。

★ 关于王老师，可以知道：

A 她要去医院 B 她一路都在笑

C 她祝“我”平安 D 她祝“我”健康 答案【 】

（2）玛丽，上次你问我的那个问题，我想了一下儿，真的有点儿难，我也不知道怎么回答。我们今天去找老师讨论一下儿吧，我想老师一定能回答你这个问题。

★ 她们要找老师做什么？

A 问玛丽在哪儿　　B 问不懂的问题

C 回答老师的问题　　D 上课　　答案【　】

6. 书写：完成句子。

gàosu

谁能（　　）我这是怎么回事？

（三）复句

62【二 62】承接复句

【先……，再 / 然后……】xiān…, zài/ránhòu…用来连接前后两个小句，表示动作的先后顺序。（It is used to connect two clauses, and indicates the sequence of actions.）

◎ 形式结构

1. S + 先……，（然后）再……

（1）他先去银行，然后再去公司。

（2）我先去超市买东西，再回家。

2. S + 先……，然后（再）……

（3）你先回家，然后再过来。

（4）我先去吃午饭，然后回房间休息。

3. S_1 + 先……，（然后 +）S_2（+ 再）……

（5）他先去学校找同学，然后同学再带他去找王老师。

（6）我先给你钱，然后你帮我买点儿东西。

◎ 相关说明

"然后"可以和"再"同时使用。"然后"是连词，放在句首；"再"是副词，放在句子中主语的后边、谓语的前边。例如：

"然后" and "再" can be used together. "然后" is a conjunction used at the beginning of a sentence; "再" is an adverb used after the subject and before the verb in a sentence. For example:

（1）他先去学校找同学，然后同学再带他去找王老师。

中文的承接复句可以不用关联词语，听话人根据语境、生活常识等也能够理解。例如：

In Chinese, consecutive compound sentences can be constructed without using conjunctions, and the listener can still understand them based on the language context, common sense, and so on. For example:

（2）吃了晚饭，我们出去走走。

（3）他回房间拿了衣服，去教室上课了。

综合练习

1. 听力：判断对错。

（1）

答案【　】

（2）★ 他明天下课后去银行。　答案【　】

（3）★ 他写完作业再吃饭。　答案【　】

2. 听力：选出正确答案。

（1）A 超市　B 商场　C 车站　D 女的家　答案【　】

（2）A 饭店　B 电影院　C 公园　D 操场　答案【　】

（3）A 去国外　B 换钱　C 去商店　D 收好钱　答案【　】

（4）A 坐地铁　B 坐公共汽车

C 坐地铁和公共汽车　D 坐出租车　答案【　】

3. 阅读：选出正确图片。

A 

B 

小朋友都知道，要先洗手，再吃饭。　答案【　】

4. 阅读：选择合适的词语填空。

（1）A 但是　B 以后　C 先　D 好像　E 只要　F 所以

女：你不忙的时候给我打个电话。

男：我上午（　　）开会，然后还有些工作要做。中午的时候给你打电话。

答案【　】

（2）A 应该　B 所以　C 必须　D 可以　E 然后　F 而且

他先跟老师请了假，（　　）带着大卫去了医院。现在应该还在医院呢。答案【　】

5. 阅读：根据句子选择上下文。

A 然后睡觉。

B 然后弄明白意思。

C 然后走路回家。

D 再早点儿起床。

E 再去运动。

不知道怎么读的字，先查字典，　答案【　】

6. 阅读：判断对错。

（1）放假以后，我想先去旅游，玩儿几天，再回家。

★ 他打算放了假就回家。　答案【　】

（2）我们这次打算先坐火车，再坐汽车。假期很长，路上可以慢一些。

★ 他们时间很多。　答案【　】

7. 阅读：选出正确答案。

（1）她从小就有个习惯，要先喝杯牛奶，再睡觉。长大以后还是这样。如果睡觉之前不喝牛奶，她就睡不着。

★ 睡觉之前，她必须：

A 做运动　B 喝牛奶　C 读书　D 听故事　答案【　】

（2）这次的题有点儿难，我知道大家有很多问题。我们今天先讨论一下儿哪里不懂，然后记在本子上，明天一起去问老师。

★ 他们要找老师做什么？

A 一起讨论　B 一起记问题

C 问不懂的问题　D 上课　答案【　】

8. 书写：完成句子。

（1）我　上课　去　然后　先　图书馆

____

ránhòu

（2）我先吃午饭，（　　）回房间休息。

63【二 63】递进复句

【……，更 / 还……】…, gèng/hái… 用在递进复句中，表示后一小句比前一小句意思更进一步。（It is used in progressive compound sentences to indicate that the meaning of the latter clause goes further than that of the former clause.）

◎ 形式结构

1. S_1 + P_1，S_2 + 更 / 还 + P_2

（1）昨天很冷，今天更冷了。

2. S + P_1，更 / 还 + P_2

（2）班长学习很好，还经常帮助同学。

（3）我买了一些吃的、用的，还买了几本书。

【不但……，而且……】búdàn…, érqiě… 用在递进复句中，表示后一小句比前一小句意思更进一步。（It is used in progressive compound sentences to indicate that the meaning of the latter clause goes further than that of the former clause.）

◎ 形式结构

1. S + 不但……，而且……

（1）她不但会说中文，而且说得很好。

（2）这东西不但好吃，而且便宜。

（3）这本书不但小孩子喜欢读，而且很多大人也喜欢。

2. 不但 + S_1……，而且 + S_2……

（4）不但我妈妈不喜欢他，而且我们全家都不喜欢他。

（5）不但我喜欢唱歌，而且我妈妈也喜欢。

◎ 相关说明

递进复句中，有时可以省略关联词语。例如：

In progressive compound sentences, sometimes the conjunctions can be omitted. For example:

（1）不但我没去，小明也没去。

（2）今天很冷，而且明天更冷。

（3）那个地方我去过了，去过两次了。

（4）他弟弟会说中文，说得很流利。

综合练习

1. 听力：判断对错。

（1）

答案【　】

（2）★ 她的中文很流利。　答案【　】

2. 听力：选出正确答案。

（1）A 认识　B 不认识　C 认识大卫的妹妹　D 不知道　答案【　】

（2）A 学习成绩不好　B 不够努力　C 不只学习努力　D 其他方面不好　答案【　】

（3）A 不好吃　B 没人喜欢　C 很好吃　D 不知道　答案【　】

（4）A 中国　B 中国人　C 画中国画　D 中国菜　答案【　】

3. 阅读：选出正确图片。

A 

B 

不但小孩子喜欢，而且大人也喜欢读这本书。　答案【　】

4. 阅读：选择合适的词语填空。

（1）A 如果　B 可是　C 不但　D 好像　E 只要　F 而且

女：你们今天怎么没来上课？

男：不但他忘记了，（　　）我也不记得今天要上课这件事了。　答案【　】

（2）A 应该　B 不但　C 必须　D 还　E 那　F 而且

大卫（　　）是我的同学，还是我最好的朋友。　答案【　】

5. 阅读：根据句子选择上下文。

A 不但玛丽不在，

B 不但会说中文，

C 不但哥哥个子高，

D 他不但会打篮球，

E 他不但爱运动，

而且打得很好。　答案【　】

6. 阅读：判断对错。

（1）班长不但学习好，还经常帮助同学。

★ 班长很热情。　答案【　】

（2）今天下雪了，明天更冷。周末不但不能去爬山了，而且门都出不去了。

★ 周末很冷。　答案【　】

7. 阅读：选出正确答案。

（1）玛丽老师是我们的中文老师。她教我们中文，还很关心我们的生活。她常常照顾我们、帮助我们，我们都很喜欢她。

★ 关于玛丽老师，哪项错误？

A 关心学生　B 照顾学生的生活

C 很热情　D 不喜欢他们　答案【　】

（2）最近一有时间，我就去图书馆找中文书看。读中文书不但可以练习中文，而且能学到一些新知识。我真喜欢读中文书！

★ 他为什么读中文书？

A 喜欢读书　B 可以练习中文

C 中文书好看　D 中文书有意思　答案【　】

8. 书写：完成句子。

（1）她　不但　而且　说　会　很好　中文　得　说

____

（2）我经常去那个超市买东西，那个超市不但离我家近，（　érqiě　）东西便宜。

64【二 64】选择复句

【(是)……，还是……】(shì)···, háishi···用来连接表示选择关系的复句，多含有疑问或不确定语气。(It is used to connect a compound sentence indicating a choice relationship, often containing a tone of inquiry or uncertainty.)

◎ 形式结构

1. S（+是）+ NP_1，还是 + NP_2

（1）我也不知道他是中国人，还是外国人。

（2）你想什么时候去？是今天，还是明天？

2. S（+是）+ AP_1，还是 + AP_2

（3）他的中文（是）好，还是不好？

（4）她喜欢哪个？（是）红的，还是黄的？

3. S（+是）+ VP_1，还是 + VP_2

（5）你（是）坐火车来的，还是坐飞机来的？

（6）周末你们（是）想去打排球，还是想去打篮球？

4. S（+是）+ C_1，还是 + C_2

（7）我不知道明天（是）小明来参加活动，还是大卫来。

（8）你（是）明天到北京，还是后天到？

◎ 相关说明

1. 有时选择复句中可以不出现关联词语。例如：

Sometimes in alternative compound sentences, conjunctions can be omitted. For example:

（1）这次旅行你坐火车坐飞机？

（2）我们星期六去星期天去？

2. “是……，还是……”提供了两个选择项，其中第一个选择项前面的“是”可以省略。例如：

“是……，还是……”provides two options, and the“是”before the first option can be omitted. For example:

（3）你（是）喝咖啡，还是茶？

（4）我们（是）现在去吃饭，还是等一会儿再去？

比较

还是、或者

相同点：Similarities:

“还是”和“或者”在语义上都表示选择。

Both “还是” and “或者” semantically indicate a choice.

不同点：Differences:

“还是”多用于疑问句，表示说话人询问对方选择哪个；也可以用在肯定句中，表示说话人不确定是哪个。“或者”多用于肯定句，表示两个可能都存在，说话人在两个或几个选择中做决定。例如：

“还是” is mostly used in interrogative sentences to indicate that the speaker is asking the listener to make a choice; it can also be used in affirmative sentences to indicate the speaker's uncertainty about which option is correct. “或者” is mostly used in affirmative sentences to indicate that both possibilities exist, and the speaker is making a decision between two or more options. For example:

（1）A：你今天去上海，还是明天去？

B：我也不知道公司希望我今天去，还是明天去。

（2）我计划明天或者后天去上海。

综合练习

1. 听力：判断对错。

（1）

答案【　】

（2）★ 晚上吃米饭。　答案【　】

（3）★ 他们先吃饭，然后看电影。　答案【　】

2. 听力：选出正确答案。

（1）A 看书　B 旅游　C 回家　D 运动　答案【　】

（2）A 咖啡　B 茶　C 水　D 牛奶　答案【　】

（3）A 爬山　　B 看电影　　C 读书　　D 运动　　答案【　】

（4）A 想　　B 不想　　C 去不去都行　　D 不知道　　答案【　】

3. 阅读：选出正确图片。

A　　B

男：你怎么来的？坐地铁还是坐公共汽车？

女：坐地铁。我家旁边就是地铁站。　　答案【　】

4. 阅读：选择合适的词语填空。

（1）A 如果　B 以后　C 还是　D 好像　E 只要　F 所以

女：你帮我看看哪件好看，红色的（　　）蓝色的？

男：我觉得你穿红色的更好看。　　答案【　】

（2）A 应该　B 以前　C 必须　D 可以　E 还是　F 只要

我们今天练什么？写字（　　）读课文？　　答案【　】

5. 阅读：根据句子选择上下文。

A 晚饭吃米饭。

B 我们一起去运动。

C 今天不上课。

D 明天是晴天。

E 该买票了。

坐火车还是坐飞机，周末之前要定下来。　　答案【　】

6. 阅读：判断对错。

（1）男：明天的活动让谁去参加呢？玛丽还是大卫？

女：玛丽明天不用上课，让她去吧。

★ 明天玛丽有时间去参加活动。　　答案【　】

（2）男：工作计划是今天要做完，还是明天再做也可以？

女：今天能做完最好，大卫挺着急的。

★ 最好今天能做完工作计划。　　答案【　】

7. 阅读：选出正确答案。

（1）男：忙完这段时间，你打算做什么？

女：是去旅游，还是回家看看爸妈，我还没想好。你呢？

★ 女的可能去做什么？

A 工作　　B 旅游　　C 读书　　D 吃饭　　答案【　】

（2）女：你从哪儿找到的这篇课文？是在书上，还是上网找的？

男：我在网上没找到，是在图书馆借的一本书上看到的。

★ 男的是在哪儿找到的课文？

A 在书上　　B 在网上　　C 在图书馆　　D 在家里　　答案【　】

8. 书写：完成句子。

（1）我们　去　还是　星期六　去　星期天

____

háishi

（2）你喝咖啡（　　）喝茶？

65【二 65】转折复句

【虽然……，但是 / 可是 / 但 / 不过……】

suīrán…, dànshì/kěshì/dàn/búguò…连接表示转折关系的复句。“虽然”所在的前一小句表示承认某个事实，“但是 / 可是 / 但 / 不过”所在的后一小句表示与前边的事实相反。（It connects a compound sentence indicating a transitional relationship. The preceding clause with “虽然” acknowledges a certain fact, while the following clause with “但是”, “可是”, “但”, or “不过” presents a fact that is not in alignment with the previous one .）

◎ 形式结构

1. 虽然……，但是 / 可是 / 但 / 不过 + S + ……

（1）虽然很累，可是我还是想再玩儿一会儿。

（2）虽然有点儿冷，但你不用穿太多衣服。

2. S + 虽然 + ……，但是 / 可是 / 但 / 不过 + ……

（3）那个公园虽然不大，但是非常漂亮。

（4）她虽然想去，但是没有时间。

3. 虽然 + S_1……，但是 / 可是 / 但 / 不过 + S_2……

（5）虽然明天可能下雨，可是我还是想去那儿看看。

（6）虽然我没来过这儿，不过我的很多朋友都来过。

4. S_1 + 虽然……，但是 / 可是 / 但 / 不过 + S_2……

（7）她虽然没有时间，但是我可以去。

（8）我虽然没买到火车票，但爸爸可以开车送我。

◎ 相关说明

中文的转折复句有时可以不用关联词语，或者只在前一小句或后一小句中用关联词语，整体上仍然表示转折。例如：

Sometimes, conjunctions are not used in Chinese transitional compound sentences, or they are only used in either the former or the latter clause, but the overall meaning still indicates transition. For example:

（1）这件衣服样子不错，有点儿贵。

（2）肉虽然好吃，不能吃太多。

（3）这个房间不太大，不过住着很舒服。

比较

但是、可是、但、不过

相同点：Similarities:

“但是、可是、但、不过”都是转折连词，用在转折复句的后一小句中。例如：

“但是”，“可是”，“但”，and“不过”are all transitional conjunctions used in the latter clause of a transitional compound sentence. For example:

（1）虽然你没有告诉我，但是 / 可是 / 但 / 不过我自己找到了那个地方。

不同点：Differences:

1.“但是”转折语气较重，可用于书面语和口语，“可是、但、不过”转折语气较轻，多用于口语。例如：

“但是”has a stronger transitional tone and can be used in both written and spoken Chinese, while“可是”，“但”，and“不过”have a lighter transitional tone and are mostly used in spoken Chinese. For example:

（2）a. 虽然这个工作最后还是没能完成，但是，我们非常感谢大家的努力。

b. 虽然工作没做完，可是 / 但 / 不过我还是要谢谢你们。

2.“但是、可是、不过”后面可以停顿，“但”不可以。例如：

There can be a pause after“但是”，“可是”，and“不过”, but this is not the case for“但”. For example:

（3）a. 你可以来，但是 / 可是 / 不过，他不能来。

b. 你可以来，但他不能来。

c. * 你可以来，但，他不能来。

3.“不过”除了表示转折之外，还可以表示补充，含有强调的意味。

“不过” can not only be used to indicate transition, but also indicate complement, carrying a connotation of emphasis.

综合练习

1. 听力：判断对错。

（1）★“我”打篮球打得比他好。　答案【　】

（2）★ 房间挺小的。　答案【　】

（3）★ 她没有时间去。　答案【　】

2. 听力：选出正确答案。

（1）A 很多　B 挺多的　C 挺难的　D 挺简单的　答案【　】

（2）A 女的找不到饭店　B 饭店的烤鸭味道不好
C 饭店在学校附近　D 饭店有点儿远　答案【　】

（3）A 他喜欢冬天　B 冬天不冷
C 冬天会下雪　D 雪后很漂亮　答案【　】

（4）A 蓝色的　B 红色的　C 白色的　D 绿色的　答案【　】

3. 阅读：选出正确图片。

A 

B 

虽然明天可能下雨，但是我还是想去那儿看看。　答案【　】

4. 阅读：选择合适的词语填空。

A 因为　B 虽然　C 但是　D 就是　E 所以　F 只要

她（　　）喜欢吃饺子，但是不会包。　答案【　】

5. 阅读：判断对错。

（1）虽然天气很冷，可是大家都不怕，在雪地里玩儿得很开心。

★ 大家在冷天里也玩儿得很开心。　答案【　】

（2）她个子不高，不过长得很漂亮，好多男孩儿都喜欢她。

★ 她又高又漂亮。　答案【　】

6. 阅读：选出正确答案。

（1）虽然后来我多次搬家，但是都留着这个笔记本，它总是能让我想起小时候练习写字时的快乐日子。

★ 关于笔记本，哪项正确？

A 是新的　　B 在搬家时丢了

C 是搬家时买的　　D 是他小时候用的　　答案【　】

（2）玛丽生病了，但还是去上课了。下课后，小红带玛丽去了医院，医生让玛丽多休息。虽然上课很重要，但是身体健康也很重要。

★ 关于这段话，哪项正确？

A 玛丽没有去上课　　B 上课比身体健康重要

C 生病了也应该去上课　　D 身体健康很重要　　答案【　】

（3）人的眼睛能够看到的颜色有 100 多种，但是科学家发现，人的眼睛看到的各种颜色，都是由三种颜色组成的，这三种颜色就是红色、绿色和蓝色。不过红色、绿色和蓝色三种颜色都放到一起，得到的只是白色。

★ 关于这段话，哪项正确？

A 人的眼睛能够看到 100 多种颜色　　B 人的眼睛看不到黑色

C 各种颜色都是由三种颜色组成的　　D 白色是绿色和蓝色组成的　　答案【　】

7. 书写：完成句子。

（1）衣服　但是　贵　好看　有点儿　虽然　这件

____

（2）明天虽然会下雨，但是不会太（lěng　　）。

66【二 66】假设复句

【如果……，就……】rúguǒ…, jiù…用来连接前后两个小句，前句表示假设，后句表示可能的结果。（It is used to connect two clauses, with the former clause indicating a hypothesis and the latter clause indicating a possible result.）

◎ 形式结构

1. 如果 + P_1，S + 就 + P_2

（1）如果可以，我们明天就出发。

（2）如果放假，我们就去公园玩儿吧。

2. S + 如果 + P_1，就 + P_2

（3）你如果喜欢，就买。

（4）你如果有时间，就来参加晚会吧。

3. 如果 + S + P_1，就 + P_2

（5）如果你明天有时间，就跟我一起去长城吧。

（6）如果你知道答案，就告诉大家。

4. 如果 + S_1 + P_1，S_2 + 就 + P_2

（7）如果你下午有时间，我们就一起去超市吧。

（8）如果我能听懂，他就一定能听懂。

5. S_1 + 如果 + P_1，S_2 + 就 + P_2

（9）他如果没空儿，我就去。

（10）你如果有时间，我们就去看电影吧。

◎ 相关说明

假设复句“如果……，就……”中，关联词语可以省略，也可以只出现前一小句或后一小句中的关联词语。例如：

In a hypothetical compound sentence with “如果……, 就……”, the conjunction can be omitted, or it may appear only in either the first or the second clause. For example:

（1）你来，我就等你。

（2）如果天气不好，我不想出门。

【……的话，就……】 …dehuà, jiù… 用来连接前后两个小句，表示在前句假设的情况下，产生后句的结果。（It is used to connect two clauses, with the former clause indicating a hypothesis and the latter clause indicating a possible outcome.）

◎ 形式结构

……的话，S + 就……

（1）明天天气不好的话，我就不去公园了。

（2）你去的话，我就去。

◎ 相关说明

1.“的话”常与“如果”搭配出现。例如：

“的话” is often used in conjunction with “如果”. For example:

（1）如果周末有空儿的话，我们就去看电影。

（2）如果你不舒服的话，就回家休息吧。

2. 假设复句“……的话，就……”中，关联词语可以省略，也可以只出现前一小句或后一小句中的关联词语。例如：

In a hypothetical compound sentence with “……的话，就……”, the conjunction can be omitted, or it may appear only in either the first or the second clause. For example:

（3）天气不好的话，我在家看书。

（4）你喜欢，就买。

综合练习

1. 听力：判断对错。

（1）

答案【　】

（2）

答案【　】

（3）★ 他们两个人水平差不多。　答案【　】

（4）★ 他想找玛丽。　答案【　】

（5）★ 他没有手机。　答案【　】

2. 听力：选出正确答案。

（1）A 打算参加　B 不打算参加
C 打算和女的一起参加　D 不知道　答案【　】

（2）A 下了课再去聚会　　B 女的去参加晚会
C 女的也去上课　　D 男的不去上课　　答案【　】

（3）A 可以讨论想法　　B 可以问问题
C 可以做饭　　D 可以得到帮助　　答案【　】

（4）A 走路　　B 骑自行车
C 坐公共汽车　　D 开车　　答案【　】

3. 阅读：选出正确图片。

（1）

A 　　B

如果坐地铁来，就会快一些。　　答案【　】

（2）

A 　　B

如果你去过银行的话，就一定能找到那家饭店，它就在银行对面。　　答案【　】

4. 阅读：选择合适的词语填空。

（1）A 但是　B 如果　C 就　D 因为　E 只要　F 所以
男：感觉怎么样？（　　）还不舒服，就去医院检查一下儿。
女：只是有点儿头疼，休息一下儿就没事儿了。　　答案【　】

（2）A 应该　B 如果　C 所以　D 又　E 但是　F 而且
明天下雨的话，你就别来了。（　　）有什么问题，就给我打电话。　　答案【　】

5. 阅读：根据句子选择上下文。

A 如果见面的话，

B 如果有时间的话，

C 他如果出国的话，

D 如果有机会，

E 他如果去找你，

你们就不能经常见面了，你不会想他吗？ 答案【 】

6. 阅读：判断对错。

（1）你如果太累了，就休息几天，工作我来帮你做。

★ 如果他休息，工作就没有人做了。 答案【 】

（2）如果天气不好，我们就改天再去打篮球。

★ 天气好的话，他们就去打篮球。 答案【 】

7. 阅读：选出正确答案。

（1）晚会八点开始，记得穿那双新买的鞋。小美会在门口等你，如果没见到她，就给她打电话。

★ 怎样能找到小美？

A 去晚会　B 给小美打电话　C 去图书馆　D 去小美家 答案【 】

（2）南方和北方的风景差很多。如果去南方旅游，就要看看海。如果去北方旅游，就要看看雪。不过北方的冬天还是很冷的，一定要多穿些。

★ 根据这段话，应该什么时候去北方旅游？

A 春天　B 夏天　C 秋天　D 冬天 答案【 】

8. 书写：完成句子。

（1）买　如果　就　给你　我　喜欢　你

____

dehuà

（2）如果明天天气好（　　），我们就去爬山。

67【二 67】条件复句

【只要……，就……】 zhǐyào…, jiù…用于连接前后两个小句，前一小句是必要条件，后一小句是结果。（It is used to connect two clauses, with the former clause being the necessary condition and the latter clause being the result.）

◎ **形式结构**

1. 只要 + S……，就……

（1）只要你认真学习，就一定能取得好成绩。

2. S + 只要……，就……

（2）小美只要不开心，就在房间里听音乐。

3. 只要……，S + 就……

（3）只要努力，我们就一定能做好。

4. 只要 + S_1……，S_2 + 就……

（4）只要你通过这次考试，我就送你一件礼物。

5. S_1 + 只要……，S_2 + 就……

（5）你只要不出门，他们就找不到你。

◎ 相关说明

“只要”是连词，放在主语的前后都可以；“就”是副词，只能放在主语后面。例如：

“只要” is a conjunction that can be placed either before or after the subject. “就” is an adverb and can only be placed after the subject. For example:

你只要买到票，我们就出发。/ 只要你买到票，我们就出发。——

* 只要你买到票，就我们出发。

综合练习

1. 听力：判断对错。

（1）

答案【　】

（2）★ 多练习对学外语有好处。　答案【　】

2. 听力：选出正确答案。

（1）A 会　B 不会　C 不一定　D 不知道　答案【　】

（2）A 去吃晚饭　B 和男的一起吃晚饭
C 不和男的一起吃晚饭　D 和别人一起吃晚饭　答案【　】

（3）A 使用手机的人很多　B 没有那么多人使用手机
C 手机很重要　D 人们可以通过手机做很多事　答案【　】

（4）A 头大大的　B 身体圆圆的
C 走路的样子　D 眼睛黑黑的　答案【　】

3. 阅读：选出正确图片。

A 

B 

同学们只要认真练习，就一定能写好汉字。 答案【 】

4. 阅读：选择合适的词语填空。

（1）A 虽然　B 只要　C 不过　D 不但　E 而且　F 所以

男：你们放心吧，我能照顾好自己。

女：（　　）你好好的，我们就放心了。 答案【 】

（2）A 先……，然后……　B 不但……，而且……　C 只要……，就……

D 虽然……，但是……　E 又……，又……　F 一……就……

（　　）有你在我身边，我（　　）什么都不怕了。 答案【 】

（3）A 练　B 留　C 就　D 愿意　E 关心　F 带

男：只要没有课，他（　　）会去图书馆看书，每天都是这样。

女：他这么努力，我们应该向他学习。 答案【 】

5. 阅读：根据句子选择上下文。

A 如果你见到她，

B 不但你去找她，

C 你虽然没见到她，

D 你只要跟她说清楚原因，

E 她因为见了你，

她就不会生你的气了。 答案【 】

6. 阅读：判断对错。

下周，我们班要参加学校篮球比赛。我们班篮球队还不错，而且这次我们还有校篮球队队长来帮忙。他可是学校里篮球打得最好的人。只要有他在，成绩就不会差。

★ 说话人对篮球队队长有信心。 答案【 】

7. 阅读：选出正确答案。

（1）他很喜欢旅行，只要有时间，他就会去远一点儿的地方旅行。不过有时工作忙得没时间，他就只能在近一些的地方爬爬山、骑骑车。如果朋友有时间，他还会和朋友一起去。

★ 如果有时间，他会：

A 去远一点儿的地方旅行　　B 和朋友一起爬山

C 一个人骑骑车　　D 去近一些的地方旅行　　答案【　】

（2）学习中碰到不懂的问题，这很正常。如果自己想不明白，可以去问问老师，也可以找同学讨论。只要多想想、多问问，就没有学不会的。

★ 碰到不懂的问题，不应该：

A 问老师　　B 找同学讨论

C 多想、多问　　D 学不会就不学了　　答案【　】

8. 书写：完成句子。

（1）只要　你　手机　就　有　上网　能

____

Zhǐyào

（2）（　　）他同意，你就回来。

68【二 68】因果复句

【因为……，所以……】yīnwèi…, suǒyǐ…用来连接前后两个小句，前句表示原因，后句表示结果。（It is used to connect two clauses, with the former clause indicating the cause and the latter clause indicating the effect.）

◎ 形式结构

1. 因为……，所以 + S……

（1）因为很累，所以我今天不想做饭了。

（2）因为病了，所以她昨晚睡得很早。

2. 因为 + S……，所以……

（3）因为他经常运动，所以身体很好。

（4）因为他长得高，所以总是坐在最后一排。

3. S + 因为……，所以……

（5）他因为病了，所以没来上课。

（6）我们因为没有钱，所以只能走回家。

4. 因为 + S_1……，所以 + S_2……

（7）因为明天有考试，所以我想早一点儿睡觉。

（8）因为我没去上课，所以玛丽到处找我。

◎ 相关说明

因果复句“因为……，所以……”中，关联词语可以省略，也可以只出现前一小句或后一小句中的关联词语。例如：

In a cause-effect compound sentence with “因为……，所以……”, the conjunction can be omitted, or it may appear only in either the first or the second clause. For example:

（1）我今天太忙了，午饭都没吃。

（2）那个学生病了，没来上课。

（3）因为下雨，我们不去公园了。

（4）下雨了，所以我们不去公园了。

综合练习

1. 听力：判断对错。

（1）

答案【　】

（2）★ 一个人的时候很想家。　　答案【　】

（3）★ 她忙得没时间看电影。　　答案【　】

2. 听力：选出正确答案。

（1）A 生病了　　B 去旅游了

C 去参加考试了　　D 去打篮球了　　答案【　】

（2）A 少说话　　B 少学习

C 多努力　　D 多运动　　答案【　】

（3）A 因为常运动　　B 因为吃得好

C 因为不怕冷　　D 因为不生病　　答案【　】

（4）A 因为我回家太晚了　　B 因为明天要早起

C 因为她身体不舒服　　D 因为房间的灯关了　　答案【　】

3. 阅读：选出正确图片。

A 

B 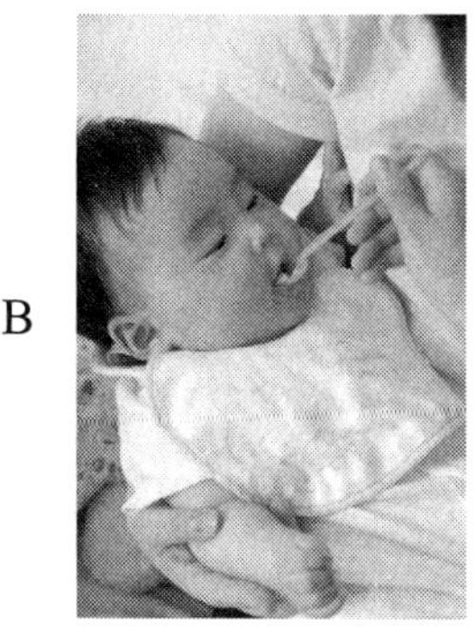

因为太小，所以他还不会自己吃饭。 答案【 】

4. 阅读：选择合适的词语填空。

（1）A 但是 B 所以 C 原来 D 的话 E 只要 F 因为

男：小美今天怎么这么安静？

女：（ ）明天要考试，她在复习呢。 答案【 】

（2）A 应该 B 所以 C 必须 D 可是 E 那 F 而且

昨天看完电影已经很晚了，（ ）我们是坐出租车回家的。 答案【 】

5. 阅读：根据句子选择上下文。

A 因为不能走，

B 因为会写汉字，

C 因为家里有事儿，

D 他因为个子高，

E 他因为爱运动，

所以他先走了。 答案【 】

6. 阅读：判断对错。

（1）现在是春节假期，所以街上人很多。

★ 很多人春节不上班。 答案【 】

（2）因为喜欢，所以大卫从很小的时候就开始练习打篮球。

★ 大卫从小就喜欢打篮球。 答案【 】

7. 阅读：选出正确答案。

（1）明天是玛丽的生日，所以我和大卫打算为她准备一份生日礼物。

★ 明天是玛丽的生日，他和大卫想要：

A 请她吃饭 B 给她唱歌

C 送她礼物 D 帮她上课 答案【 】

（2）只要有时间，小美就会去图书馆看书。因为这么努力，所以她才能在考试的时候取得那么好的成绩。

★ 小美为什么成绩好？

A 因为努力　　B 因为考试简单

C 因为喜欢图书馆　　D 因为有很多时间　　答案【　】

8. 书写：完成句子。

（1）生病　因为　没来　上课　他　了　所以

____

（2）（Yīnwèi）今天天气好，（suǒyǐ）大家打算一起去动物园。

69【二69】紧缩复句：一……就……

【一……就……】 yī…jiù… 用来表示一件事情发生后紧接着发生另一件事情，或者一件事情发生后马上出现某种结果。两种情况前后相继，有一定的因果、条件关系。（It is used to indicate that one thing happens immediately after another, or a certain result immediately follows after one thing happens. The two cases are sequential, and there is a certain causal, conditional relationship between them.）

◎ **形式结构**

1. S + 一 + VP_1/AP_1 + 就 + VP_2/AP_2

（1）他一起床就去洗脸。

（2）我一喝酒就脸红。

2. S_1 + 一 + VP_1，S_2 + 就 + VP_2/AP

（3）雨一停，我们就出发。

（4）经理一说下班，我们就都走了。

◎ **相关说明**

"一……就……"常用来表达日常生活行为、习惯或规律性的行为。例如：

"一……就……" is often used to indicate daily life behaviors, habits, or regular actions. For example:

（1）一下课，他就去图书馆。

（2）他一起床，就想喝水。

（3）天一冷，他就腿疼。

综合练习

1. 听力：判断对错。

（1）★ 一回到家就洗手。 答案【 】

（2）★ 女的已经吃过饭了。 答案【 】

2. 听力：选出正确答案。

（1）A 看到了 B 没看到 C 不知道 D 不想看 答案【 】

（2）A 夸赞 B 讨厌 C 不太明确 D 喜欢 答案【 】

（3）A 去北京出差 B 去北京生活
C 去上海出差 D 去上海生活 答案【 】

3. 阅读：根据句子选择上下文。

（1）A 你通过这次考试，
B 你一不吃饭，
C 你一这么说，
D 你一做错事情，
E 我们一打电话，
我就送你一件礼物。 答案【 】

（2）A 你为什么要这样做？
B 他为什么走了？
C 你说的是真的吗？
D 你知道红灯时我们该怎么做吗？
E 今天下午我们要一起讨论。
红灯一亮，行人就要停下脚步。 答案【 】

（3）A 你一下楼，
B 你一睡觉，
C 你一去图书馆，
D 你一到车站，
E 一考试，
就能在你家楼下见到我。 答案【 】

4. 阅读：排列顺序。

（1）A 我们就一起去旅行吧
B 春天就快来了
C 天气一变得暖和（nuǎnhuo，warm） 答案【 】

（2）A 就是新的一年了

B 春节一到

C 马上就要过年了　　答案【　】

（3）A 假期快结束了

B 学生就回到学校了

C 9 月一到　　答案【　】

（4）A 就大声唱歌

B 或者难过时

C 他一不开心　　答案【　】

5. 书写：完成句子。

（1）生病　就　身体　不注意　一　容易

____

（2）就　节日　到　想家　一　我　特别

____

（3）一看见我的朋友，我（ jiù ）特别开心。

六

动作的态

70【二 70】持续态：动词 + 着

参见本书“33.【二 33】动态助词：着”。（Refer to “33.【二 33】The Aspect Particle: 着” in this book.）

71【二 71】经历态：用动态助词“过”表示

参见本书“32.【二 32】动态助词：过”。（Refer to “32.【二 32】The Aspect Particle: 过” in this book.）

七

特殊表示法

72【二 72】序数表示法

1. “第 + 数词” 表示顺序。（“第 + numeral” indicates the order.）
2. 用 “数词 + 量词 / 名词” 表示顺序。（Use “numeral + measure word/noun” to indicate the order.）

◎ 常见搭配

第一 | 第二

三层 | 13 号楼 | 302 路公交车 | 二楼 | 205 房间

◎ 形式结构

1. 第 + Num

（1）第一

（2）第二

2. 第 + QP（+ N）

（3）第一本书

（4）第二份工作

3. Num + Cl/N

（5）六层

（6）8 号楼

（7）206（号）房间

（8）15 路公交车

（9）五楼

◎ 相关说明

1. 年份、编号和简称等前面一般不用“第”。例如：

“第” is usually not used before years, numbers, and abbreviations. For example:

（1）2022 年她毕业了。——* 第 2022 年她毕业了。

（2）我朋友的房间号是 612。——* 我朋友的房间号是第 612。

（3）王老师是一中的老师。——* 王老师是第一中的老师。

2.“数词 + 楼 / 层”表示第几楼 / 层。例如：

“Numeral + 楼 / 层” is used to indicate the floor or level number. For example:

（4）六楼、四层

3.“数词 + 号 + 楼”表示第几座楼房。例如：

“Numeral + 号 + 楼” is used to indicate the number of a particular building. For example:

（5）6 号楼

4.“数词（+ 号）+ 房间 / 办公室 / 教室……”表示某个房间。例如：

“Numeral（+ 号）+ 房间 / 办公室 / 教室……” is used to indicate a specific room. For example:

（6）205（号）房间

（7）306 办公室

（8）405 教室

5.“数词 + 路 + 公交车”表示不同线路的公交车辆。例如：

“Numeral + 路 + 公交车” is used to indicate different bus routes. For example:

（9）7 路公交车

综合练习

1. 听力：判断对错。

（1）

答案【 】

（2）★ 小明没去过北京。 答案【 】

2. 听力：选出正确答案。

（1）A 去 5 楼了　B 去 50 楼了　C 去 3 楼了　D 去 30 楼了 答案【 】

（2）A 坐火车去　B 坐 28 路公交车去
C 坐 38 路公交车去　D 走过去 答案【 】

（3）A 玛丽去电影院了　B 玛丽去听音乐会了
C 玛丽去坐公交车了　D 玛丽有 28 辆车 答案【 】

（4）A 去了教学楼　　B 看了 305 个房间

C 和玛丽老师一起吃饭了　　D 看了玛丽老师的书　　答案【　】

3. 阅读：选出正确图片。

A 

B 

小明住在 15 号楼的三楼。　　答案【　】

4. 阅读：选择合适的词语填空。

A 俩　B 号　C 温度　D 流行　E 也许　F 辛苦

八（　　）楼是我们这儿最高的楼。　　答案【　】

5. 阅读：根据句子选择上下文。

（1）A 我没听清楚，你再说一遍。

B 大卫住在二楼。

C 我等他的电话已经等了一天了。

D 所以他住在 30 层。

E 我找了他好几次。

他喜欢住高一些，　　答案【　】

（2）A 今天的票没花钱？

B 手机在哪里买？

C 明天的考试很重要。

D 大卫明天过生日。

E 北京是一个好城市。

在二楼可以买到。　　答案【　】

6. 阅读：判断对错。

教学楼三楼的 301 教室是我们上课的地方。

★ 他们在 301 教室上课。　　答案【　】

7. 阅读：选出正确答案。

小美对小明说："楼上是五楼，楼下是三楼，我们在几楼？" 小明说："我们当然在四楼。"

★ 根据这段话，可以知道：

A 小明在五楼　　　　B 小明不在四楼

C 小明和小美在四楼　　　　D 小美在三楼　　　　答案【　】

8. 书写：完成句子。

（1）他　公交车　回家　7路　坐

____

（2）她（ dì ）一次坐飞机的时候非常担心。

73【二73】概数表达法1

（1）用“数词 + 多 + 量词”表示概数。（“Num + 多 + Cl” is used to indicate an approximate number or amount.）

（2）用“数词 + 量词 + 多”表示概数。（“Num + Cl + 多” is used to indicate an approximate number or amount.）

◎ 常见搭配

一千多米 | 十多天 | 二十多块 | 两米多 | 四斤多

◎ 形式结构

1. Num + 多 + Cl

（1）三十多本 / 五十多斤

2. Num + Cl + 多

（2）三块多 / 四米多 / 七斤多

综合练习

1. 听力：判断对错。

（1）

答案【　】

（2）★ 小明买了三块面包。　　答案【　】

2. 听力：选出正确答案。

（1）A 买鸡蛋　　B 卖鸡蛋
C 吃了三斤鸡蛋　　D 吃了四斤鸡蛋　　答案【　】

（2）A 三十多个　　B 十个
C 三十个　　D 四十多个　　答案【　】

（3）A 玛丽买了许多书　　B 玛丽没有买书
C 玛丽买了三十本书　　D 玛丽准备写书　　答案【　】

（4）A 累坏了　　B 打了坏球
C 打坏了球　　D 打了两个小时球　　答案【　】

3. 阅读：选出正确图片。

A 

B 

昨天她跑步跑了三千多米。　　答案【　】

4. 阅读：选择合适的词语填空。

A 俩　B 多　C 草　D 吃　E 看　F 玩儿

爸爸买了四斤（　　）苹果。　　答案【　】

5. 阅读：根据句子选择上下文。

（1）A 我没听清楚，你再说一遍。
B 今天的票没花钱。
C 我等他的电话已经等了一天了。
D 这歌他唱过十多遍，
E 我找了他好几次，
他应该能说出歌词是什么意思。　　答案【　】

（2）A 今天的票没花钱？
B 这辆车长五米多。
C 明天的考试很重要。
D 大卫明天过生日。

E 北京是一个好城市。

我就喜欢长一些的汽车。 答案【 】

6. 阅读：判断对错。

小明这回考了九十多分，成绩不错。

★ 小明这回成绩不理想。 答案【 】

7. 阅读：选出正确答案。

小美对小明说：“我买这个相机花了一万多块钱！”小明说：“这么贵！快给我照几张相。我看看好不好看！”

★ 根据这段话，可以知道：

A 小明买了相机　　B 小明有一万块钱

C 小美买了相机　　D 小美不想照相 答案【 】

8. 书写：完成句子。

（1）离　一个　多　考试　还有　月

____

（2）今年的假期有二十（ duō ）天。

八

强调的方法

74【二74】用“就”表示强调

用“就”表示强调，意思是确实如此。（“就”is used to indicate emphasis, meaning that it is indeed the case.）

◎ 常见搭配

就是他 | 就在那儿

◎ 形式结构

S + 就 + VP

（1）教学楼就在前边。

（2）这就是我们上课的教室。

（3）他家就在前面。

◎ 相关说明

“就”在句子中表示强调时，要重读。例如：

In sentences where “就” is used to indicate emphasis, it should be pronounced with stress. For example:

今天的活动，就他一个人来了。

综合练习

1. 听力：判断对错。

（1）

答案【　】

（2）★ 爸爸想卖车。 答案【 】

2. 听力：选出正确答案。

（1）A 在前面　B 在后面　C 在学校旁边　D 在五十米外 答案【 】

（2）A 是中文老师　B 个子很高　C 长得不帅　D 不会英语 答案【 】

（3）A 玛丽非常想学好英语　B 玛丽不相信自己可以学会英语

C 玛丽不相信英语书　D 玛丽准备写信 答案【 】

（4）A 不想起床　B 非常想起床

C 对不起妈妈　D 对不起床 答案【 】

3. 阅读：选择正确图片。

A

B

这就是我的新手机。 答案【 】

4. 阅读：选择合适的词语填空。

A 俩　B 就　C 才　D 流行　E 清楚　F 辛苦

路（　　）在自己的脚下。 答案【 】

5. 阅读：根据句子选择上下文。

（1）A 我没听清楚，你再说一遍。

B 今天的票没花钱？

C 我等他的电话已经等了一天了。

D 还有多远可以到学校？

E 我找了他好几次。

学校就在前面。 答案【 】

（2）A 今天的面包没花钱。

B 你不让我看电影，我就看！

C 明天的考试很重要。

D 大卫明天过生日。

E 北京是一个好城市。

真拿你没办法。 答案【 】

6. 阅读：判断对错。

这就是小明想要的篮球鞋。

★ 这双篮球鞋也许不是小明想要的。　　答案【　】

7. 阅读：选出正确答案。

小美对小明说：“你不让我吃方便面，我就吃！”小明说：“可是吃方便面不健康。”

小美说：“别跟我说什么‘健康’，我一个月就吃一次方便面，有什么不健康的？”

★ 根据这段话，可以知道：

A 小美不喜欢健康　　B 小明很健康

C 小美不经常吃方便面　　D 方便面很健康　　答案【　】

8. 书写：完成句子。

（1）要　就　我　去　电影院

____

（2）银行（ jiù ）在教学楼前面。

九 提问的方法

75【二 75】用“好吗、可以吗、行吗、怎么样”提问

提出建议后，用“好吗、可以吗、行吗、怎么样”来询问对方肯定或否定的意见。（After making a suggestion, “好吗”, “可以吗”, “行吗”, or “怎么样” can be used to ask the other party for an affirmative or negative opinion.）

◎ 常见搭配

先吃饭，好吗？｜你晚一点儿再来，可以吗？｜我看看你的手机，行吗？｜我们明天就去，怎么样？

◎ 形式结构

陈述句（，）好吗 / 可以吗 / 行吗 / 怎么样

（1）我们明天八点出发，好吗？

（2）你明天早点儿来，可以吗？

（3）你的词典借我用用，行吗？

（4）我们今天吃面条儿，怎么样？

◎ 相关说明

如果前边的陈述句比较长，可以在“好吗、可以吗、行吗、怎么样”前加上“，”来缓和语气。例如：

If the preceding declarative sentence is long, a comma can be used before “好吗”, “可以吗”, “行吗”, or “怎么样” to alleviate the tone. For example:

（1）你不要生气，先坐公交车回学校上课，好吗？

（2）家里有点儿事，我今天想早点儿下班，可以吗？

综合练习

1. 听力：判断对错。

（1）

答案【 】

（2）

答案【 】

（3）★ 女的同意借男的词典。 答案【 】

（4）★ 今天他没来。 答案【 】

2. 听力：选出正确答案。

A 好多了　　B 很好　　C 还行　　D 不好　　答案【 】

3. 阅读：选出正确图片。

（1）

A 

B 

你的新电脑借我看看，怎么样？ 答案【 】

（2）

A 

B

我们明天八点见面，好吗？　　答案【　】

4. 阅读：根据句子选择上下文。

（1）A 我穿这件大衣去学校，怎么样？

B 我们坐出租车去商场，好吗？

C 下次放假去北京玩儿，行吗？

D 中午出去吃面条儿，可以吗？

E 我六点给你打电话，好吗？

我觉得很好看。　　答案【　】

（2）A 这件衣服有点儿贵。

B 我不是很喜欢这件衣服。

C 这件衣服有点儿便宜。

D 这件衣服对我来说太好看了。

E 这件衣服对我来说太大了。

便宜点儿卖给我，可以吗？　　答案【　】

5. 阅读：判断对错。

我们先去学校接弟弟，然后去地铁站接妈妈，好吗？

★ 先去接妈妈。　　答案【　】

6. 阅读：选出正确答案。

（1）男：星期四咱们一起去书店，好吗？

女：星期四我要参加活动，我们星期五去书店行吗？

★ 关于这段对话，哪项正确？

A 男的想星期五去书店　　B 男的想星期四去书店

C 女的想星期四去书店　　D 女的其实不想去书店　　答案【　】

（2）女：今天把作业写完，怎么样？

男：没问题，还差汉字部分就写完了。

★ 关于这段对话，哪项正确？

A 作业写完了　　　　　　B 作业还没写

C 作业写不完了　　　　　D 作业只差汉字部分　　　　　答案【　】

7. 书写：完成句子。

（1）这样　你　我　好吗　告诉　为什么　做

____

（2）一点儿　我　钱　可以吗　借

____

yàng

（3）我们今天吃饺子怎么（　　）？

76【二 76】用“什么时候、什么样、为什么、怎么样、怎样”提问

【什么时候】用来询问做某事的时间。（It is used to ask about the time to do something.）

【什么样】用来询问事物的性状、外观等。（It is used to ask about the nature or appearance of something.）

【为什么】参见本书“5.【二 05】疑问代词：多久、为什么、怎么样、怎样”。（Refer to “5.【二 05】Interrogative Pronouns: 多久、为什么、怎么样、怎样” in this book.）

【怎么样】参见本书“5.【二 05】疑问代词：多久、为什么、怎么样、怎样”。（Refer to “5.【二 05】Interrogative Pronouns: 多久、为什么、怎么样、怎样” in this book.）

【怎样】参见本书“5.【二 05】疑问代词：多久、为什么、怎么样、怎样”。（Refer to “5.【二 05】Interrogative Pronouns: 多久、为什么、怎么样、怎样” in this book.）

◎ **常见搭配**

什么时候出发？ | 什么时候吃饭？ | 什么时候过生日？

什么样的礼物？ | 什么样的老师？ | 什么样的书？

为什么没去吃饭？ | 为什么不见了？

我们一起去吃饭，怎么样？

怎样做？ | 怎样打开？

◎ **形式结构**

1. S + 什么时候 + VP/AP/NP

（1）你们什么时候见面？

（2）天什么时候黑？

（3）你什么时候十八岁？

2. 什么样 + 的 + NP

（4）你喜欢什么样的朋友？

（5）她要什么样的礼物？

（6）他是什么样的老师？

综合练习

1. 听力：判断对错。

（1）

答案【　】

（2）

答案【　】

（3）★ 男的知道怎么去动物园。　答案【　】

（4）★ 电脑坏过。　答案【　】

2. 阅读：选出正确图片。

（1）

A 

B 

明天去跑步怎么样？　答案【　】

（2）

A 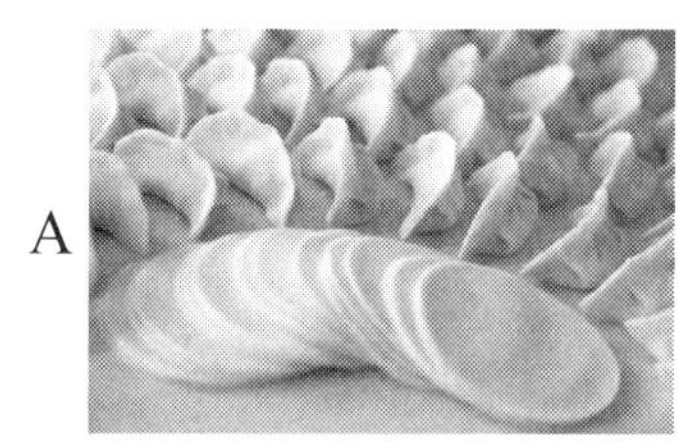 B 

你知道怎么包饺子吗？ 答案【 】

3. 阅读：根据句子选择上下文。

（1）A 你说我穿这件大衣怎么样？

B 坐出租车去商场怎么样？

C 放假去北京玩儿怎么样？

D 中午出去吃怎么样？

E 我六点给你打电话怎么样？

不行，我放假也要工作。 答案【 】

（2）A 我们什么时候开学？

B 你什么时候去学校？

C 我们什么时候去旅行？

D 我们什么时候回家？

E 我们什么时候回公司？

你想什么时候去都可以。 答案【 】

4. 阅读：判断对错。

（1）男：你为什么又生气了？

女：我真的没生气，不过我有点儿累。

★ 女的生气了。 答案【 】

（2）男：你是怎么学的中文？

女：我认识了很多中国朋友，他们很热情地帮助我。

★ 女的跟中国朋友学习中文。 答案【 】

5. 阅读：选出正确答案。

（1）男：你喜欢什么样的电影？

女：我喜欢看爱情片，不喜欢动作片。

★ 关于这段对话，哪项正确？

A 男的喜欢爱情片　　B 男的喜欢动作片

C 女的喜欢爱情片　　D 女的喜欢动作片 答案【 】

（2）女：我穿这件黑色的衣服怎么样？

男：挺好看的，但是不如穿那件白色的好看。

★ 关于这段对话，哪项正确？

A 黑色衣服更好看　　B 白色衣服更好看

C 黑色衣服不好看　　D 白色衣服不好看　　答案【　】

6. 书写：完成句子。

（1）喜欢　你　听　什么样　歌　的

______

（2）不　他　说话　为什么　今晚

______

（3）我们周五晚上吃快餐怎么（yàng）？

77【二77】用“呢”构成的省略式疑问句“代词 / 名词 + 呢？”提问

这是个省略式疑问句，询问的具体内容承前省略。（This is an elliptical question, and the specific content of the inquiry is omitted.）

◎ 常见搭配

大卫是美国人，玛丽呢？｜我吃米饭，你呢？

◎ 形式结构

……，Pron/NP/VP + 呢

（1）我去医院，你呢？

（2）书在桌子上，笔呢？

（3）你不喜欢跑步，游泳呢？

综合练习

1. 听力：判断对错。

（1）★ 他们两个都去教室。　　答案【　】

（2）★ 女的不喜欢吃包子。　　答案【　】

（3）★ 女的下课以后直接去图书馆。　　答案【　】

（4）★ 这不是大卫的笔。　　答案【　】

（5）★ 女的忘带词典了。　　答案【　】

（6）★ 这是男的的书。 答案【 】

（7）★ 男的在工作。 答案【 】

（8）★ 女的喜欢绿色的衣服。 答案【 】

2. 阅读：根据句子选择上下文。

（1）A 我们都等了半天了，大卫呢？

B 大卫今天怎么这么忙？

C 大卫今天怎么不工作？

D 大卫最近去图书馆了吗？

E 你知道大卫喜欢吃什么吗？

再不来我们不等他了。 答案【 】

（2）A 这是什么颜色的笔？

B 我的书呢？

C 我有一本书。

D 书在包里，那笔呢？

E 今天忘带书了。

笔在桌子上。 答案【 】

3. 阅读：选出正确答案。

（1）男：昨天我去了图书馆，你呢？

女：我没去图书馆，我去了商场。

★ 关于这段对话，哪项正确？

A 男的昨天去了图书馆 B 男的昨天没去图书馆

C 女的昨天去了图书馆 D 女的昨天没去商场 答案【 】

（2）女：这个电影不好看，那个电影呢？

男：那个电影也不好看。

★ 关于这段对话，哪项正确？

A 两个电影都好看 B 两个电影都不好看

C 这个电影好看，那个不好看 D 这个电影不好看，那个好看 答案【 】

（3）玛丽：我昨天去了图书馆，你呢？

大卫：我昨天在家。

★ 关于这段对话，哪项正确？

A 大卫昨天去了图书馆 B 大卫昨天在家

C 玛丽昨天没去图书馆 D 玛丽昨天在家 答案【 】

（4）女：我是 2003 年 3 月出生的，你呢？

男：我是 2003 年 5 月出生的。

★ 关于这段对话，哪项正确？

A 女的是 5 月出生的　　B 男的是 3 月出生的

C 女的比男的大　　D 女的比男的小　　答案【　】

78【二 78】用“是不是”提问

表示对事实的疑问，问话人对答案没有特定的预期和倾向。（It indicates a doubt about the fact, and the questioner does not have a specific expectation and inclination towards the answer.）

◎ 常见搭配

大卫是美国人，是不是？ | 你是不是要去北京？ | 是不是玛丽给了你一本书？

◎ 形式结构

1. C，是不是

（1）你要去体育馆打球，是不是？

（2）他经常一个人看电影，是不是？

2. 是不是 + C

（3）是不是你拿了我的笔？

（4）是不是他迟到了？

3. S + 是不是 + P

（5）你是不是有很多中国朋友？

（6）他是不是给她送了个小礼物？

综合练习

1. 听力：判断对错。

（1）★ 她是他的女朋友。　　答案【　】

（2）★ 这个杯子是那位先生的。　　答案【　】

（3）★ 女的不同意男的现在借她的词典。　　答案【　】

（4）★ 他回家晚了。　　答案【　】

（5）★ 今天是爸爸的生日。　　答案【　】

2. 听力：选出正确答案。

A 不上班　　B 晚点儿去上班　　C 上班　　D 早点儿去上班　　答案【　】

3. 阅读：选出正确图片。

（1）

A 

B 

这是不是你的新电脑？　　答案【　】

（2）

A 

B 

我们是不是明天八点见面？　　答案【　】

4. 阅读：根据句子选择上下文。

（1）A 是不是你穿了我的大衣？

B 这件大衣是不是不好看？

C 你要一个人去商场，是不是？

D 我们明天去商场，是不是？

E 你是不是觉得这件大衣挺贵的？

我觉得很好看。　　答案【　】

（2）A 我没穿过这件衣服。

B 这双鞋子不好看。

C 这条裤子太短了，

D 这件大衣太好看了。

E 这条裤子很漂亮，

我穿这条裤子是不是有点儿不合适？　　答案【　】

5. 阅读：选出正确答案。

（1）男：星期四你要去书店，是不是？

女：星期四我要参加活动，我可能星期五去。

★ 关于这段对话，哪项正确？

A 男的可能要星期五去书店　　B 男的可能要星期四去书店

C 女的可能要星期五去书店　　D 女的其实不想去书店　　答案【　】

（2）女：你的作业是不是都写完了？

男：还差汉字部分就写完了。

★ 关于这段对话，哪项正确？

A 作业写完了　　B 作业还没写

C 作业写不完了　　D 作业只差汉字部分　　答案【　】

6. 书写：完成句子。

（1）是不是　今天　我们　饺子　吃

____

（2）的　你　奶奶　是不是　美国人

____

（3）你　他　钱　是不是　借给　的

____

79【二79】用“吧”提问

“吧”用在问句的末尾，表示揣测、猜想。（“吧” is used at a end of a question to indicate speculation and conjecture.）

◎ 常见搭配

您是王老师吧？ | 现在已经十点了吧？ | 这个挺贵的吧？

◎ 形式结构

NP/AP/VP/C + 吧

（1）远处的那个人是谁？小明吧？

（2）你今天跟爸爸去公园玩儿，开心吧？

（3）写完了吧？

（4）晚上吃面条儿吧？

◎ 相关说明

“吧”用在问句末尾时，通常是问话者心中已经有了答案，请回答者确认。句中常常出现表示揣测的副词“大概、也许”等。例如：

When “吧” is used at the end of a question, it usually indicates that the questioner already has an answer in mind and is asking the responder to confirm it. The sentence often has an adverb that indicates speculation, such as "大概" or "也许". For example:

（1）您以前来过中国吧？

（2）这个宾馆还不错吧？

（3）你也许认识他吧？

综合练习

1. 听力：判断对错。

（1）★ 衣服是新买的。 答案【　】

（2）★ 这些人是学生的家长。 答案【　】

（3）★ 女的不同意借男的词典。 答案【　】

（4）★ 这是女的的笔。 答案【　】

2. 听力：选出正确答案。

（1）A 有点儿饿　B 饿　C 还行　D 不饿 答案【　】

（2）A 今天　B 明天　C 后天去学校的时候　D 明天去学校的时候 答案【　】

3. 阅读：根据句子选择上下文。

（1）A 那位是你哥哥吧？

B 你弟弟今天去学校吗？

C 你的同屋在宿舍吗？

D 也许老师知道吧？

E 还有谁不知道呢？

那是我弟弟，我哥哥去上班了。 答案【　】

（2）A 你是大卫的朋友吧？

B 你们今天不上学吧？

C 你因为他走才哭的吧？

D 这是你的电脑吧？

E 你是她的男朋友吧？

不是，我是她的同学。 答案【　】

（3）A 你的汉字写得真好！

B 玛丽会说中文吗？

C 你不会说中文吧？

D 你不是中国人吧？

E 我的汉字写得真难看。

你以前学过中文吧？ 答案【 】

4. 阅读：判断对错。

你不知道今天是青年节吧？

★ 今天是青年人的节日。 答案【 】

5. 阅读：选出正确答案。

（1）男：你周五下班去超市了吧？

女：没有，我是周四去的。

★ 关于这段对话，哪项正确？

A 男的周五去了超市　B 女的周五去了超市

C 男的周四去了超市　D 女的周四去了超市 答案【 】

（2）女：作业快写完了吧？

男：还没写呢。

★ 关于这段对话，哪项正确？

A 作业写完了　B 作业还没开始写

C 作业写不完了　D 正在写作业 答案【 】

6. 书写：完成句子。

（1）吧　经理　的　新　你　是　来

____

（2）今天　不　不会　他　吧　了　来

____

（3）那是你的笔（ ba ）？

十

口语格式

80【二80】该……了

【该……了】gāi···le 表示情理上到了做某事的时间。（It indicates that it is time to do something from a rational perspective.）

◎ 常见搭配

该起床了 | 该吃饭了 | 该去学校了 | 该找工作了

◎ 形式结构

1. S + 该 + VP + 了

（1）明天有听写，我该复习生词了。

（2）玛丽，你该去学校了。

2. 该 + VP/C + 了

（3）十一点了，该睡觉了。

（4）他们说了半天了，该你说几句话了。

综合练习

1. 听力：判断对错。

（1）

答案【　】

（2）★ 这件衣服应该洗一洗。　　答案【　】

（3）★ 大卫去医院了。　　答案【　】

（4）★ 大卫今年想要回国。　　答案【　】

2. 听力：选出正确答案。

（1）A 十个小时　　B 十二个小时
C 十五个小时　　D 十七个小时　　答案【　】

（2）A 回国　　B 学习
C 考试　　D 去南方旅游　　答案【　】

（3）A 大卫已经大学毕业了　　B 大卫已经工作了
C 大卫明年大学毕业　　D 大卫正在找工作　　答案【　】

（4）A 男的工作很忙　　B 男的工作了一天
C 男的病了　　D 男的还没有休息　　答案【　】

（5）A 玛丽不能参加考试了　　B 玛丽住院了
C 玛丽生病了　　D 玛丽的病好了　　答案【　】

3. 听力：选出正确图片。

A 　　B

答案【　】

4. 阅读：选择合适的词语填空。

A 的　B 该　C 过　D 地　E 着　F 到

时间到了，我们（　　）出发了。　　答案【　】

5. 阅读：根据句子选择上下文。

A 我们今天没有课，

B 下个星期就要考试了，

C 图书馆里有很多书，

D 教室里没有人，

E 教室里有几个学生，

我们该复习了。　　答案【　】

6. 阅读：判断对错。

考完试已经三天了，考试成绩该出来了，怎么还没有消息？

★ 考试成绩出来了。　　答案【　】

7. 阅读：选出正确答案。

爷爷七十多岁了，身体一直很好，也很少去医院。最近他忽然觉得身体有点儿不太舒服，我们觉得爷爷该去医院检查一下儿身体了。

★ 关于这段对话，哪项正确？

A 爷爷身体一直不好　　B 爷爷去医院了

C 爷爷有点儿不舒服　　D 爷爷去医院检查了　　答案【　】

8. 书写：完成句子。

去　取　该　银行　我　了　钱

____

81【二 81】要 / 快要 / 就要……了

【要 / 快要 / 就要……了】yào/kuàiyào/jiùyào…le

用来表示某种情况在很短时间内就要出现或发生。（It is used to indicate that a certain situation will occur or take place in a very short time.）

◎ 常见搭配

要下雪了 | 要睡觉了 | 快要放假了 | 快要到了 | 就要完成了 | 明年就要毕业了

◎ 形式结构

（S +）要 / 快要 / 就要 + VP/AP + 了

（1）要下雨了。

（2）我们快要放假了。

（3）他们明天就要考试了。

（4）你再这样说，妈妈就要难过了。

◎ 相关说明

在语义上，“就要……了”和“快要……了”更加紧迫一些。此外，“要 / 就要……了”前面可以加时间词，“快要……了”前边不能加时间词。例如：

Semantically, “就要……了” and “快要……了” convey a greater sense of urgency. Besides, “要 / 就要……了” can be preceded by a time word, whereas “快要……了” cannot be preceded by a time word. For example:

他今年六月要 / 就要大学毕业了。——* 他今年六月快要大学毕业了。

综合练习

1. 听力：判断对错。

（1）

答案【　】

（2）★ 孩子还没有睡着。　答案【　】

（3）★ 现在是七点五十五分。　答案【　】

（4）★ 大卫迟到了。　答案【　】

2. 听力：选出正确答案。

（1）A 十个小时　B 十二个小时
C 十五个小时　D 二十四个小时　答案【　】

（2）A 回国　B 学习
C 考试　D 去南方旅游　答案【　】

（3）A 大卫假期要回国　B 大卫假期不回国
C 女的假期要去拍照片　D 女的假期要去南方旅游　答案【　】

（4）A 新年晚会就要举行了　B 新年到了
C 新年快到了　D 同学们准备过新年了　答案【　】

3. 听力：选出正确图片。

A 

B 

答案【　】

4. 阅读：选择合适的词语填空。

A 的　B 要　C 过　D 快　E 着　F 到

后天我们就（　　）考试了。　答案【　】

5. 阅读：根据句子选择上下文。

A 我们快点儿走吧。

B 我们去吃饭吧。

C 我们去教室吧。

D 我们去唱歌吧。

E 我们聊聊天儿吧。

电影还有五分钟就要开始了， 答案【 】

6. 阅读：判断对错。

对不起，我现在在外面，听不清楚。我还有几分钟就要到家了，到家以后我再给你打电话。

★ 他现在不方便接电话。 答案【 】

7. 阅读：选出正确答案。

下个星期小美就要过生日了。她的好朋友给她准备了一个生日晚会，大家都为小美准备了生日礼物，到时候小美一定会过一个难忘的生日。

★ 关于这段话，哪项正确？

A 小美过完生日了　　B 小美收到了很多生日礼物

C 生日晚会还没举行　　D 小美过了一个很难忘的生日　　答案【 】

8. 书写：完成句子。

要　他们　快　孩子　大学　了　的　上

____